日本史と世界史

2つの流れが
1つになる！

瀧音能之［監修］

青春出版社

監修のことば

文明の誕生から現代にいたるまで、人類が紡いできた歴史を自分なりに整理しておきたいと思い立ったら、どうするか。

日本の通史、世界の通史を最初から正攻法に読んでいく。自分の関心のある時代や人を入り口に、その周辺の時代にひろげていく。その取り組み方は、人それぞれだろうが、本書の提案はそれらとは、いささか異なっている。「日本史」と「世界史」という大きな２つの流れを１つの流れで整理するという意図で編まれているのである。

この本を読めば、日本と世界で起きた歴史上の重要なポイントを、頭の中で〝見取り図〟のように描けるようになることだろう。

邪馬台国、古代ローマ、大化の改新、モンゴル帝国、十字軍、江戸幕府、フランス革命、世界大戦、冷戦終結といった「トピック（点）」を「流れ（線）」としてつなげていくことで、必要な知識をおさえながら、同時に、歴史が持つ味わいや奥深さを再発見していただければ、これにまさる喜びはない。

２００９年12月

瀧音能之

2つの流れが1つになる！ 日本史と世界史◆目次

本文イラスト◆坂木浩子
図版作成・DTP◆ハッシィ
協力◆アルファベータ

1

文明の誕生

10万年前に現人類の直接の祖先であるホモ・サピエンスがアフリカで誕生し、世界各地に広まっていった。9000年前には農耕や牧畜といった文明が芽生え、メソポタミア、エジプトなど大河の流域で四大文明が発生し、暦や文字などが使われた。オリエント地域では、アッカド王国がメソポタミア地域を初めて統一。その後、古バビロニア、ヒッタイト、アッシリアなどが支配権を握り、前6世紀にアケメネス朝ペルシャが大帝国を築く。

歴史の始まり

人類はどこで生まれ、いかに文明を興したか

「人類の歴史」は、いったいいつから始まったのか。古代文明が誕生してからを「歴史」ととらえるのが一般的だが、それ以前も人類は存在した。この有史以前の時代を「先史時代」という。文字の記録など何もないので、化石や遺跡から推測するしかない時代である。どんな人がいて、どんな事件があったのかなどは、まったくわからない。この時代については、以前は遺跡を発掘し、発見された化石の出た地層から何万年前のものと推定していたが、ＤＮＡ研究などの進歩により、もっと細かいことがわかるようになってきた。

現在主流となっている学説では、人類が誕生したのは、地質年代でいえば新生代《しんせいだい》第三紀の鮮新世《せんしんせい》、約５００万〜４００万年前で、場所はアフリカサバンナだという。それまでは熱帯雨林だった地域が、気候の変化により乾燥し、サバンナ（草原）となった。そのため、木の上で生活していた類人猿は、地面におりて生活しなければならなくなり、やがて直立できるように進化していったのである。こうして人類の祖先である猿人、アウストラロピテクスが生まれ、アフリカから各地へ散らばっていったと思われる。

現在の人類、つまり我々ホモ・サピエンスの直接の祖先の登場は約10万年前。アフリカ

人類はアフリカから世界各地に広がった

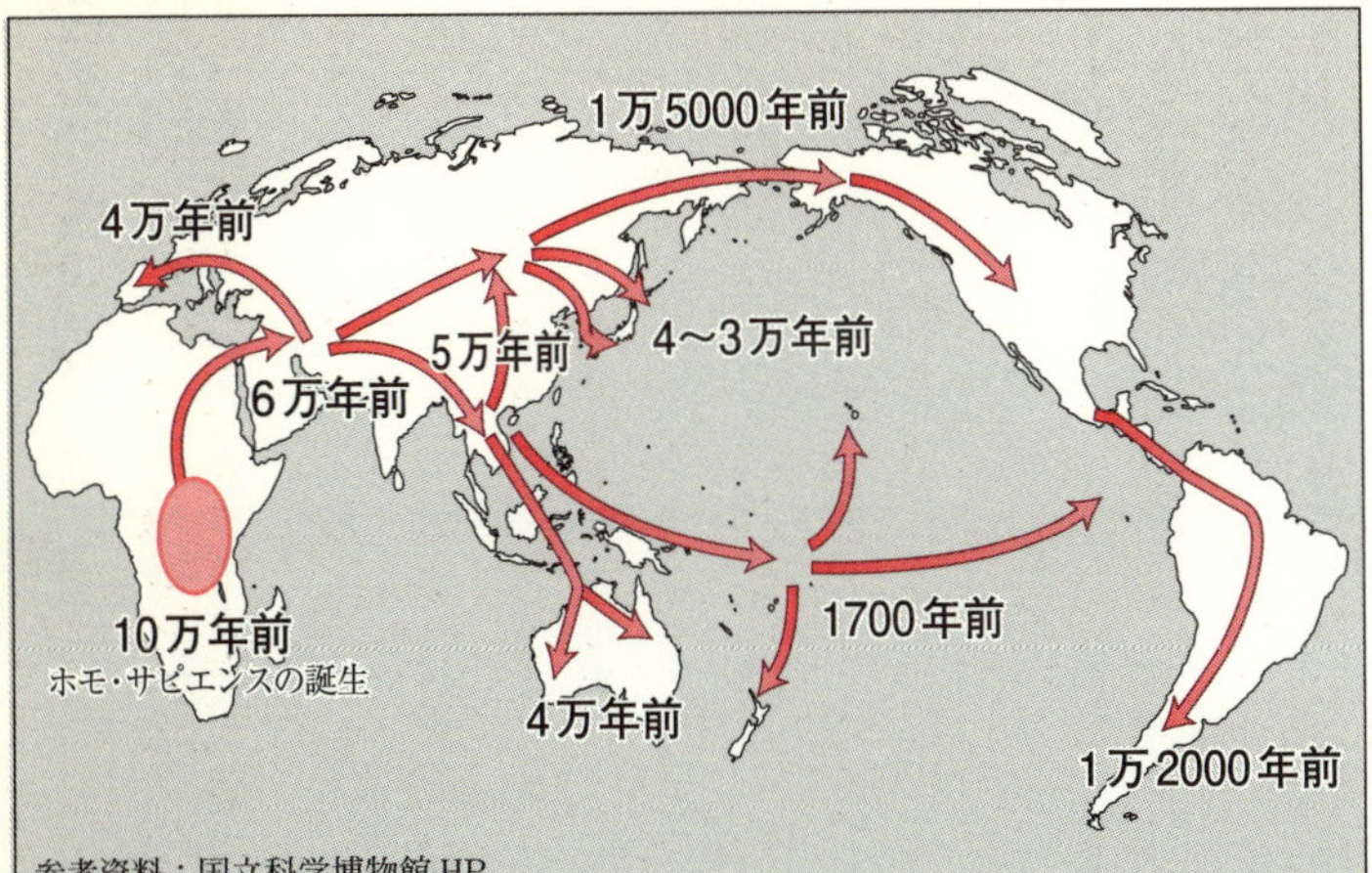

参考資料：国立科学博物館 HP

が起源で、ヨーロッパ、アジア、アメリカと各地に広がっていったとする説が有力だ。

約9000年前になると、農耕・牧畜が始まったらしく、西アジアやイラク北部にその時代の遺跡が発見されている。石器も、ただ単に石を砕いただけの旧石器から、磨くなどの加工が施された新石器へと変化する。また、顔料で塗装されるようにもなる。「文明」がすでに芽生えているのである。

約7000年前になると、血縁関係による「氏族」、さらに小さい「家族」というものが生まれ、「私有財産」という概念も生まれていたとされる。最古の宗教もこの頃には誕生していたらしい。

まとめ

人類の直接の祖先はアフリカで誕生し、9000年前には文明が芽生えた

世界四大文明の誕生

世界を変えた古代文明の全貌をひもとく

紀元前４０００年から２３００年の間に生まれたとされる古代四大文明。共通するのは、いずれも大きな川の流域に発生したことだ。ティグリス、ユーフラテス川の流域に生まれたメソポタミア文明。この古代文明の特徴は、楔形《くさびがた》文字がすでに使われていたこと。それまでの人類には「言葉」はあったものの「文字」はまだなかった。また、1年を12カ月、1週間を7日とする暦もこの文明で始まった。ただし、太陽暦《たいようれき》ではなく太陰暦《たいいんれき》である。また、60進法も使われていた。信仰されていたのは、一神教ではなく多神教だったようだ。

一方、ナイル川流域で興ったのが、エジプト文明。デルタ地帯に氾濫《はんらん》で運ばれた沃土《よくど》を利用した農業が盛んになり、農耕社会が発展し、紀元前３０００年頃には統一国家となる。暦は太陽暦で、1年が３６５日だとわかっていた。数は10進法を使っていた。宗教は多神教だが、太陽神ラーが最高神とされていた。そして、ファラオ（国王）が神の化身として、人民と国土を支配していた。さらに、ヒエログリフと呼ばれる文字もあり、紙の元祖といえるパピルスも発明されている。

インダス文明は、インダス川流域に紀元前２３００年頃興ったとされている。青銅器や文字を使い、城塞《じょうさい》、舗装道路、排水施設と

川の流域で発生した四大文明

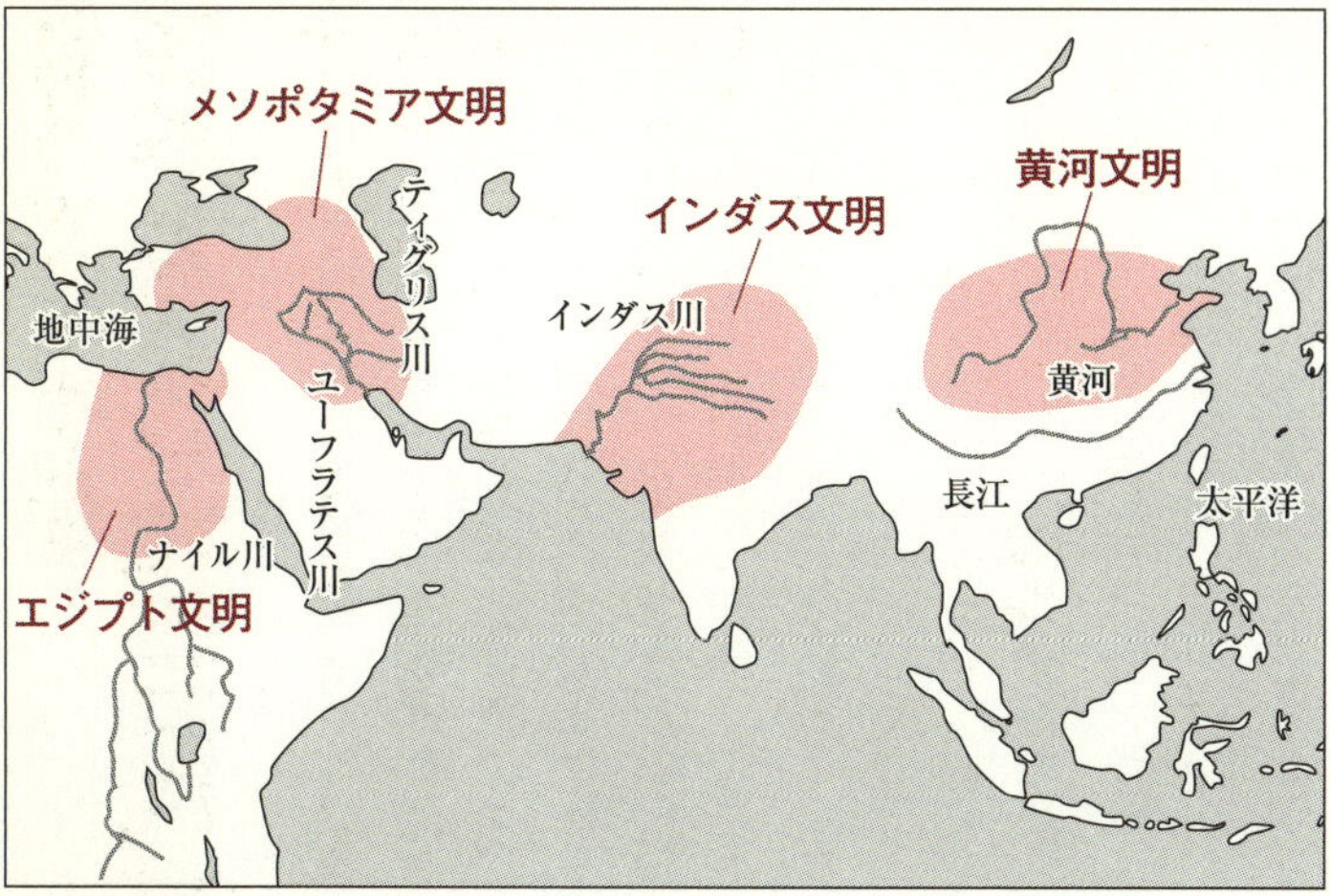

いった都市基盤が整備されていた。当時の遺跡として有名なのが、モヘンジョ＝ダロや、ハラッパー。都市文明として栄えたインダス文明だが、都市が必要とするレンガを焼くために流域の樹木を乱伐。その結果、洪水が頻発し、紀元前1700年頃には、かなり衰退していたらしい。

黄河流域の肥沃な黄土地帯で農耕を行う黄河文明が成立したのは、紀元前4000年頃。その頃の遺跡が発掘されており、竪穴式住居があり、集落が形成され、磨製石器や彩色してある土器を使っていたようだ。犬や豚を飼育していたこともわかっている。この中国最古の文化を仰韶《ヤンシャオ》文化という。

まとめ

川の流域で文字や暦、宗教などの文明が生まれ、都市整備や農業も行われた

原始・縄文時代の日本

日本人は、一体どこからやってきたのか

大昔、日本列島は大陸と陸続きだった。約３万年前、アジア大陸南部にいた古モンゴロイドが、いまの日本列島にやってきた。１９４６年に発見された岩宿遺跡が、最初にみつかった旧石器時代の遺跡で、日本にも旧石器時代があったことが確認されている。その後、70万年前の遺跡が発見されたと話題になったが、捏造であることが発覚した。

縄文文化と呼ばれるものが形成されたのは、約１万３０００年前とされている。この頃、海水面が上昇して日本海ができ、日本列島は大陸から分離したのである。

縄文人とは別に、１万年ほど前に新モンゴロイドが生まれ、アジア各地に広がった。そのなかの一群が、紀元前３００年頃、すでに日本海ができて大陸からは離れていた日本列島に、海路で渡ってきた。これが弥生人とされている。

縄文人と弥生人は、やがて混血を繰り返し、いまの日本人となる。弥生時代は、紀元前３００年頃から紀元後３００年頃までの約６００年間。だが、地域によっては縄文文化が続いていたところもある。

まとめ

古モンゴロイドと新モンゴロイドが混じり、日本人の原型となった

全国に点在する旧石器〜縄文時代の遺跡

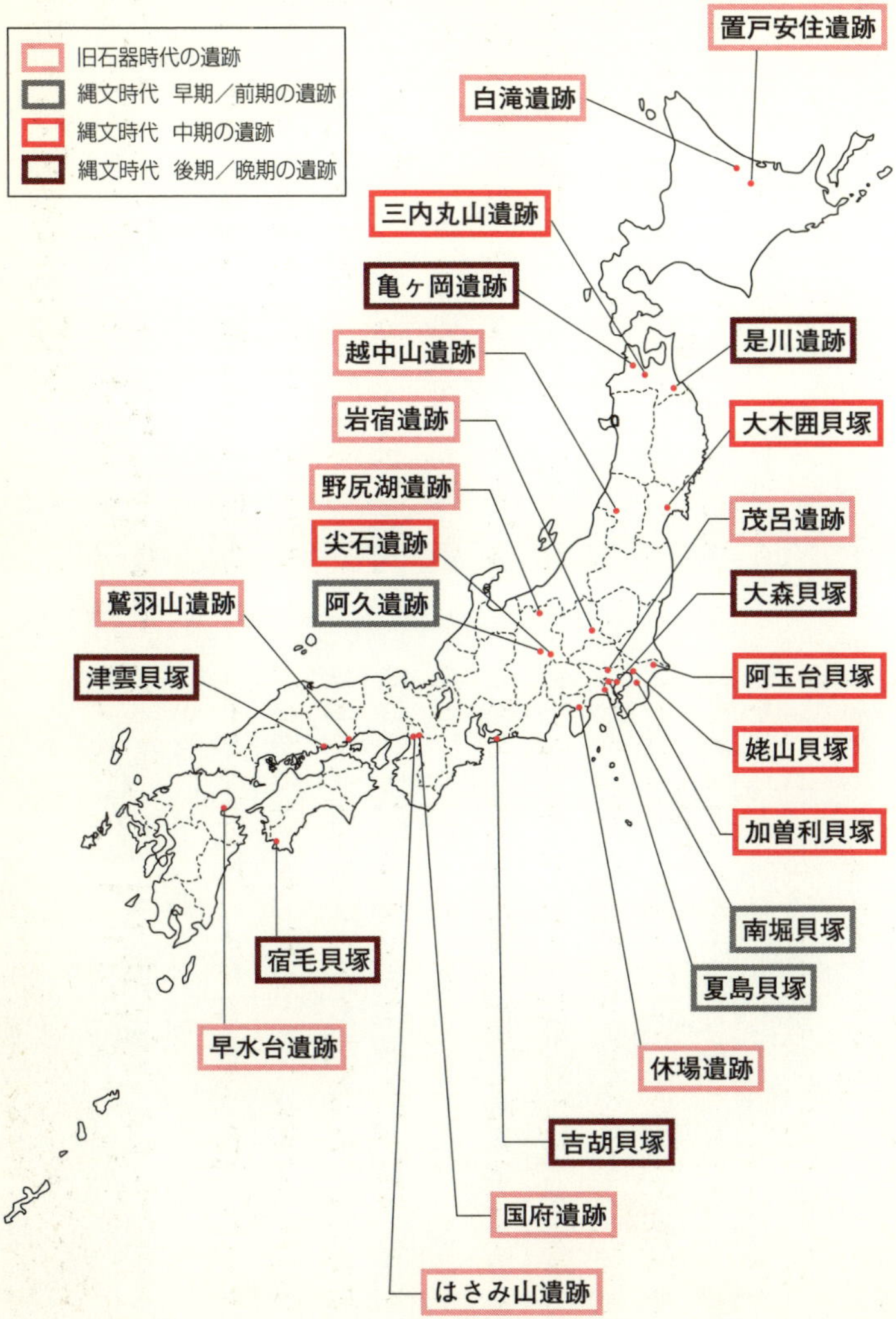

古代オリエントの統一

バビロニア、アッシリア…その支配者の系譜

メソポタミア文明が生まれ、文明先進地域であったオリエント世界では、いくつもの王国による侵略、征服が繰り返された。

ウルやウルクといったシュメールの都市国家を征服し、メソポタミア地域での最初の統一国家となったのは、アッカド王国。セム系民族の国で、最初の王は、紀元前２３００年頃のサルゴンである。サルゴンは他の都市国家を次々と征服して帝国を築いたとされる。彼は50年以上も王位にあり、息子がその後を継いだ。しかし、アッカド王国の隆盛は２００年ほどで、代わってバビロンがメソポタミア地域の支配者となる。

バビロンの初代王はスムアブムで、紀元前１８９４年に王位に就いた。スムアブムはバビロンの地に新たな王国を築くと、周辺のアムル系の小さな都市国家と戦い、次々と支配下に置いていった。だが、その死後、後継者たちは、離反した都市国家との戦いに明け暮れることになる。この王朝を、バビロン第一王朝とも、古バビロニア王国ともいう。この古バビロニア王国第六代の王が、ハンムラビで、紀元前１７５０年頃の人物だ。王位に就いた時点では、バビロンは小国だったが、やがて周辺の国々を侵略し、メソポタミア地方を統一した。彼の名は、「目には目を、歯に

古代オリエントの変遷

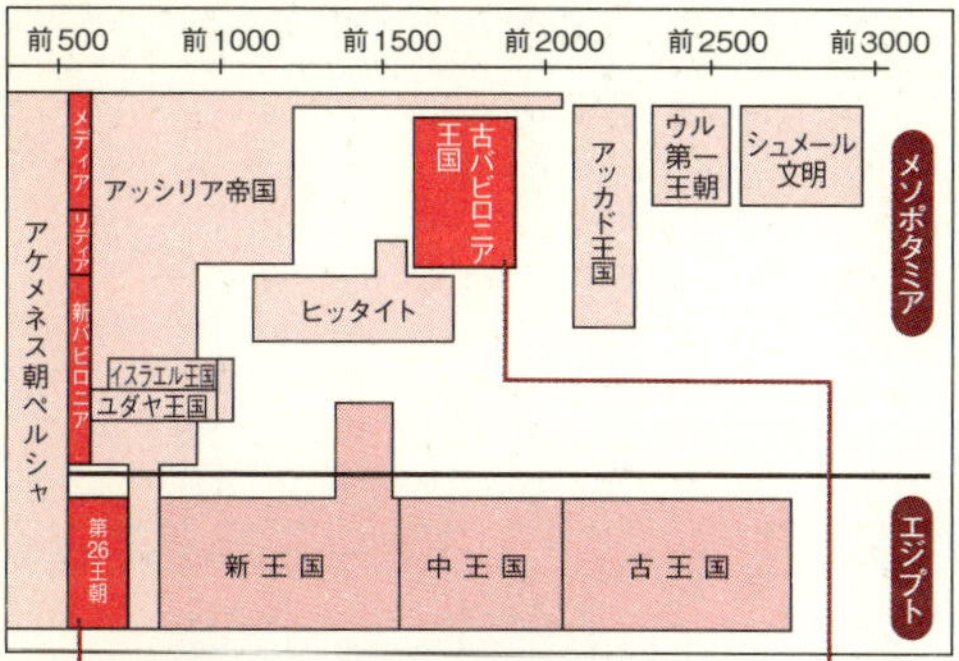

エジプトでは、前27世紀に興った古王国、前21世紀に始まる中王国、前1567年からは新王国と、王朝が続いていた。ヒッタイトの衰亡後、力を伸ばしたアッシリアは、前671年に、エジプトまで含めたオリエント世界を統一。アッシリアの滅亡後、オリエント世界は、メディア、リディア、新バビロニア、エジプト第26王朝に分裂した。

4つの王国に分裂したアッシリア帝国

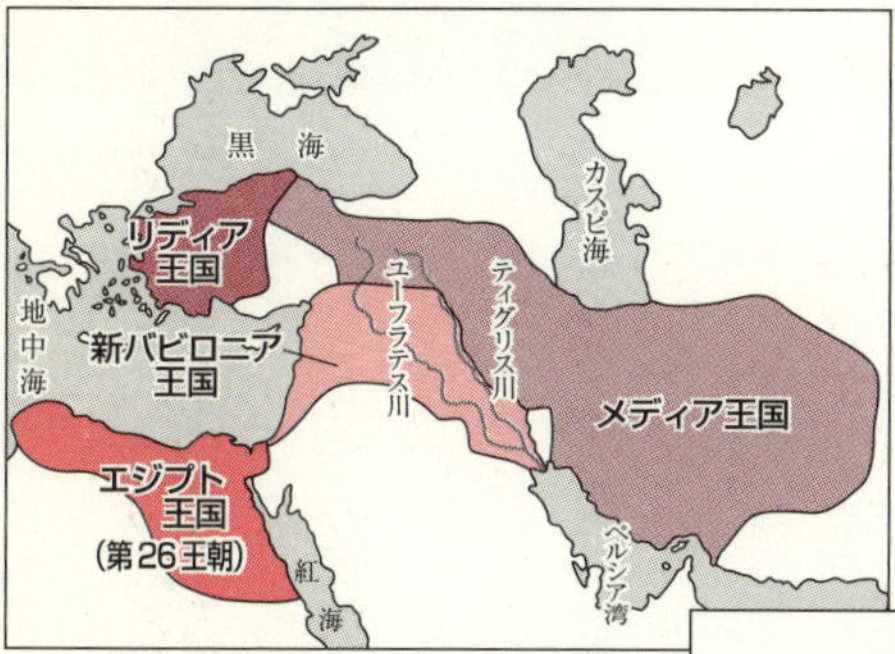

メソポタミア地域を統一した古バビロニア王国

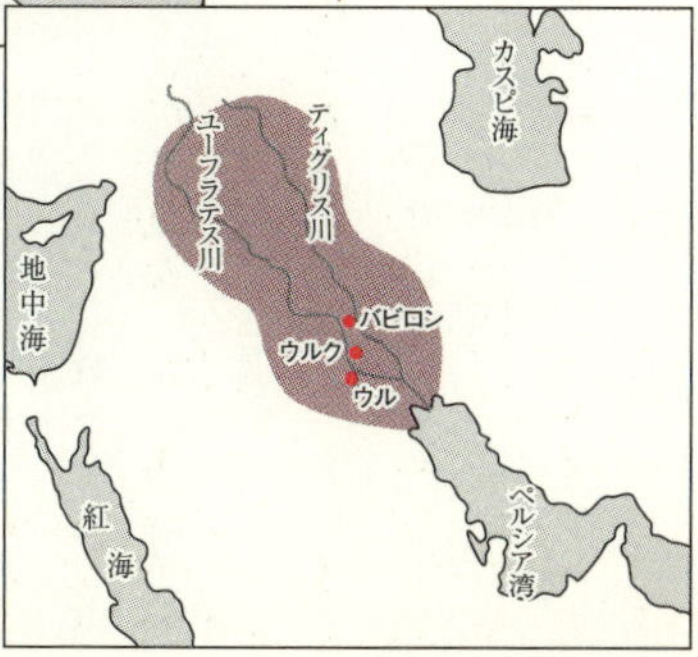

は歯を」という一節で有名な『ハンムラビ法典』という法律にも残っている。

古バビロニア王国の繁栄は、数百年は続いたらしい。だが、紀元前１５３０年頃、第一一代の王サムスディタナの時代に滅びてしまう。攻めたのは、ムルシリ1世に率いられたヒッタイトで、彼らは鉄製の武器を持っていた。青銅器文化が主流の当時としては、最新鋭の兵器である。ヒッタイト人の天下は、紀元前12世紀まで続いたが、やがて衰退。それとともに、彼らが独占していた鉄器が、オリエント世界全体に広がった。

次に登場するのが、ヒッタイト衰亡の原因ともいわれる「海の民」である。詳しい記録はないが、海からやってきて、強奪・略奪・破壊の限りを尽くしたらしい。その結果、ヒッタイトだけでなく、エーゲ海に栄えていたクレタ文明も滅びてしまう。しかし、「海の民」は滅ぼしただけで、その後に自分たちの国家を建設したわけでもなく、歴史から消えてしまう。古代史最大の謎のひとつである。

オリエント世界は、前６７１年、アッシリアによって統一される。紀元前8世紀頃から台頭したアッシリアは、パレスチナやエジプトに侵攻。鉄製の武器による征服戦争で次々と勝利していった。だが、征服した地域の住民を強制的に移住させたり、重税をかけたりしたために民心が離れてしまい、諸民族の叛乱が起こる。こうして、前６１２年、アッシリア帝国は崩壊し、新バビロニア、メディア、リディア、エジプトの四つに分裂した。

まとめ

オリエントをはじめて統一したアッシリアは、そののち四つの国に分裂した

ユダヤ教の成立

出エジプトからバビロン捕囚までの経緯

世界史上の大事件の多くが、つきつめると、ユダヤ教、キリスト教、イスラム教の相互の争いである。そのひとつユダヤ教誕生のきっかけとなったのが、バビロン捕囚である。

イスラエル人ともヘブライ人とも呼ばれる人々が、アラビア半島から来て、現在のパレスチナに定住したのは、紀元前１５００年頃。その一部は新王国の時代のエジプトに移住したが、時が経つと奴隷として扱われるようになった。そこで、ヘブライ人はエジプトを脱出し、故郷パレスチナに向かった。このエジプト脱出を指導したのが、「十戒」で有名なモーゼだ。モーゼたちはシナイ半島までたどり着くが、苦難の放浪生活を強いられた。そのとき、唯一神ヤハウェの啓示をモーゼが受け、脱出に成功したとされる。このときから、ヤハウェはヘブライ人の神となった。

パレスチナに戻ったヘブライ人は、先住民であるペリシテ人との戦いに勝利し、紀元前11世紀にヘブライ王国を建国。第二代ダヴィデ王の時代にイェルサレムを首都とし、第三代ソロモン王の時代に神殿が建てられ、王国は全盛期を迎えた。ソロモン王の死後、紀元前９２２年に王国は分裂し、北はイスラエル王国、南はユダヤ王国となる。

イスラエル王国は、前７２２年、アッシリ

「出エジプト」とヘブライ王国の分裂

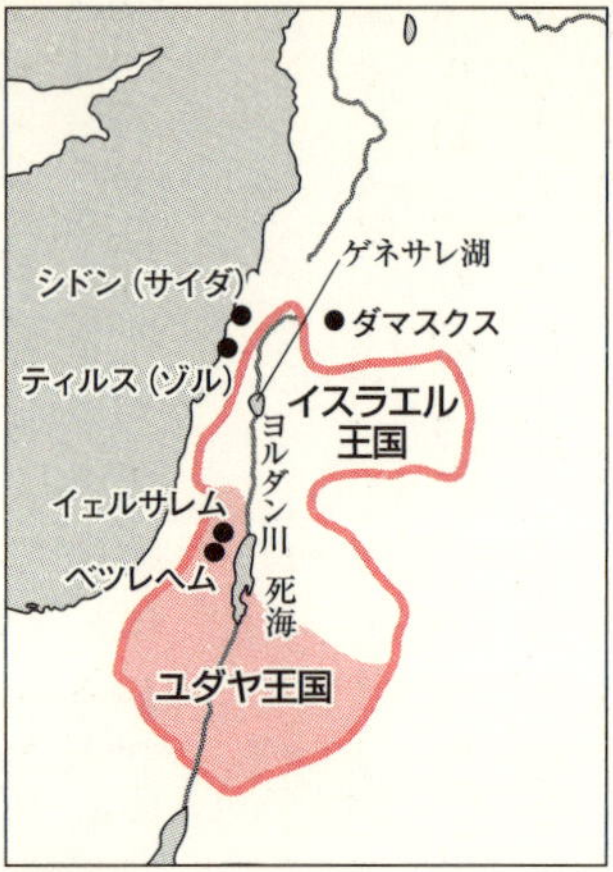

分裂後

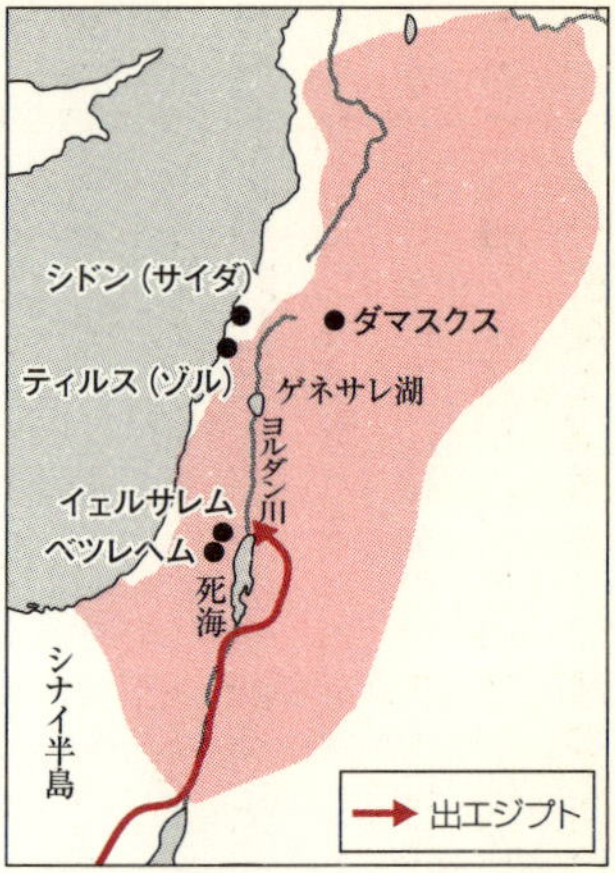

ソロモン王の時代

アに征服される。アッシリア帝国はのちに四つの国に分裂するが、そのひとつ新バビロニア王国により、前５８６年にユダヤ王国も滅亡。このとき、ユダヤの民が、新バビロニア王国のバビロンに強制的に連行され、奴隷にされる。これを「バビロン捕囚」という。

ユダヤ人が解放されるのは、新バビロニア王国がペルシャに滅ぼされる前５３８年。ユダヤ人が苦難を強いられたこの約50年の間に、神の意思を伝える預言者が次々と現れ、「全能の神は、やがて来るこの世の終末に、救世主（メシア）を地上に送り、ユダヤ人だけを救済する」という選民思想が生まれた。これがユダヤ教の根本的な考え方である。

まとめ

「バビロン捕囚」をはじめ、苦難の経験をきっかけに、ユダヤ教が生まれる

アケメネス朝ペルシャの興亡

オリエントを統一した巨大帝国の光と影

前６１２年、アッシリア帝国は、新バビロニア、メディア、リディア、エジプトの四つの国に分裂し、やがて滅亡する。その状況下で勢力を蓄え、やがて統一帝国を築いたのが、アケメネス朝ペルシャだった。

ペルシャ人はイラン高原西南部に住んでいた民族で、アッシリアの分裂後はメディア王国の支配下にあった。しかし、前５５０年、キュロス2世の時代にメディアを滅ぼし、アケメネス朝ペルシャ帝国となった。

続いて、前５４６年にはリディアを征服する。さらに、前５３８年には新バビロニアを征服し、ユダヤ民族を解放した。四つに分裂していた旧アッシリア帝国の三つをすでに手に入れたのである。

残ったのはエジプトである。だが、キュロス2世の時代には、そこまで征服することはできなかった。後を継いだカンビュセス王が、前５２５年にエジプトを併合し、オリエント統一の事業を完成させるのであった。

領土の拡大はさらに東方へと向かい、前５２２年に即位した第三代のダレイオス大王の時代には、インダス川流域までを支配していた時期もあった。

ペルシャ帝国が比較的長く続いた理由は、アッシリアのように強権で支配するのではな

ダレイオス大王時代のアケメネス朝ペルシャ

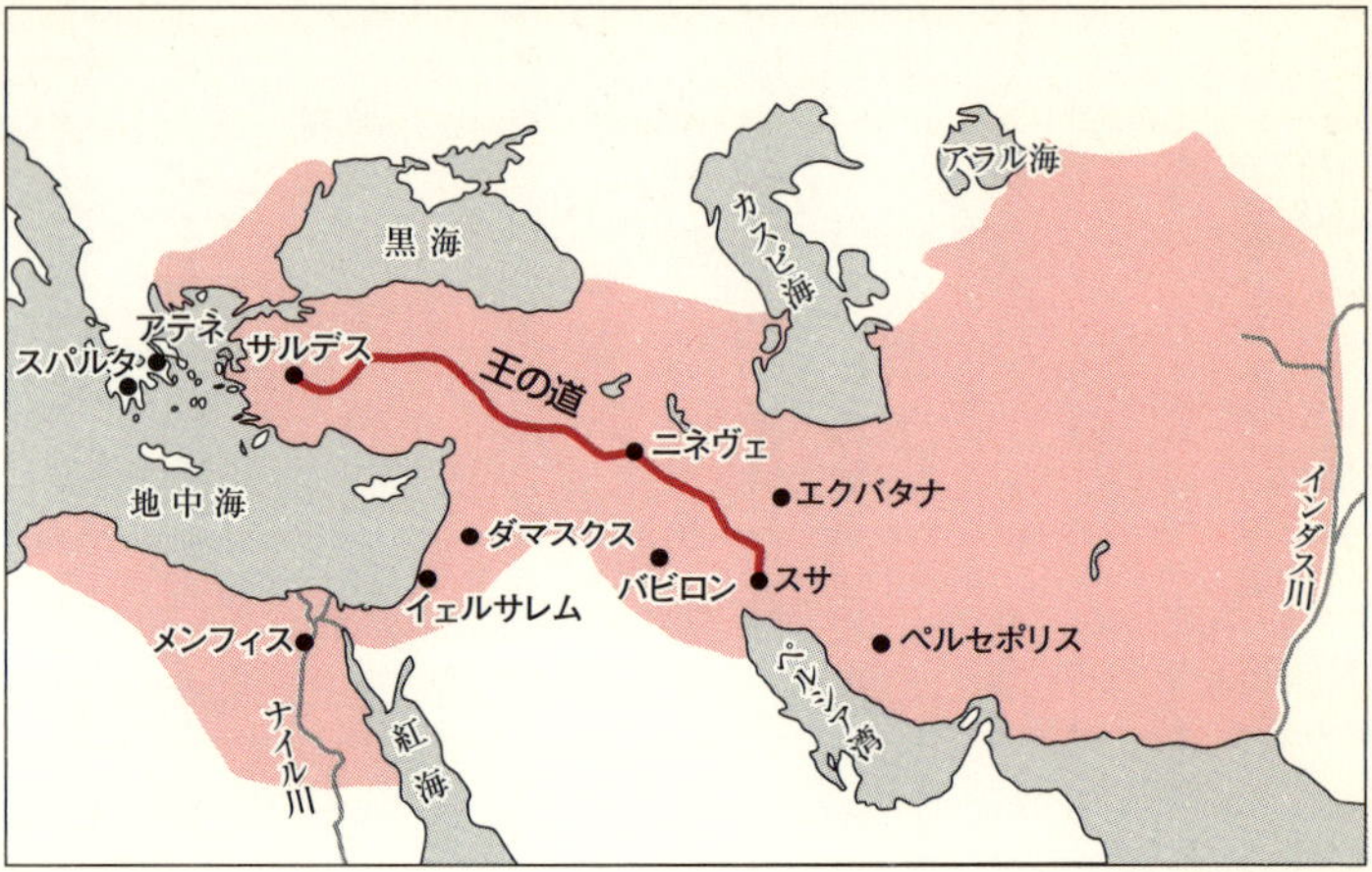

く、征服した民族にもそれぞれの宗教の信仰を許すなど、寛容政策をとったことにあった。そのため、支配された国々の人々が、あまり反抗心を抱かなかったのである。

だが、その統治機構はかなりしっかりしたものだった。全領土を20の州に分け、それぞれにペルシャ人の総督を送り込み、統治させていた。さらに、貨幣の統一、公用語の統一といった、のちの近代国家の原型ともいえる中央集権体制も完成していた。宗教では、ゾロアスター教が国教とされた。

このアケメネス朝ペルシャ帝国が滅ぼされるのは、前330年のこと。アレクサンドロス（アレキサンダー）大王によってである。

まとめ

アケメネス朝ペルシャは寛容政策と中央集権体制により巨大帝国を築いた

2

ギリシャ・ローマ

地中海地域では、アケメネス朝ペルシャとの戦いに勝利したギリシャ、アレクサンドロス３世の時代にインドにまで達する大帝国となるマケドニアに続き、ローマが台頭。ポエニ戦争でカルタゴを滅ぼし、北方のガリア地域やオリエント地域、エジプトまでを支配下におく。そのなかで誕生したキリスト教は迫害を受けながらも信者を増やし、ローマ国教となる。395 年ローマは東西に分裂し、ゲルマン民族の侵入で西ローマ帝国は滅亡する。

古代ギリシャの軌跡

ポリスの発展と運命を決めた2つの戦い

エーゲ海のクレタ島に文明が興るのは、紀元前３０００年頃。大型船舶の開発、海上交易で豊かになった。だが、前１４００年頃、アカイア人が侵入し、クレタ文明は滅亡。文明の中心地はギリシャ本土のミケーネに移る。ミケーネ文明も海上貿易で栄えたが、前１２００年頃に滅んでしまう。

紀元前８００年頃になると、ギリシャ各地に都市国家ポリスが形成されるようになる。ポリスは人口が数百から数千で、城壁に囲まれ、中央に小高い丘（アクロポリス）があり、神殿が建てられているのが特徴。人々は、貴族・平民・奴隷という階級に分けられ、平民の大多数は農民で、奴隷を使って耕作していた。やがてポリス間の争いが激化し、強いポリスが周辺の弱小ポリスを併合するようになる。ギリシャ最大のポリスであるアテネは、人口30万の大国家に発展した。前５０８年には、史上初の民主制度も生まれた。

一方、もうひとつの強国スパルタでは、征服した先住民支配のため、強権政治が行われていた。支配層の市民は１５００人から２０００人、それが2万人の半自由民と5万人の奴隷を支配していた。この7万人がもともとその地にいた先住民であった。

アケメネス朝ペルシャ帝国は、東はインダ

ペルシャ戦争時の勢力図

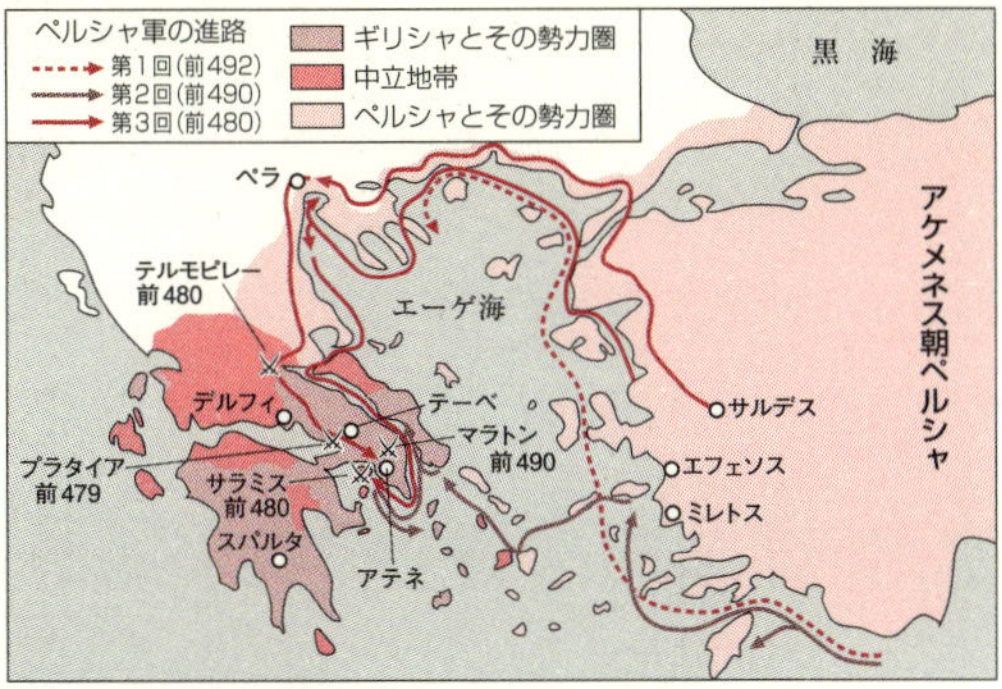

＜ペルシャ戦争の経緯＞

アケメネス朝ペルシャがギリシャに侵攻。

前490年　マラトンの戦い

第２回目の侵攻を、アテネ軍は重装歩兵で迎撃し、騎兵と弓兵からなるペルシャ軍を打ち破った。このマラトンの戦いで、ある兵士が、アテネまで走って勝利を知らせたことが、マラソンの起源とされる。

前480年　テルモピレーの戦い

第３回目、ペルシャ軍は海と陸の両方からアテネに侵攻し、陸戦で勝利。ギリシャ軍は撤退し、ペルシャ軍は無人となったアテネに侵入した。

前480年　サラミスの海戦

海戦では、アテネを中心とするポリス国家連合軍が、ペルシャ艦隊を撃破。

前479年　プラタイアの戦い

陸戦でギリシャ側が勝利をおさめ、ペルシャ軍は撤退。

ペロポネソス戦争時の勢力図

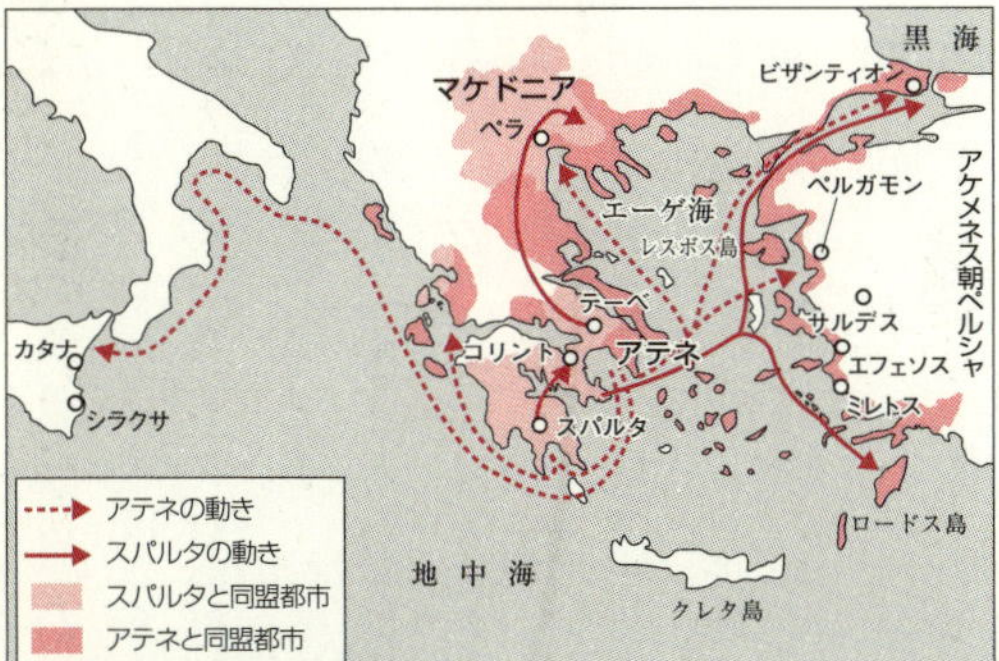

＜ペロポネソス戦争の経緯＞

アテネを中心とする**デロス同盟**と、スパルタを中心とする**ペロポネソス同盟**が対立。

前431年　ペロポネソス同盟のアッティカ（アテネのある半島）**侵攻により戦争勃発。**

前425年　ピュロスの戦いでアテネ勝利。

戦いは、和平条約締結を挟んで断続的に継続。

アテネ側のデロス同盟からは離反する都市も出て、戦局はスパルタ側に傾いていく。

前413年　ペルシャ、スパルタによる同盟の締結。

前405年　アイゴスポタモイ海戦でスパルタ軍勝利。

前404年　アテネの全面降伏で終結。

ス川流域まで支配圏を広げたが、西への進出では、ギリシャ本土に侵攻できずにいた。しかし、紀元前５００年、ペルシャ帝国の支配下にあったイオニア地方のミレトスで叛乱が起こる。ミレトスはもともとギリシャの植民市であったため、アテネに援軍を求め、アテネは軍船を派遣した。叛乱はペルシャ帝国によって鎮圧され、ギリシャ本土侵攻の口実ができたダレイオス大王は反撃に出た。前４９０年、アテネ軍は重装歩兵で、ペルシャ軍を破った。ダレイオス大王の後を継いだクセルクセスは、前４８０年、海と陸の両方からアテネを攻めた。ギリシャでは、アテネを中心に31のポリスが同盟を結び海軍を強化していた。陸戦となったテルモピレーの戦いでは、ペルシャ軍が勝利。だが、サラミスの海戦では、ペルシャ艦隊１０００隻を、２００隻のアテネ艦隊が打ち破った。翌年のプラタイアの陸戦でもペルシャ軍は敗退。ペルシャ戦争は、ギリシャの勝利に終わった。

　その後、各ポリスは、アテネを中心にデロス同盟を組織。これには２００あまりのポリスが参加した。当初、各ポリスは平等だったが、アテネの力が強まると、同盟関係が主従関係に変質。それに反発するポリスは、スパルタを中心にしたペロポネソス同盟を結成した。こうなると両者の対決は必至である。

　前４３１年、ギリシャ全土を二分する、ペロポネソス戦争が始まった。この戦いは27年間も続いたが、前４０４年、アテネが全面降伏して、戦争は終わった。

まとめ

ポリスで団結し、ペルシャを破ったギリシャは、ポリス間の争いで衰退していく

マケドニアの台頭

アレクサンドロスが夢見た「世界帝国」

ギリシャの北方の小国マケドニア王国は、ギリシャとペルシャの中間に位置していた。ギリシャに属していたが、ペルシャが優勢だったペルシャ戦争ではペルシャ側についた。しかし、ペルシャの力が弱まると、ギリシャ側につく。ギリシャの内戦ともいうべきペロポネソス戦争の間も力を蓄えていた。

　このマケドニアが歴史の主役に躍り出るのは、フィリッポス2世の代である。前３３８年にカイロネイアの戦いで、アテネとテーベ連合軍を倒し、スパルタ以外のギリシャのポリスを手中にした。こうして、各ポリスの独立性は失われた。

　フィリッポス2世の後を継いだのが、息子のアレクサンドロス3世。アレクサンドロス（アレキサンダー）大王として有名な青年王である。アレクサンドロス大王は、前３３６年に20歳で王位に就くと、前３３４年にアケメネス朝ペルシャへの遠征を開始。総勢３万７０００人という大編成の軍を率いて出陣した。アレクサンドロスは軍事の天才だったと評価されている。重装歩兵と騎兵を組み合わせて戦い、抜群の統率力を発揮した。

　前３３３年、イッソスの戦いでダレイオス３世が率いるペルシャ軍を破り、さらに前３３１年のガウガメラの戦いで、ペルシャ軍を完全に壊滅させた。ペルシャのダレイオス３世は、敗走する途中で側近の反逆にあい、殺されてしまう。こうしてペルシャ帝国を手にしたアレクサンドロスは、さらに東に侵攻。エジプトも支配下に置き、帝国の勢力は、インドにまで広がった。

軍事力で圧倒的な強さを見せたアレクサンドロス大王だったが、服従して支配した国に対する内政面では寛容政策をとった。これによって、それまで別々に発展していた、東西の文明が融合することになる。この東西文化交流の結果、ヘレニズム文化が生まれる。その代表が、ギリシャ風の文化とインドの仏教文化とが融合したガンダーラ美術である。

しかし、前３２３年、アレクサンドロス大王は熱病にかかり、32歳８カ月の短い生涯を閉じる。その死後、大帝国は当然のように分裂してしまう。後継者争いは20年も続いた。これをディアドコイ（後継者）戦争という。

前３０１年、この戦争は、大帝国を三分割するかたちで、一応終戦。かつてのペルシャ帝国の領土であるシリアを受け継ぐことになったのはセレウコス、プトレマイオスはエジプトを手にした。そしてマケドニアはアンティゴノスのものになった。このうち最も栄えたのはエジプトで、その都アレクサンドリアは大都市になり、経済と文化の中心になる。ちなみに、アレクサンドリアは、エジプトだけでなく各地にあった。アレクサンドロス大王が、征服した土地に自らの名をつけた都市を建設していったからである。

まとめ

アレクサンドロスはインドまで広がる大帝国を作り、東西文化を融合させた

アレクサンドロス大王が支配した帝国

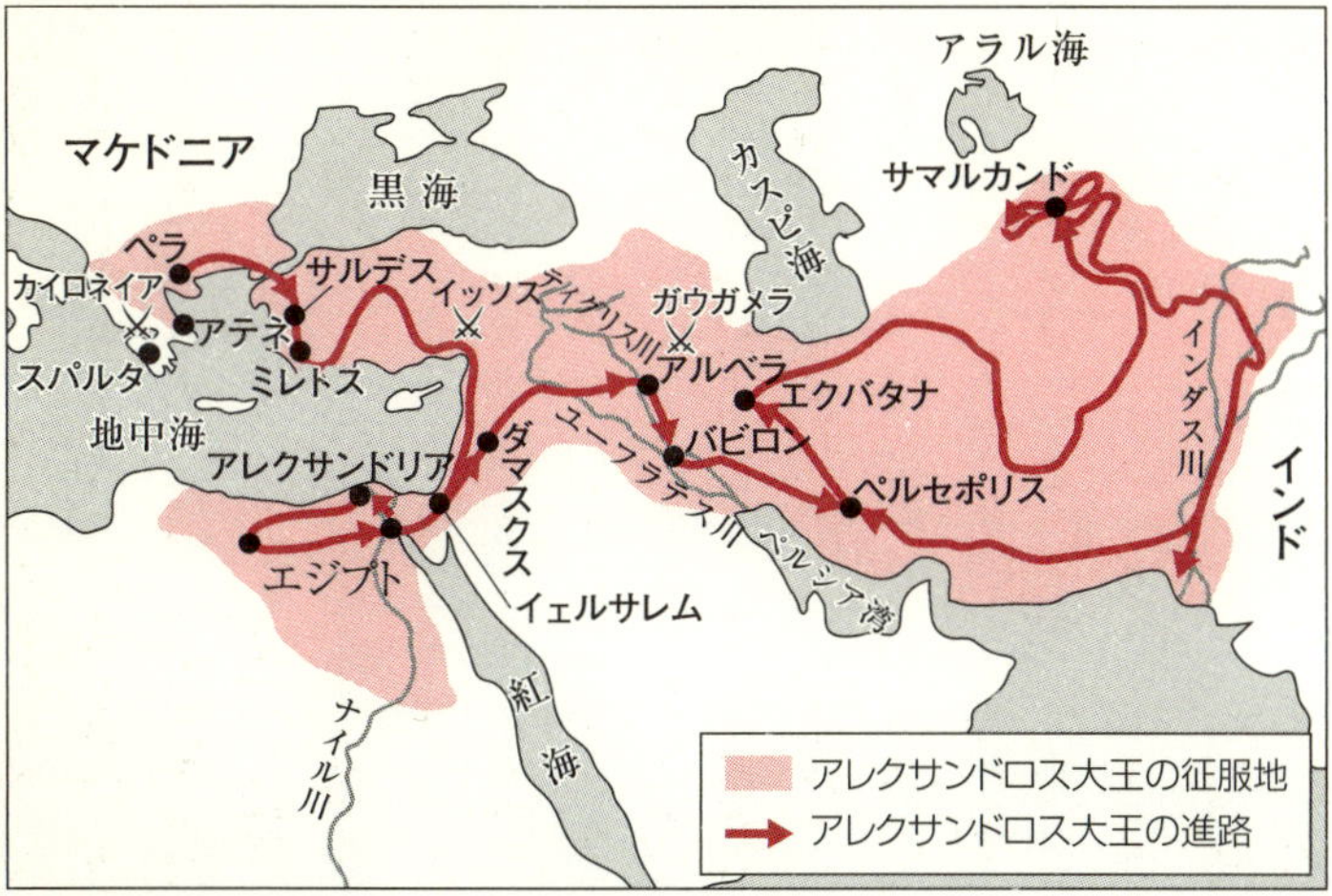

アレクサンドロス大王の戦い

前 338 年	カイロネイアの戦い	アレクサンドロスの初陣。一軍の将として父親に従ってギリシャに出兵した。アテネとテーベの連合軍を破る。
前 333 年	イッソスの戦い	アンティオキアの北西イッソスで、ダレイオス３世が率いるペルシャ軍と遭遇するが、捕虜をとって破る。
前 331 年	ガウガメラの戦い	ティグリス川上流のガウガメラで、ダレイオス３世が率いるペルシャ軍をアレクサンドロス軍が破る。
前 329 年 ～ 前 327 年	ソグディアナの遠征	中央アジア方面へ侵攻したアレクサンドロスは、ソグディアナとバクトリアを攻める。過酷なゲリラ戦を強いられ、軍の士気の低下を招いた。
前 326 年	ヒュダスペス河畔の戦い	インドへの遠征を目指してパンジャブ地方に侵入し、パウラヴァ族の王ポロスを破る。さらにインド中央部を目指したが、兵士が疲労のために進軍を拒否し、やむなく兵を返す。

イタリア半島の統一

小国ローマの「原動力」はどこにあったか

ローマの国のはじまりについては、諸説ありはっきりしていない。イタリア半島南部では、紀元前１１００年頃にラテン人が北から来て、農業中心の小さな都市国家を築くようになっていた。ローマもそのひとつで、テヴエレ川下流に誕生した。伝承では、前７５３年に建国され、初期は王が統治していた。

しかし、前５０９年に最後の王が追放され、以後は有力貴族が元老院を組織して統治する貴族共和政という国家形態になる。元老院は１年の任期の執政官（コンスル）を二人選び、権力を委ねていた。

周辺の都市国家を征服し、大きくなっていくにつれ、戦争に参加した平民たちは、参政権も求めるようになった。貴族と平民の対立の結果、平民側の要求が通り、さまざまな民主的諸制度が生まれていった。まず、平民の議会である平民会が設置された。

前４５０年頃には『十二表法』という最初の成文法が制定された。前３６７年には、二人の執政官のうちの一人は平民から登用されることになり、前２８７年には、平民会の議決が元老院の承認を得なくても法律として成立することになった。こうしてローマは、共和政国家となった。平民たちは自分の国だという意識をより強く持つようになり、積極的

ローマによるイタリア半島の統一

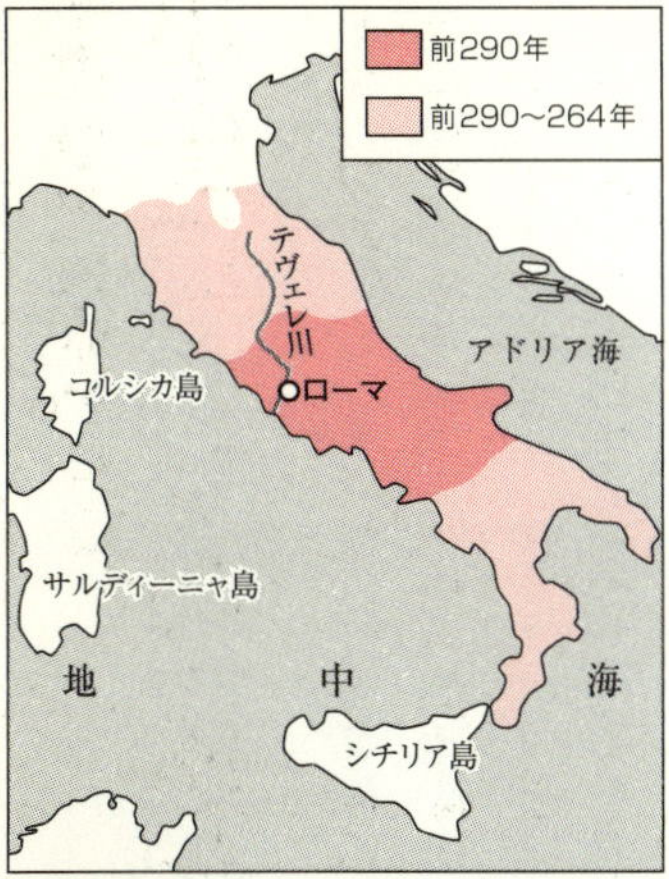

前3世紀

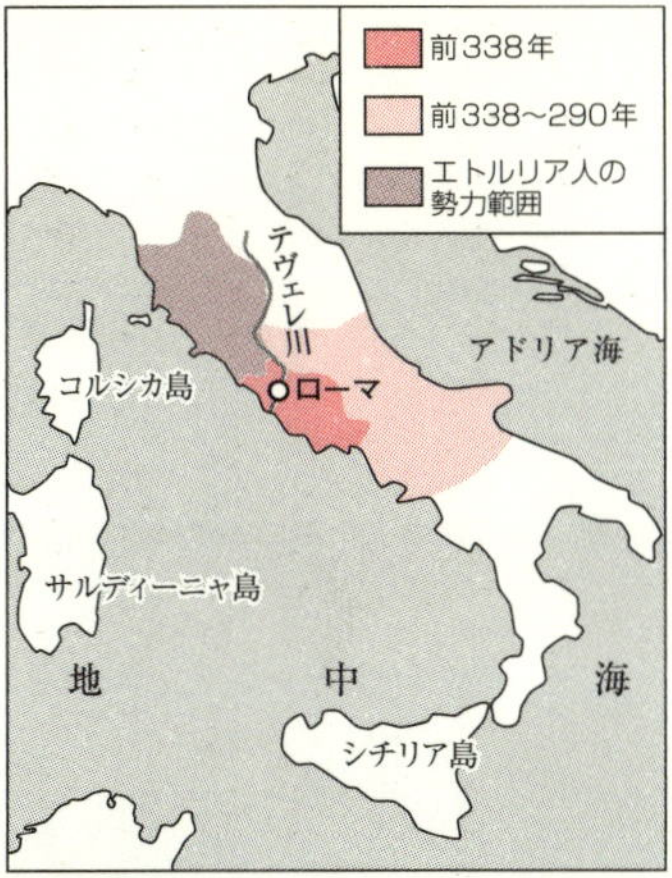

前4世紀

に勢力拡大のための戦争に臨んでいった。

紀元前２７０年頃には、イタリア半島の統一、つまり征服に成功する。ローマは、支配下に置いた都市を三種類に分類して統治していた。これを「分割統治」という。まず「植民市」。ここの市民は、ローマの市民権を持っていた。次の「自治市」では、ローマの市民権は制限され、参政権などはなかった。その一方、納税と兵役の義務はあった。三つ目の「同盟市」ではローマの市民権はないが、兵役の義務はあった。同盟市や自治市は、早く植民市に昇格したいので、ローマのために働くことになる。互いに競い合い、それが大きな力となり、征服・拡大を可能にした。

まとめ

共和政国家ローマは巧みな分割統治によって勢力を拡大した

ポエニ戦争

地中海を巡る、ローマ対カルタゴの死闘

カルタゴは、現在のチュニジア北部にあったフェニキア人の植民都市。当時の地中海は、ギリシャ諸都市が衰退し、フェニキア人が勢力を伸ばしていた。そこに、大国となったローマがシチリア征服のために侵攻。カルタゴとしては、迎え撃つ以外の道はなかった。

第一次ポエニ戦争は、前２６４年に始まった。地中海の貿易国であるカルタゴは海軍にすぐれ、一方のローマは陸戦が主だった。

ところが、前２６０年のミラエ沖海戦では、艦隊の建造・整備を進めたローマが、カルタゴ艦隊に勝利する。その勢いで、ローマ軍は北アフリカに上陸したが、カルタゴの反撃を受け、戦争は長期化。前２４１年、ローマ艦隊がシチリアの西部沖でカルタゴを破り、ローマの勝利が確定。シチリアに加え、コルシカ島、サルディーニャ島なども得た。

ローマに負けたカルタゴが、数十年後に逆襲に出たのが、第二次ポエニ戦争である。戦争を始める前、カルタゴはマケドニアと同盟を結び、ローマに支配されていた北のガリア人に叛乱を呼びかけた。そして、予想もつかない方角から攻め入ったのである。前２１８年、カルタゴの将軍ハンニバルは40頭の象を率いて、ピレネー山脈とアルプス山脈を越え、陸路ローマに攻め入った。イタリア半島中央

第二次ポエニ戦争時の勢力図

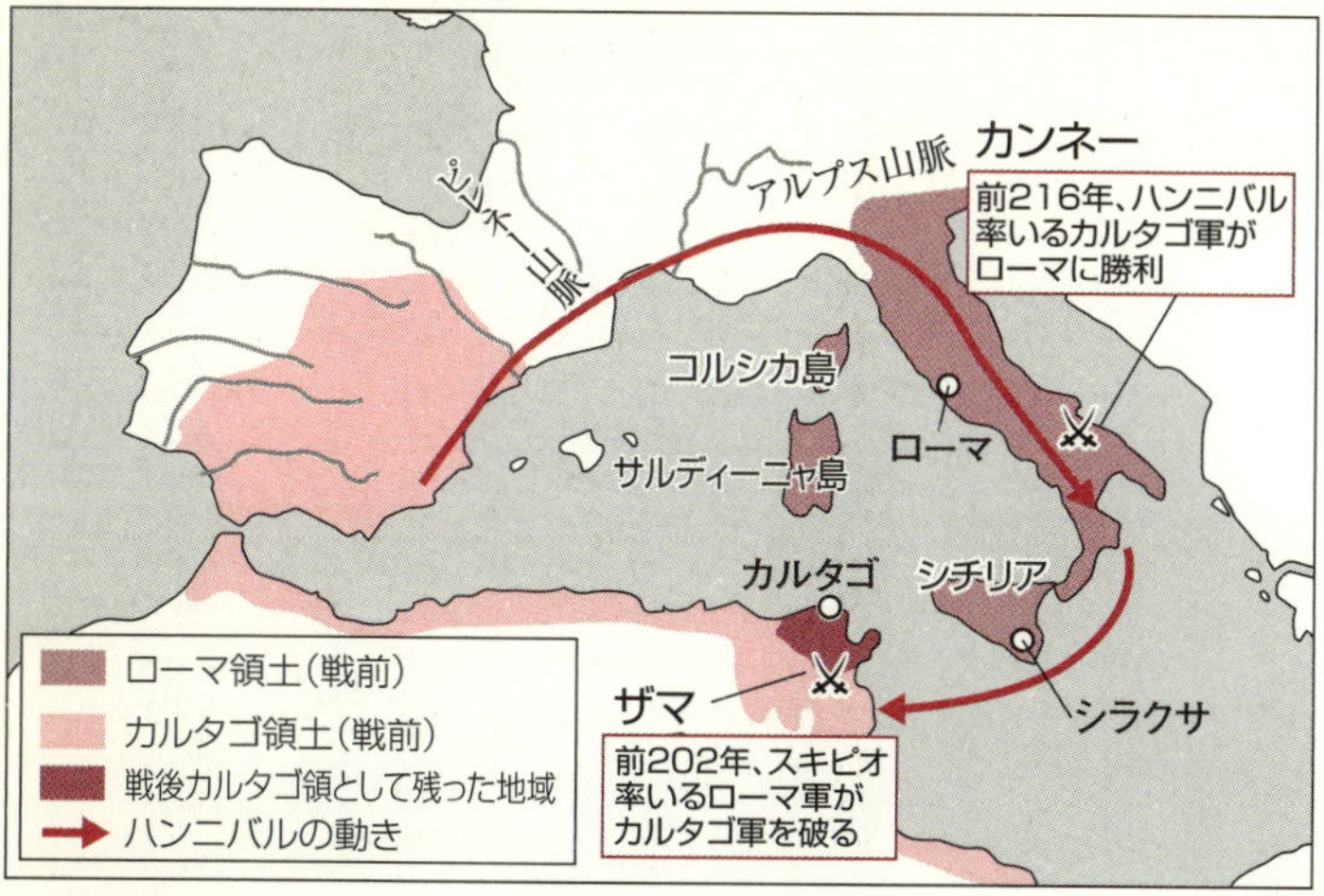

部での戦闘でハンニバルは圧勝。それを知り、ローマに服従していた地域でも叛乱が起き、ローマは包囲されつつあった。しかし、ハンニバルは、ローマを直接攻めようとはしなかった。その間に、ローマ軍は態勢を立て直した。名将スキピオは、ハンニバルと戦うのを避け、前204年、カルタゴの本拠地を襲い勝利。故国の危機にハンニバルはカルタゴに向かい、前202年、ハンニバルとスキピオの直接対決となった。ザマの戦いと呼ばれるその決戦で、ローマが勝利する。

その後、ローマはギリシャを制圧。前146年には、すさまじい籠城戦ののちにカルタゴを滅ぼし、ローマが地中海の覇権を握る。

まとめ

三度にわたるカルタゴとの激戦に勝利し、ローマが地中海の支配者に

ローマ帝国の誕生

三頭政治から帝国へ…権力をめぐる攻防

ポエニ戦争で勝利したローマだが、国内では貧富の差が拡大し、市民や奴隷たちの不満が鬱積していた。前73年のスパルタクスの反乱には20万もの奴隷が参加。ローマは大混乱に陥る。前71年、スパルタクスの死で反乱は収拾したが、内乱状態は続き、その鎮圧に貢献した軍人ポンペイウスと、経済界を支持層に持つクラッスス、平民に支持されていたカエサル（シーザー）の3人が「三頭政治」体制を確立した。前60年のことである。

　だが、前53年のクラッススの死後、そのバランスは崩れていく。カエサルはガリア平定などで力を伸ばし、それを恐れたポンペイウスは元老院と手を結び、遠征中止の命令を出した。軍を率いてローマに戻ったカエサルを、市民は歓声をあげて迎えた。ポンペイウスはギリシャからエジプトへと逃れたが、そこで暗殺された。

　そのエジプトでカエサルとクレオパトラが出会う。エジプトは、アレクサンドロス帝国が分裂してできたプトレマイオス朝が続いていた。王家内部の権力闘争によって王位から追放されていたクレオパトラは、カエサルと手を結び、エジプト女王の座に返り咲いた。

　一方、カエサルは、前46年に終身独裁官に就任し独裁体制を確立したが、前44年、部下

三頭政治の構図

第2回三頭政治
（前43年）

オクタヴィアヌス
アントニウス
レピドゥス

その後

アントニウス、クレオパトラの連合軍をオクタヴィアヌスが破る。アウグストゥスの称号を受けたオクタヴィアヌスが初代皇帝としてローマ帝政時代を築く。

第1回三頭政治
（前60～前53年）

カエサル
ポンペイウス
クラッスス

その後

クラッススの死後、カエサルがポンペイウスを倒す。権力を手にしたカエサルは独裁政治を行ったが、そのカエサルも部下のブルータスによって暗殺された。

のブルータスによって暗殺されてしまう。

その死後、再び三頭政治体制が確立された。カエサルの養子オクタヴィアヌス、部下アントニウス、大富豪レピドゥスによる統治である。しかし、アントニウスは、エジプトの安定をはかるクレオパトラと恋に落ちて結婚。オクタヴィアヌスはエジプトに宣戦布告し、前31年、アクティウムの海戦で勝利する。敗北を悟ったクレオパトラとアントニウスは、翌年自害。プトレマイオス王朝は終焉を迎え、エジプトはローマの属州となった。

前27年、オクタヴィアヌスは、アウグストゥス（尊厳者という意味）の称号を得て、最高権力者となる。ローマ帝国の誕生である。

まとめ

三頭政治体制を経てアウグストゥスの登場でローマ帝国が確立

キリスト教の成立

〝神の子〟イエスの生涯とその教え

西暦は、イエス・キリストが誕生した年を元年として制定されたものだが、イエスが生まれた時点では、もちろん存在していなかった。はるかのちの6世紀、ローマの神学者ディオニュシウス・エクシグウスが、５２５年頃に書いた著書のなかで、ローマ建国から７５４年目の年が、キリスト誕生の年にあたると算出したのである。これに従い、その年を紀元1年とするようになったのは10世紀からで、それもごく一部の国にとどまっていた。ヨーロッパ諸国で使われるようになったのは、15世紀になってからだった。

その後の研究で、実際にイエス・キリストが生まれたのは、もう少し前だと判明した。現在では、4年前との説が有力である。そこで、紀元1年はそのまま動かさず、イエス生誕が、紀元前4年頃ということになった。

さて、そういった紆余曲折を経て、イエス・キリストは、紀元前4年頃、パレスティナのベツレヘムで生まれたとされている。その頃、この地はローマの属州となっていた。イエスについては、多くの伝説があるが、どこまでが事実かはよくわかっていない。

当時のユダヤ教の祭司たちは、権力者であるローマに取り入り、戒律と儀式ばかり重視するパリサイ派が力を持っていた。イエスは

イエスの布教からキリスト教の成立へ

ユダヤ教成立
（前6世紀頃）

↓

イエスによる布教
（後28年頃）

↓

イエスの処刑
（後30年頃）

↓

キリスト教成立。
パウロらがローマ帝国
各地で布教

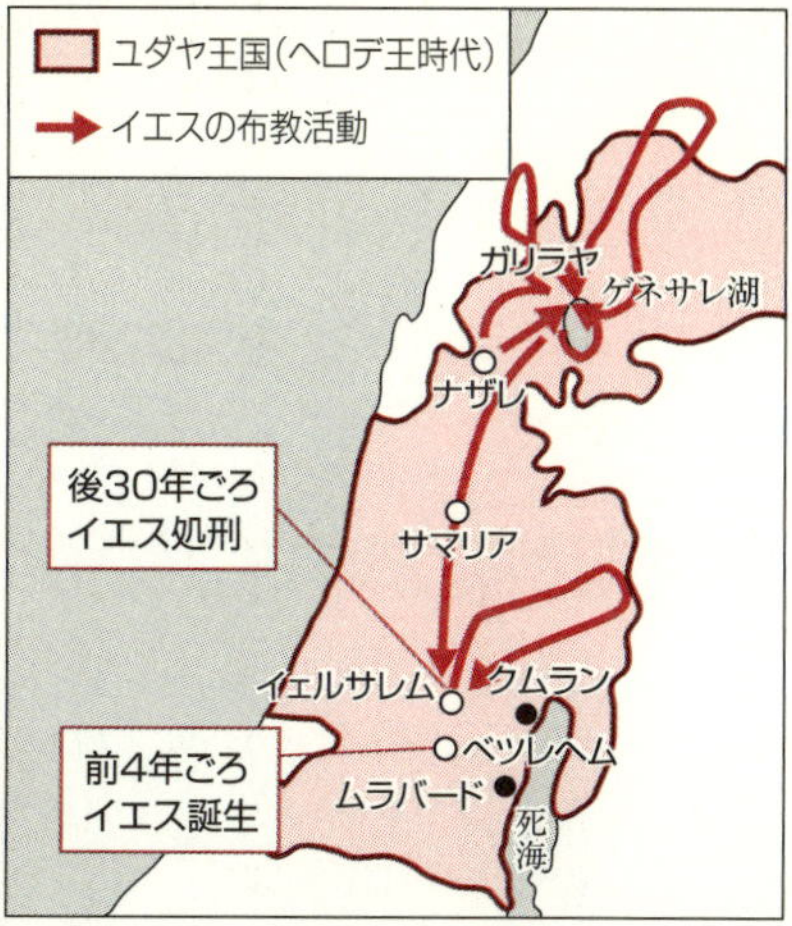

そのことに疑問を抱く。さらに、ユダヤ教は選民思想に基づき、ユダヤの民だけが救われると説いていたが、イエスは、すべての人々が救われるべきだとした。「神の下での平等」という考え方である。これはユダヤ教と対立するもので、ユダヤの支配層からみれば、イエスは叛逆者だった。

紀元後30年頃、イエスは捕らえられ、ゴルゴダの丘で処刑された。そして3日後、予言どおりに「復活」し、その40日後に遺訓を残し、再び昇天したという。この「奇蹟」を見た弟子たちによって、イエスこそが「神の子」であると信じられ、やがて世界中に広がる宗教が誕生したのである。

まとめ

選民思想を説くユダヤ教に対して、平等思想のキリスト教が誕生する

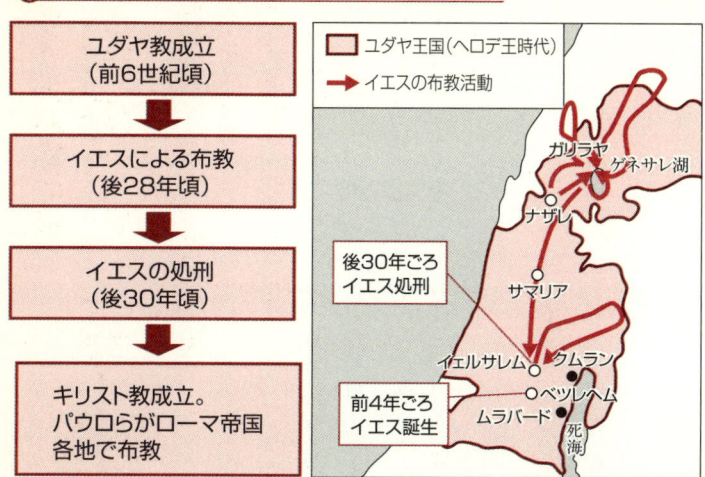

ローマ帝政

パックス・ローマーナから軍人皇帝の時代へ

前27年に始まるローマの帝政では、当初、皇帝の座は世襲だった。しかし、暴君として知られる五代皇帝ネロの時代や、数年で皇帝が代わる内乱期が続いたのち、96年に皇帝となったネルヴァ以降、賢人を選んで養子にし、後継者とする方法をとることになった。

これにより賢帝が続いたため、ネルヴァ帝から五代にわたる皇帝の時代を「五賢帝《ごけんてい》時代」という。約百年続いた五賢帝時代、ローマは安定し、繁栄をきわめたため、「パックス・ロマーナ（ローマの平和）」とも呼ばれる。交通網は整備され、領土も広がった。

だが、巨大になれば、全土を統治するのは困難になる。五賢帝の最後、マルクス・アウレリウス・アントニヌスの治世には、すでにゲルマン人の侵入が始まり、地方で叛乱が起こるなど、ローマの安定は危うくなっていた。

五賢帝時代が終わると、ローマ帝国は内乱の時代に突入。軍人たちが皇帝の座を奪い合い、２３５年～２８４年までの約50年間に、26人もの皇帝が入れ替わる事態に陥った。

この大混乱時代を収拾したのが、２８４年に即位した、最後の軍人皇帝ディオクレティアヌス帝だ。彼は、帝国再建のため、皇帝権力を神聖化して強化した。統治面では、税制改革による国庫収入の確保、官僚制による中

ローマ帝国の拡大と分裂

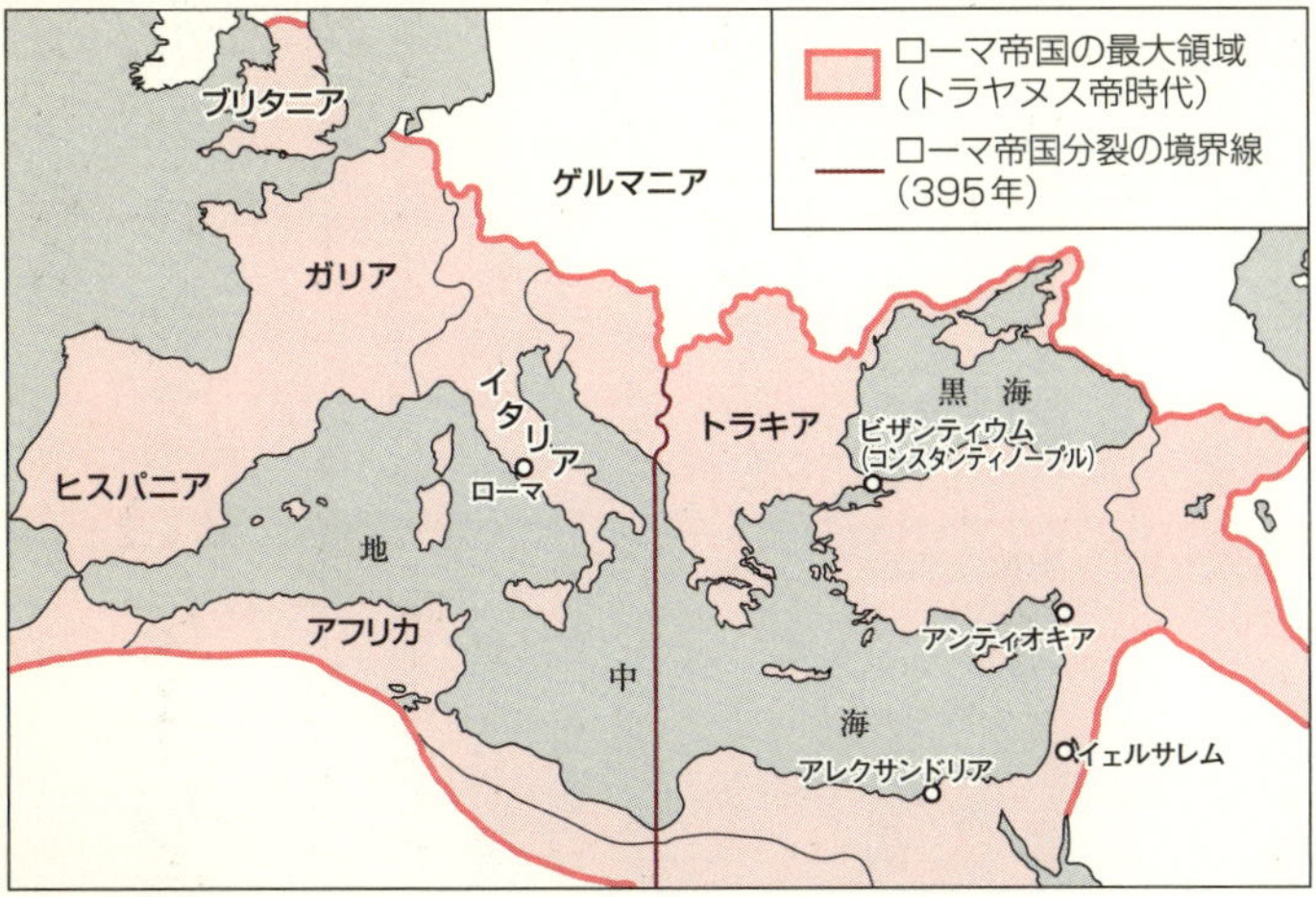

央集権、軍隊の増強などを行い、専制君主政（ドミナトゥス）を確立した。なお、それ以前は元首政（プリンキパトゥス）という。

だが、広大な帝国を一人で統治し、外敵から防衛するのは不可能だった。そこで、軍の同僚だったマクシミアヌスを共同皇帝にし、自分は東を、彼には西を任せた。293年、二人の皇帝はそれぞれ、副帝を任命し、ライン川とドナウ川の防衛を任せた。これをテトラルキア（四分割統治、四分治制）と呼び、この分割統治が、のちのローマ帝国の東西分裂につながる。ディオクレティアヌス帝の引退後、対立や抗争で混乱状態となったローマはコンスタンティヌス帝により再統一される。

まとめ

五賢帝時代後のローマ帝国は、軍人皇帝時代など混乱が続く

ミラノ勅令

迫害されていたキリスト教が国教になるまで

ローマは多神教の民族で、ギリシャを支配下に置くと、もともと別々だったギリシャとローマの神話を混合するなど、宗教に対しては寛容なところがあった。それに対し、キリスト教と、その元となったユダヤ教は一神教である。他を認めない宗教であり、皇帝を崇拝することも拒んだ。

そこで、歴代ローマ皇帝はキリスト教を弾圧。その弾圧が最も凄まじかったのがネロの時代で、64年にローマ市街が大火で焼失した際、キリスト教徒が放火したと濡れ衣をきせて、大勢を処刑した。また、ディオクレティアヌス帝の時代にも、３０３年に、キリスト教の「大迫害」という弾圧政策がとられた。

その方針を１８０度転換し、キリスト教を公認したのが、３１３年、コンスタンティヌス帝の時代に発せられた、ミラノ勅令だった。公認しただけではなく、コンスタンティヌス帝自身も、キリスト教に入信した。

このような大転換が起きたのは、長きにわたる弾圧にもかかわらず、キリスト教が帝国全域に浸透し、大きな存在になっていたからだが、それだけではない。ローマ帝国の版図が広大になり、多民族国家となってきたので、民族固有の宗教を超越した普遍性をもつ宗教と国家とが一体化したほうが、国家統治にも

キリスト教の拡大

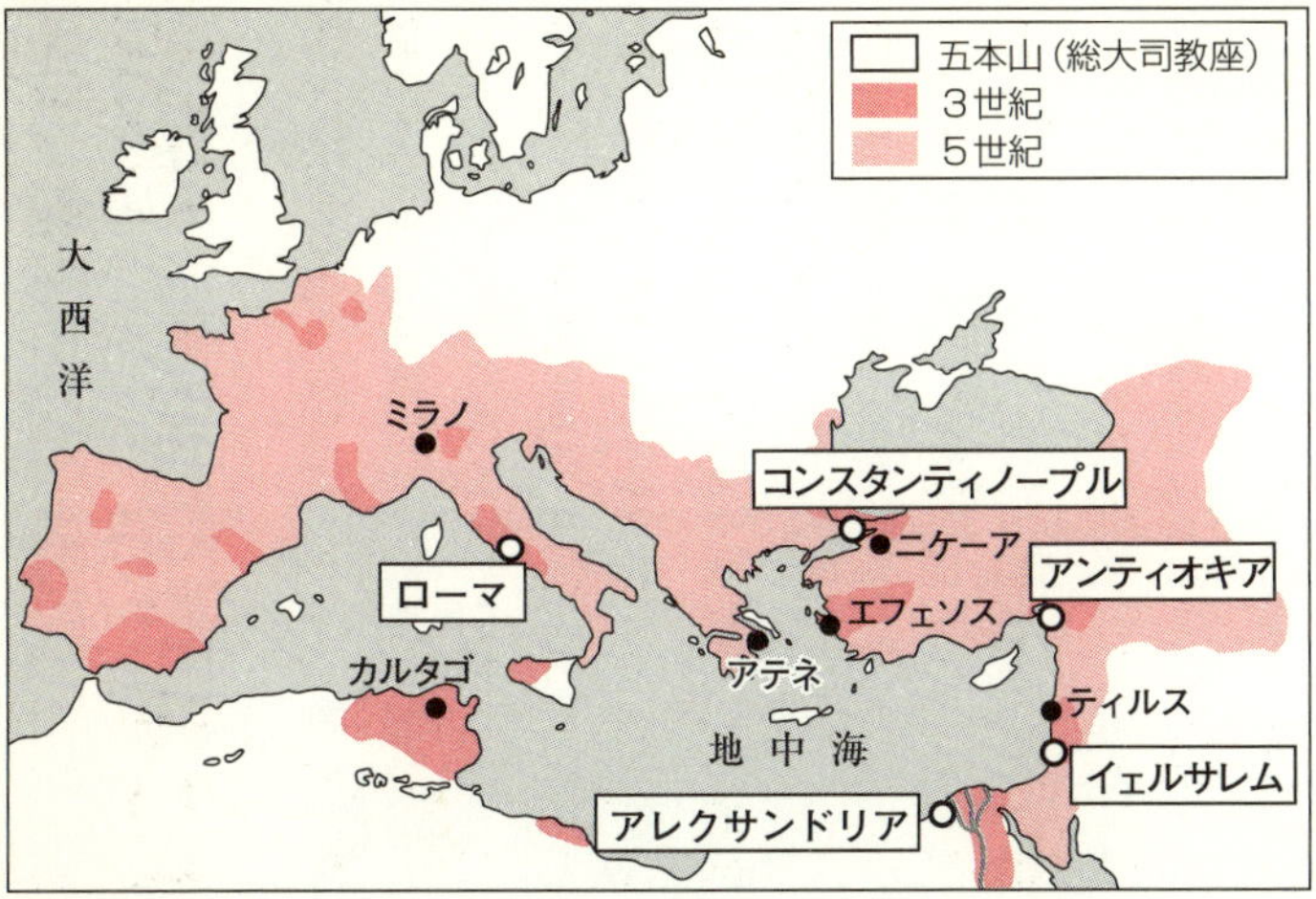

便利だと考えられたからである。

イエス・キリストの死から３００年近くが経ち、キリスト教の内部でもさまざまな宗派が生まれており、なかでも、イエスを「神の子」とするアタナシウス派と、「神に最も近い人」とするアリウス派が対立していた。

これに決着をつけるべく、コンスタンティヌス帝が３２５年に召集したニケーア公会議では、アタナシウス派を「正統」、アリウス派は「異端」であると決定した。

こうして、ローマ帝国とキリスト教は密接な関係を結ぶようになり、さらに、３９２年には、ローマ帝国の国教となった。これに伴い、他宗教のほうが厳禁となったのである。

まとめ

キリスト教を国教とすることでローマは国家統一を計った

ササン朝ペルシャの台頭

西アジアを征服した新たなる「帝国」

東の漢帝国と、西のローマ帝国の間に位置する、いまの中東地域で、ペルシャが台頭してくるのが、３世紀のことである。

かつて、この地域から興り、当時の「世界」を支配したペルシャ帝国に、アケメネス朝ペルシャがあった。東はインダス川流域、西はマケドニア地方までと広大な地域を支配下に置いたが、アレクサンドロス大王との戦いに破れ、紀元前３３０年に滅びていた。

アレクサンドロス帝国の分裂後、この地域は、セレウコス朝シリア（前３１２年～前64年）が支配した。やがて、セレウコス朝の支配力が衰えると、複数の独立国家が生まれ、そのなかで勢力を伸ばしたのが、パルティア帝国（前２４８年～２２６年）だった。

パルティアは、カスピ海南岸にいた遊牧ペルシャ人の国だった。いわゆる騎馬民族国家で、西アジアの農耕社会を襲撃し、支配下に置いていった。パルティア帝国は、東と西の中間にある地の利を生かした貿易で莫大な富を築いた。ローマ帝国とも何度も戦い、勝利したこともあった。

２２６年、そのパルティアを倒し、ササン朝ペルシャ帝国を成立させたのが、農耕イラン人を率いるアルデシール1世だった。ササン朝は、かつてのアケメネス朝ペルシャの復

ササン朝ペルシャの領土

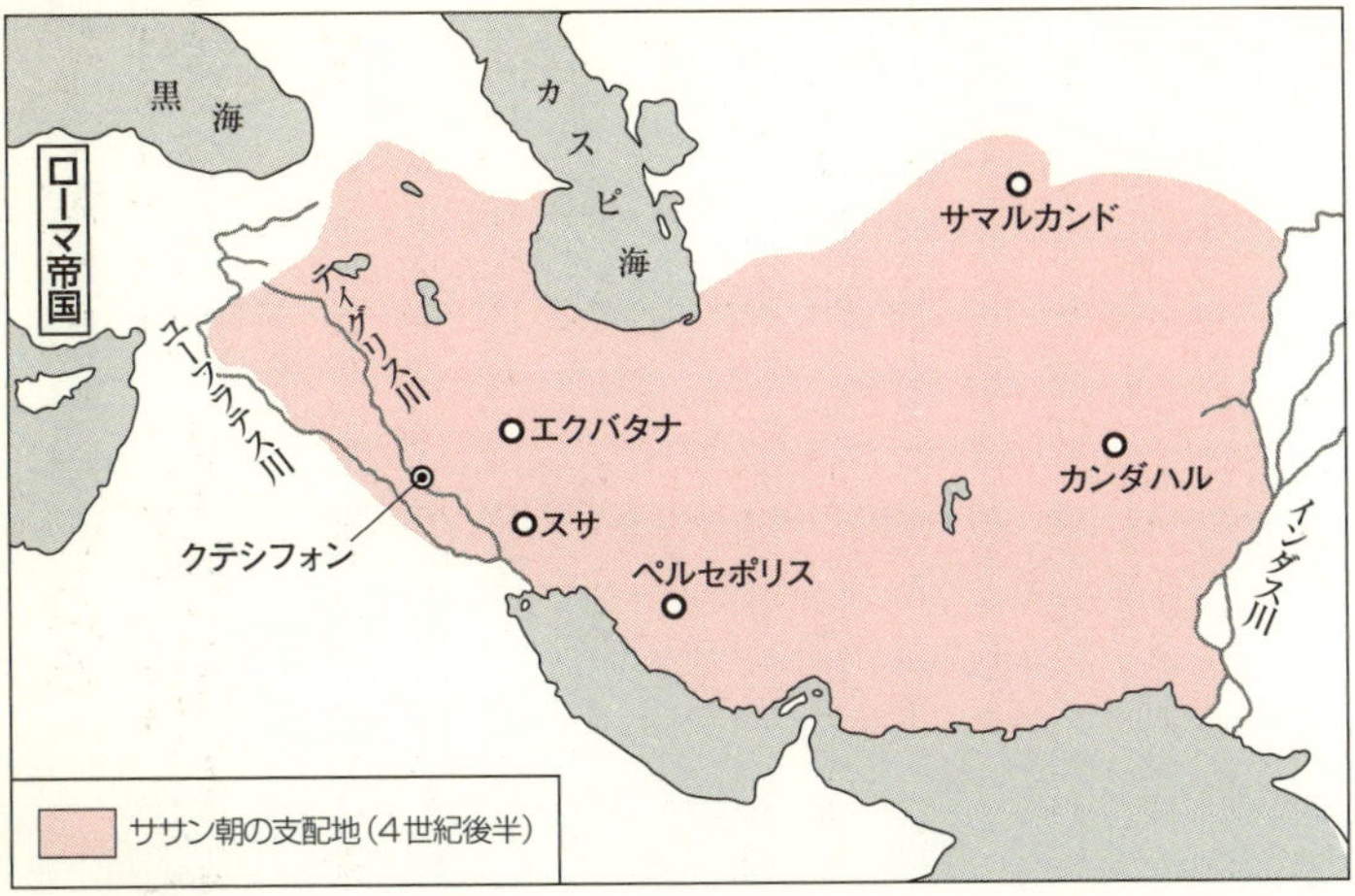

権を目指そうという、かなり復古調の帝国で、ゾロアスター教が復活した。

ゾロアスター教は、紀元前6世紀に現れた預言者ゾロアスターに始まる宗教である。光の神・善神と、暗黒の神・悪神の二神がいるとするものだ。その終末思想はユダヤ教の「最後の審判」という考え方に影響を与え、キリスト教、イスラム教に引き継がれている。また、東に伝えられると、仏教と融合してマニ教になる。ある意味で、世界の宗教のルーツともいえるものである。ゾロアスターを欧米ではツァラトゥストラと呼ぶ。ニーチェの著書のタイトルや、それを音楽にしたリヒャルト・シュトラウスの曲でおなじみであろう。

まとめ

中東地域では東西交易で栄えたパルティアを倒し、ササン朝ペルシャが台頭

ローマ帝国の終焉

「勢力地図」を激変させたゲルマン民族の大移動

コンスタンティヌス帝の時代、ローマ帝国は、北からはゲルマン民族の侵攻に脅かされ、東からはササン朝ペルシャの攻撃を受けていた。外敵との戦いだけでなく、勢力を伸ばすキリスト教との緊張関係、皇帝一族内の抗争など、さまざまな問題を抱えつつ、ローマは国家として存続していた。そんな状況を変えたのが、4世紀後半から5世紀にかけて起こった「ゲルマン民族の大移動」である。

紀元前後、バルト海沿岸で暮らしていたゲルマン人は、ケルト人が住んでいた地域に攻め入り、さらに南下。耕作地が不足してきた3世紀には、ローマの傭兵《ようへい》になる者や、小作人としてローマ内に移住する者も出てきた。

ゲルマン人の一部族であるフランク族は、ガリアに進出。ゴート族は小アジアに向かい、ギリシャやトラキアに侵攻。ローマ帝国は、脅威の中、どうにか均衡を保っていた。

しかし、4世紀後半、アジアの遊牧民族であるフン族が西へと攻め入ってくる。３７５年、フン族は黒海北岸にいたゲルマン人の東ゴート族に襲いかかり、これを征服する。

さらに、西ゴート族にも危機が迫った。フン族に追われた西ゴート族は、暴徒と化してローマ帝国に侵入。ローマ帝国は鎮圧にかかったが、３７８年のアドリアノープルの戦い

ゲルマン民族の大移動のルート

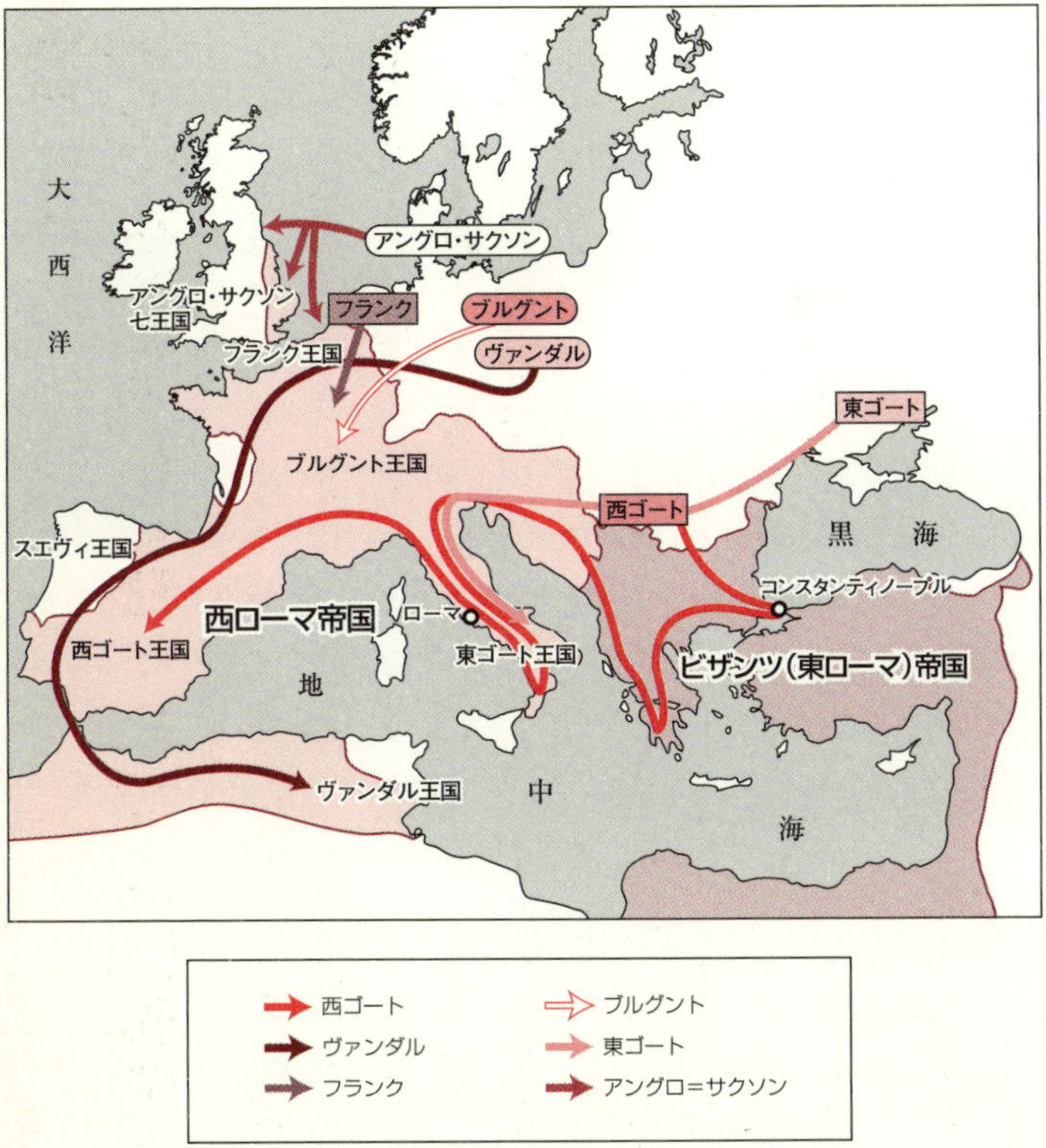
大西洋
アングロ・サクソン
アングロ・サクソン七王国
フランク
ブルグント
ヴァンダル
フランク王国
東ゴート
ブルグント王国
西ゴート
黒海
スエヴィ王国
コンスタンティノープル
西ローマ帝国
ローマ
西ゴート王国
東ゴート王国
ビザンツ(東ローマ)帝国
地
中
海
ヴァンダル王国
西ゴート
ヴァンダル
フランク
ブルグント
東ゴート
アングロ=サクソン

でローマ軍が敗れ、鎮圧に失敗する。以降、ゲルマン人のローマ帝国内への定住と自治を認めることになり、「大移動」が始まった。

ゲルマン人の大移動が始まった頃に、ローマ皇帝の座にあったのは、テオドシウス帝である。３９５年、テオドシウス帝は、コンスタンティノープルを都とする東ローマ帝国と、ミラノを首都とする西ローマ帝国に分割し、二人の息子をそれぞれの帝位につけた。当初は、ディオクレティアヌス帝時代の四分割統治にならった分割統治のはずだったが、以後、東西の帝国が再統一されることはなかった。

西ゴート族の一部は、さらにイタリア半島にまで進出。４７６年、ゲルマン人の傭兵隊長オドアケルは、西ローマ帝国のロムルス帝を退位させ、帝国は滅亡した。

ローマ皇帝の臣下として、イタリアを統治することになったオドアケルだったが、その天下は長くはなかった。東ローマ帝国のゼノン皇帝は、東ゴート族のテオドリック王にオドアケル討伐を命じたのだ。４８９年、テオドリックはイタリアに侵攻。オドアケルは防戦に努めたものの、４９３年に降伏し、その直後に暗殺された。こうして、テオドリックによる東ゴート王国が成立した。

一方、それ以外の地域でも、ゲルマン人の各部族によって、それぞれの王国が築かれた。ガリア（フランス）にはフランク、いまのイギリスにはアングロ・サクソン、イベリアは西ゴート、中部ガリアにはブルグントといった王国が生まれた。

まとめ

ゲルマン人の大移動で、ローマ帝国は分裂し、各地に新たな王国が誕生する

3

日本と中国Ⅰ

黄河文明が誕生した中国。最古の王朝・殷では青銅器や甲骨文字が使われ、続く周は封建制度を確立し国を治めた。中国全土を統一した秦の始皇帝は、道路整備や万里の長城を建設し文字や通貨も統一した。前 202 年に建国された漢は 400 年ほど続くが、末期には国が乱れ魏・蜀・呉の三国時代を迎える。280 年頃、晋により統一されるが、華北は五胡十六国の混乱の時代となる。中国の歴史書『魏志倭人伝』や『宋書』には日本に関する記述が登場する。

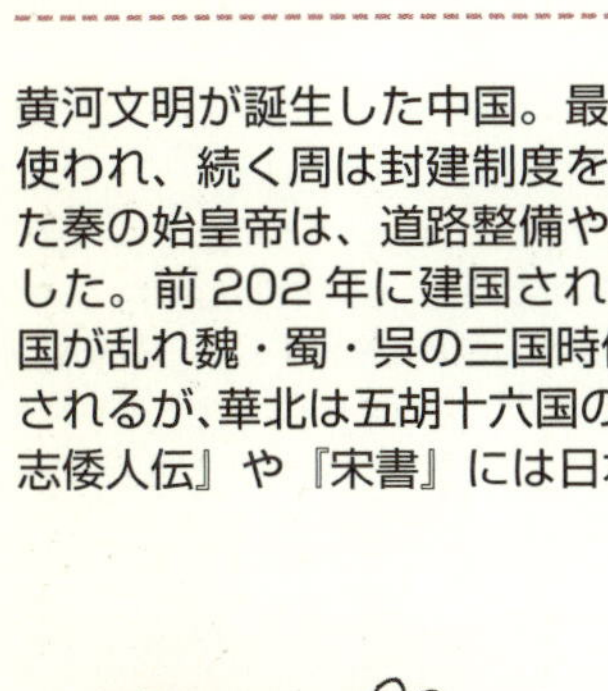

殷、周の興亡

中国最古の王朝がたどった「道のり」

黄河文明が発祥した中国で、考古学的に実在が確認されている最古の王朝は、殷《いん》となる。紀元前1600年頃、夏《か》の桀王《けつおう》の家臣だった湯《とう》は桀王を倒し、新たな王朝、殷を建てた。以後、殷王朝は、湯王の子孫が代々の天子として三〇代にわたり国を統治した。

殷王朝は、中国全土を支配していたわけではない。中央集権的な統一国家ではなく、各地に国があり、その部族の長（諸侯）がそれぞれの領土を支配していた。殷の王と、諸侯の関係は、主従というより同盟関係に近い。

この時代、漢字の祖先ともいうべき甲骨《こうこつ》文字がすでに存在し、青銅器も発明された。

紀元前1000年頃、殷の最後の王となった紂《ちゅう》王は、はじめは善王だったが、しだいに暴君となった。愛人を溺愛し、贅沢な酒宴を開く一方、庶民には重税を課した。人心は離れ、諸侯のなかにも離反する者が現れた。

殷王朝に反旗を翻したのは、重臣の一人、西にある周《しゅう》という国の公、西伯昌《せいはくしょう》だった。人望があり、諸侯からの信頼も得ていたが、殷を倒す前に病死。後を継いだ息子の発（のちの武王《ぶおう》）が殷を倒し、新たに周王朝が誕生した。これが、紀元前1027年頃とされる。

周の時代になっても、天子の地位は諸侯連合のトップにすぎなかった。だが、周王朝は、

文明の誕生
ギリシャ・ローマ
日本と中国Ⅰ
ヨーロッパとイスラム
日本と中国Ⅱ
ヨーロッパの展開
日本と中国Ⅲ
激動する世界

周王朝の支配体制

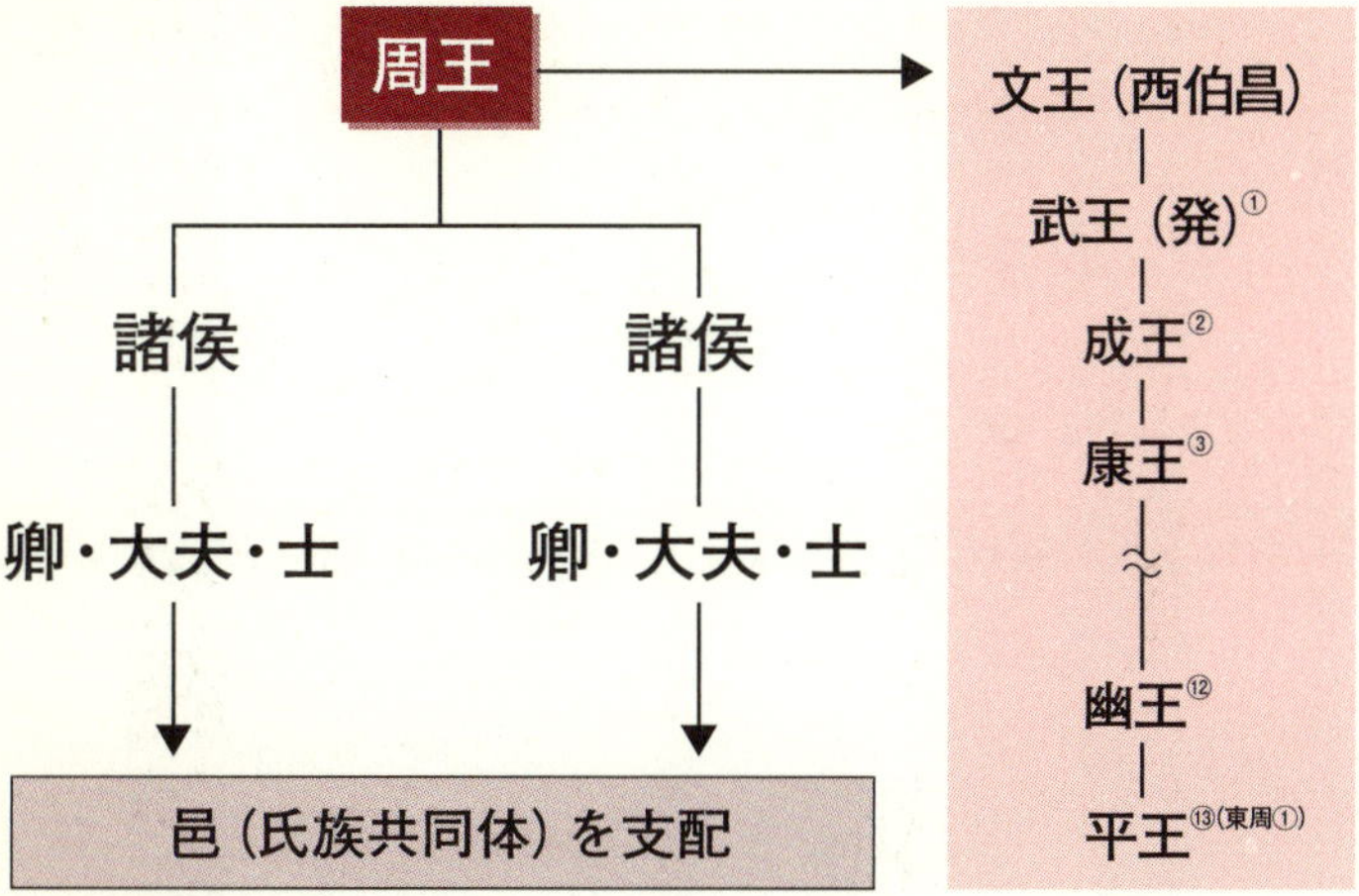

諸侯に領土を与えるかわりに、王朝への忠誠を求め、それぞれの領土は周の藩屏《はんぺい》（防衛の拠点）とした。これを、封建制度という。この場合の「封」とは「邦」の意味で、邦を建てる、建国という意味である。

それぞれの領土では、領主に全権が与えられ、その地位は世襲とされた。周に逆らわなければ、諸侯の権力は安泰で、子孫に譲ることができた。周としても、領主の地位を認めておけば叛《そむ》かないわけで中央の権力は安定した。こうして、いまから３０００年から３１００年ほど前に、周王朝が確立。春秋・戦国時代を経て、前２５６年に秦《しん》に滅ぼされるまで、形式的には８００年近く周王朝は続いた。

まとめ

殷は甲骨文字、青銅器を生み、周は封建制度の確立で権力を安定させた

春秋・戦国時代

諸侯が覇権を競い合った乱世の５００年

周王朝は、前８４１年の内乱や、西の異民族との抗争でしだいに力を失っていく。一方、封建諸侯は、独立性を高めていった。

前７８２年、武王から数えて一二代目の周王として、幽王《ゆうおう》が即位する。前７７１年、諸侯と異民族の犬戎《けんじゅう》とが共闘して、叛乱を起こすと、幽王は殺され、周王朝はいったん滅亡する。しかし、幽王の子である宜《ぎ》臼《きゅう》が、諸侯の合意のもとに即位。翌７７０年、西の豊邑《ほうゆう》にあった都を、東の洛邑《らくゆう》に遷都した。

このことから、幽王までを西周、以後を東周という。名目上存続はしたものの、もはや周王朝に実権はなく、中国は乱世を迎える。

洛邑遷都から、晋が韓《かん》、魏《ぎ》、趙《ちょう》の三国に分割される前４０３年までを、春秋時代という。

この時代の主役は、「春秋の五覇《ごは》」と呼ばれる、斉《せい》の桓公《かんこう》、晋《しん》の文公、秦の穆公《ぼくこう》、宋の襄公《じょうこう》、楚《そ》の荘王の五人。これには諸説あり、呉や越の王を五覇とする研究者もいる。

春秋時代には、各国のトップ（国君）のなかから、強い者が覇者となった。国のトップである公や王は世襲で継承されていたが、各国の公や王が名目だけの君主となり、臣下の「卿《けい》」が力を持つようになる。

晋では、「晋の六卿《りくけい》」と呼ばれた六つの氏族間で内戦が繰り広げられ、韓、魏、趙の三

戦国時代の国の分布

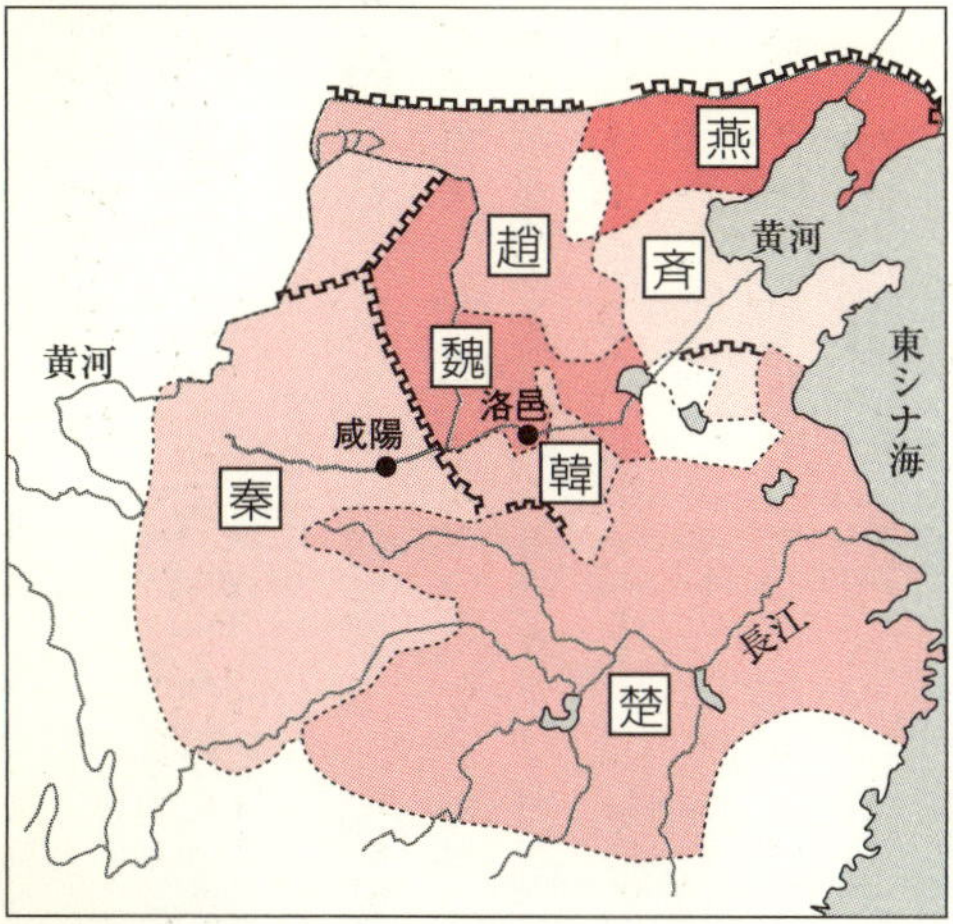

卿が実権を握った。

前４０３年、周の威烈王は、韓、魏、趙の三氏をそれぞれ諸侯に封じた。これで名実ともに晋が消滅し、新たな国が生まれた。このときをもって、春秋時代が終わり、戦国時代となる。前２２１年の秦による中国統一までの時代をこう呼ぶのである。

韓、魏、趙の三国は三晋と呼ばれ、戦国時代を通じ、兵力の強さで恐れられていた。

周王朝が始まった当初、２００～２５０前後の国があったが、強い国が周辺国を征服し、春秋時代が終わる頃には、七つの大国に収斂されていた。それら秦、楚、斉、燕《えん》、趙、魏、韓の七国を「戦国の七雄」という。

まとめ

西周の滅亡後、中国は春秋・戦国時代という戦乱の時代に突入した

仏教の成立

ブッダの教えはどのように受け入れられたのか

インドでは、インダス文明が衰退したのち、ガンジス川流域に移動したアーリア人によってガンジス文明が築かれ、社会が生まれ、部族国家へと発展していく。その過程で、大きく四段階に分かれた身分制度ヴァルナ（いわゆるカースト制）も成立していった。

ヴァルナとは、バラモン（司祭）、クシャトリア（王侯・武人）、ヴァイシャ（庶民）、シュードラ（奴隷）の四つである。

そのインドに大きな変化が起きるのは、仏教の誕生によってである。

当時、インドを支配していた宗教（バラモン教）は、形式主義に陥っていた。司祭であるバラモンたちは、身分階級の最上位に位置していて、祭式ばかりを重視し、人々を救済しようなどとは考えていなかった。

人々は、漠然とではあろうが、これでいいのだろうかと思っていた。そこに、「新興宗教」としての仏教が登場するのである。

ブッダは、ヒマラヤの山麓にあるシャカ族の小さな王国の王子として生まれた。クシャトリア階級の出身である。その生年は、紀元前５６３年とされている。名はガウタマ・シッダールタ。16歳で結婚し子どもも生まれ、幸福に暮らしていたが、「生・老・病・死」の無常を感じ、その苦悩を解決しようと、29

文明の誕生
ギリシャ・ローマ
日本と中国Ⅰ
ヨーロッパとイスラム
日本と中国Ⅱ
ヨーロッパの展開
日本と中国Ⅲ
激動する世界

仏教が伝播したルート

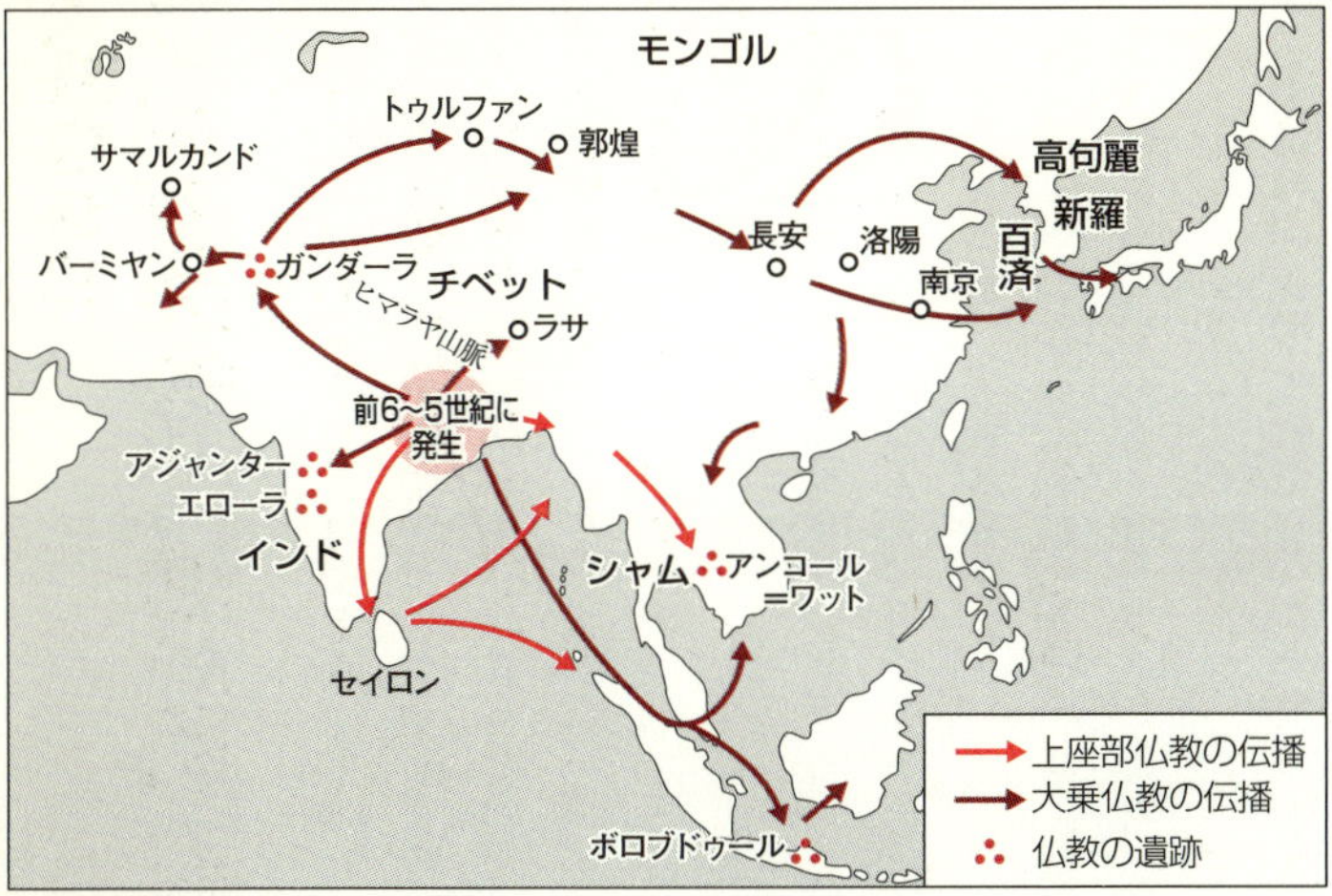

歳ですべてを捨てて出家してしまう。

そして、6年にわたる苦行ののち、菩提樹《ぼだいじゅ》の下で悟りを開き、ブッダ（サンスクリット語で、真理を悟った覚者という意味）となる。その思想は、きわめて単純にいえば、「人類はみな平等である」というもので、バラモン以外の多くの人々の支持を集めた。悟りを開いてから80歳で亡くなるまでの45年間、ブッダは多くの弟子をつくり、各地で布教した。

同じ頃に生まれた、もうひとつの、当時の「新興宗教」がジャイナ教である。創始者はやはりクシャトリア出身のヴァルダマーナ。ジャイナ教もカーストを否定したが、仏教よりも戒律が厳しく、人々に苦行を求めた。

まとめ

ブッダが説く仏教の教えが、インドからアジア各地に伝播した

秦帝国の全貌

中国全土をはじめて統一した始皇帝の真実

戦国時代半ば、戦国の七雄のなかから強大な国が登場する。辺境の小国だった秦が、政治改革・行政改革に成功し、急成長したのだ。

前３０７年、秦で即位した昭襄王《しょうじょうおう》は、領土拡大に乗り出し、他の六国を圧倒。前２５６年には東周を完全に滅ぼした。ほぼ中国全土を手中にしたところで、昭襄王は亡くなった。

後を継いだ王は短命で、前２４７年、政《せい》が王として即位する。これがのちの始皇帝《しこうてい》で、わずか13歳であった。当初は、相国《しょうこく》（摂政）に実権を握られていたが、成長すると失脚させ、名実ともに秦の王となった。

秦が本格的に各国を滅亡させるのは、前２３０年からである。まず隣国の韓、次いで趙、魏、楚、燕と滅ぼした。前２２１年には、斉も滅ぶ。わずか十年間での侵攻だった。

天下を統一した秦王・政は、「皇帝」という称号を考え出し、自ら名乗った。

秦が征服した領土は、ほぼ現在の中華人民共和国と等しい範囲である。この広大な領土をいかに統治するかが、始皇帝の最大の課題だった。そこで、全国を36の郡（後に48になる）に分け、各郡に「守」を長官として派遣、その下に副官の「丞《じょう》」、軍の指揮官として「尉」、監察官として「監」などの役人を置いた。全国の郡県と都を結ぶ幹線道路も建設。

始皇帝が統一した領土

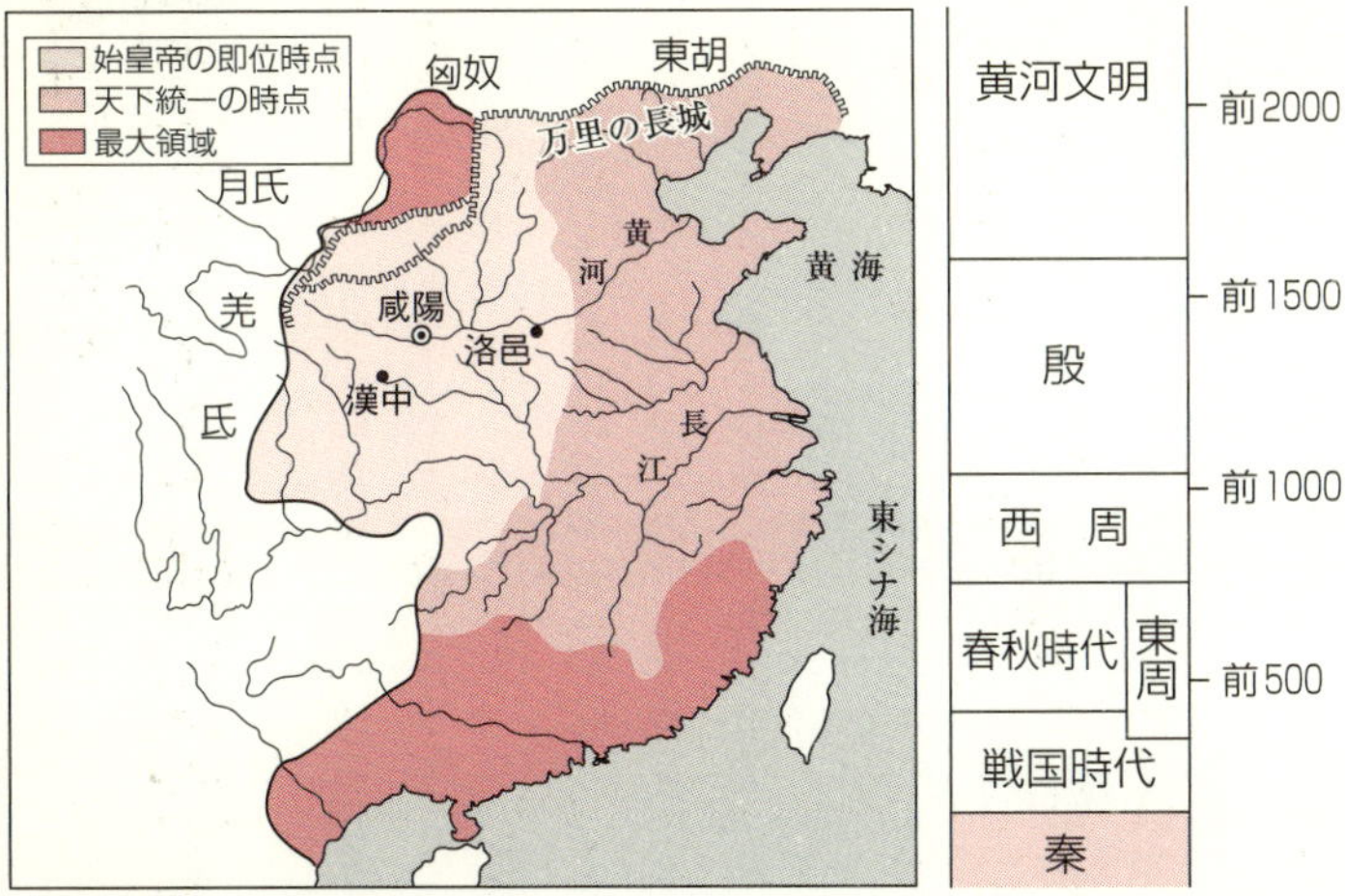

全長は７５００キロメートルに及んだ。度量衡、通貨、文字も統一された。

中国の北方、いまのモンゴル高原にいた遊牧民族、匈奴《きょうど》に対する備えとして建設されたのが、万里の長城である。始皇帝は以前からあった長城を伸張してつなげ、４０００キロにわたるものにした。この工事や、宮殿、皇帝陵の建設に何十万人もが動員された。

また、始皇帝の悪政の代表として挙がるものに「焚書坑儒《ふんしょこうじゅ》」がある。封建制度を賛美していた儒家《じゅか》の教えを弾圧するために、その本を焼き、学者を穴埋め（坑儒）にした。

前２１０年、始皇帝は旅の途中で発病し、そのまま50年の人生を終えた。

まとめ

始皇帝は、道路整備や役人の配置、通貨や文字の統一で領土を統治した

前漢、清、後漢の興亡

項羽と劉邦の戦いを経て、漢帝国の時代へ

前210年の始皇帝の死後、秦の圧政に堪えかねた人々が各地で叛乱を起こす。そのなかでも熾烈な覇権争いを繰り広げたのが、楚の武将の項羽《こうう》と、農民出身の劉邦《りゅうほう》だった。

当初優勢だった項羽は、連戦連勝で軍を進め、秦の都に入り秦王を倒し、権力を握った。劉邦はいったん項羽の配下に入り、漢に封ぜられるが、項羽に不満を抱く者が劉邦のもとに参集したこともあり、反旗を翻した。

楚と漢の戦いは、約4年にわたるが、項羽の陣営からは離反者も多く、やがて形勢は逆転。前202年、項羽軍は、垓下《がいか》で劉邦軍に囲まれる。その夜、包囲する敵軍から故郷の楚の歌が歌われるのを耳にし、項羽は敗北を悟る。「四面楚歌《しめんそか》」で有名なシーンである。

項羽が自害したのち、前202年、劉邦（高祖）は、漢帝国を建国。都を長安に置く。

劉邦は、秦の郡県制と周の封建制との折衷案ともいえる郡国制を導入した。42あった郡のうち、15を漢帝国の直轄地とし、中央から派遣された役人が統治。その他の郡には、軍功のあった者や一族が、王や諸侯として封じられ、かなりの独立性を持つこととなった。

その後、歴代皇帝は徐々に中央集権化を推し進め、七代の武帝の時代にほぼ確立される。だが、武帝の晩年から、漢の朝廷は混乱し始

武帝時代の前漢の領土

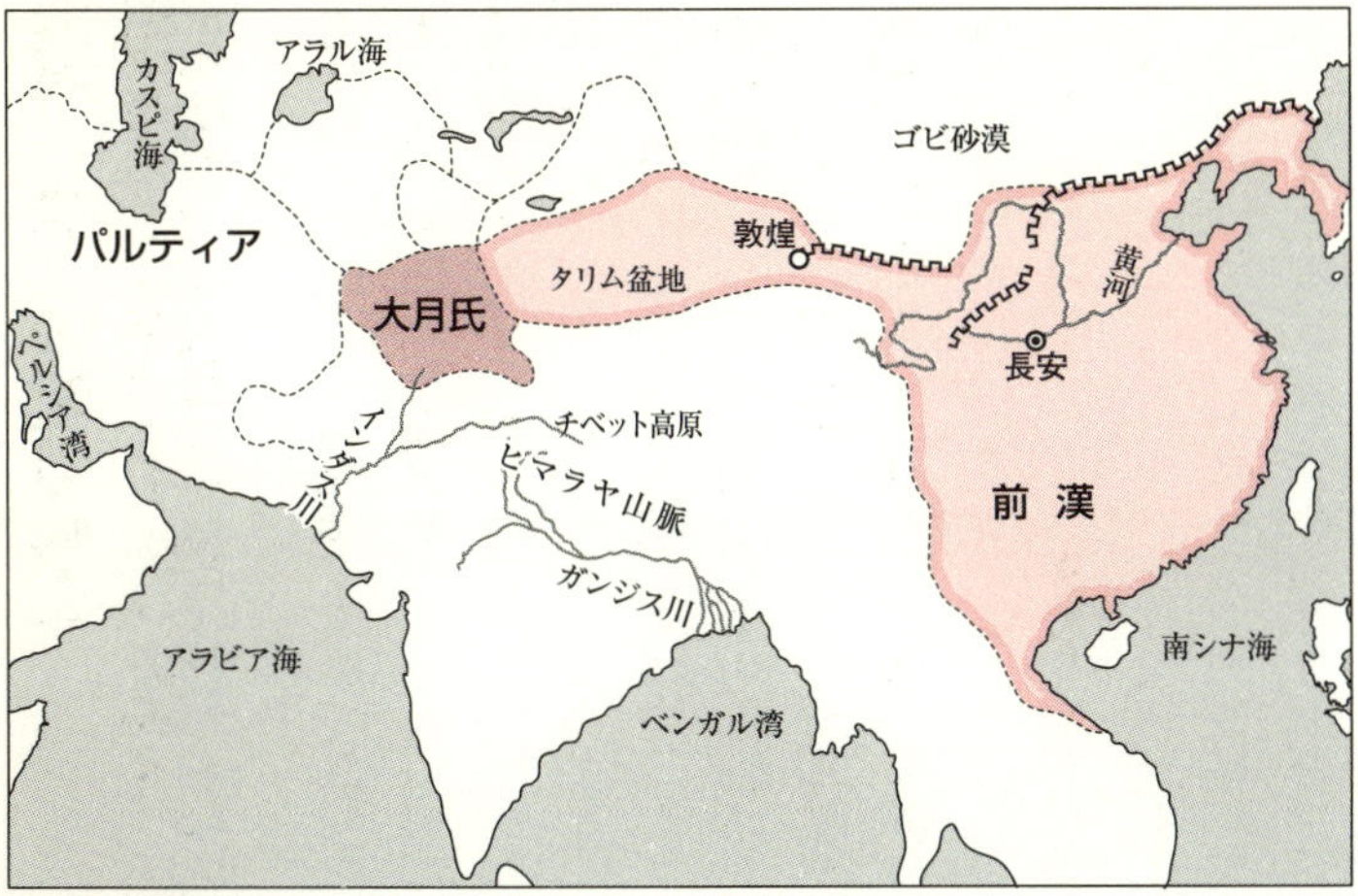

める。後継者争いを通し、皇帝の外戚《がいせき》（妻の実家）や宦官《かんがん》の力が強くなったのだ。

西暦5年、外戚の王莽《おうもう》はクーデターを起こし、8年に国名を「新」とした。王莽は土地の国有化、奴隷の私有禁止などの改革に乗り出したが支持されず、匈奴の叛乱の鎮圧にも失敗。地方の豪族や農民が叛乱軍を組織し、23年10月に新王朝は倒れてしまった。

25年、叛乱軍に参加していた漢の王族・劉《りゅう》秀《しゅう》（光武帝《こうぶてい》）が帝位につき、漢王朝を再興。これ以前の漢王朝を「前漢」、光武帝以降を「後漢《ごかん》」と呼ぶ。光武帝は内政に力を注ぎ、国の立て直しに尽力するが、彼の死後、再び外戚と宦官が国政を牛耳るようになっていく。

まとめ

項羽を倒した劉邦が漢を建国し、新を経て、光武帝が漢を再興する

三国時代の激闘

曹操、劉備、孫権が繰り広げた死闘の結末

後漢末期、皇帝は名目だけの存在となった。政情不安に、天候不良の飢饉が重なり、地方では豪族が力を伸ばし、農民の叛乱も急増した。なかでも、１８４年に起きた「黄巾《こうきん》の乱」は大規模で、各地に波及していった。

後漢帝国は、形式上は中国全土を支配していたが、かつての戦国時代のように、群雄割拠の時代となる。そのなかで、当初、権力を握ったのが董卓《とうたく》だった。だが、これに反抗した群雄は、袁紹《えんしょう》をリーダーとする反董卓連合軍を結成。そこにいたのが曹操《そうそう》である。

董卓の死後、生活に困窮する皇帝を迎えたことをきっかけにして、曹操は権力を握っていく。曹操が支配下に置いた地域は、中国大陸を南北方向でみると中央にあたった。北には袁紹、南の呉には孫堅《そんけん》と、その死後に力をつけてくる息子の孫策《そんさく》、孫権《そんけん》がいた。

２０８年、すでに袁紹を倒し、華北を統一していた曹操は、南下を開始する。

それを迎え撃つ孫権の軍に合流したのが、「三国志」の主人公、漢王朝の末裔である劉《りゅう》備《び》玄徳だった。諸葛孔明《しょかつこうめい》を軍師とする劉備は、孫権と反曹操同盟を結び、「赤壁《せきへき》の戦い」で曹操軍に壊滅的打撃を与えた。

曹操は方針転換し、統一より自分の国を建国することにした。２１３年、曹操は魏公と

三国時代の各国の領土

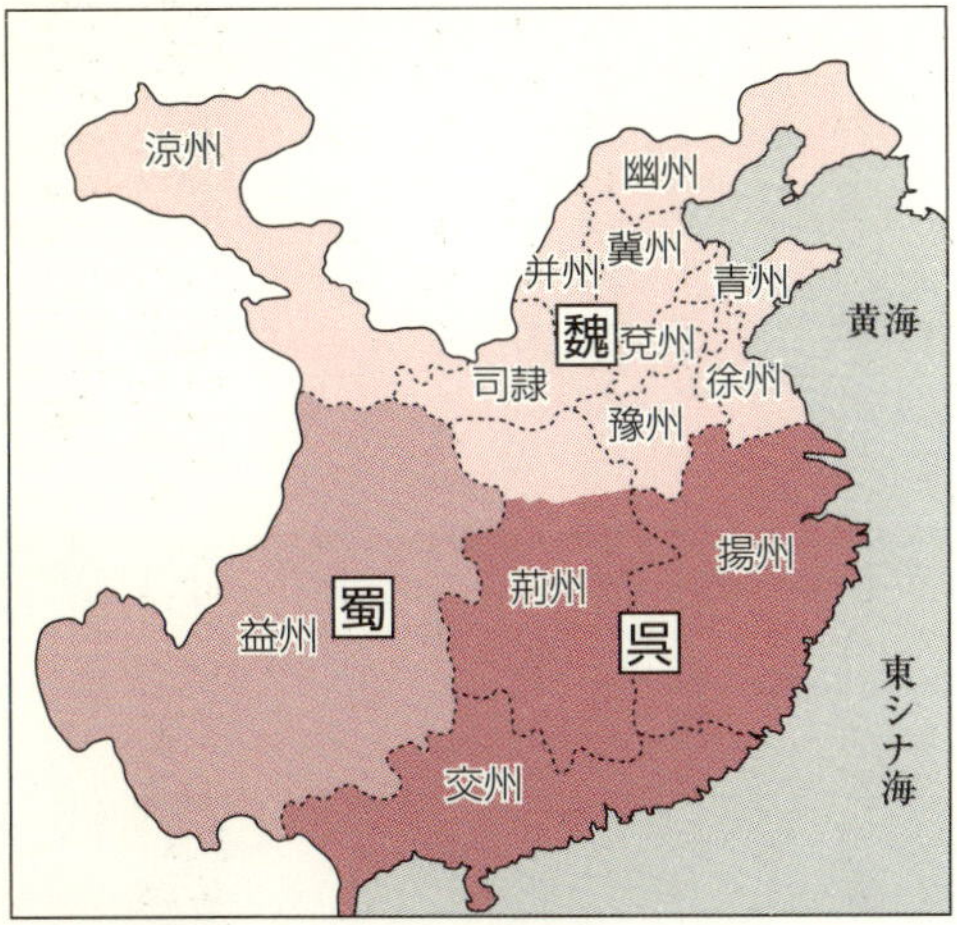

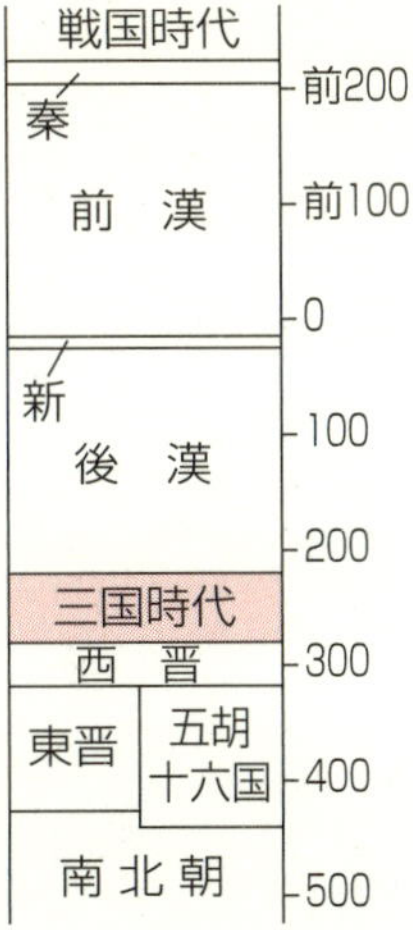

なる。それまでは皇帝から委任されて国を統治する立場だったが、自分の領土としたのである。中国北部は魏となり、南部は、東側が孫権の呉、西側が劉備の蜀《しょく》となった。人口や生産物などを総合した国力では、魏が圧倒的に強く、呉と蜀を合わせてもかなわなかった。曹操は事実上、中国を掌握したのである。

２１６年、曹操は魏王となるが、２２０年に死去。後を継いだ息子の曹丕《そうひ》は、漢の献帝に譲位を求め、後漢王朝は終焉を迎える。曹丕が即位し、魏が新たな帝国となった。

２２１年には劉備が蜀の皇帝を名乗り、翌２２２年には孫権も呉の皇帝に。三帝国、三皇帝が鼎立する三国時代となった。

まとめ

後漢王朝が終焉を迎え、魏・蜀・呉の三国時代となった

晋、五胡十六国、南北朝時代

混乱と分裂の時代をむかえた中国

魏・蜀・呉の三国のうち、蜀では、223年に劉備が死去、後を託された諸葛孔明も234年に病死。263年に、魏の侵攻を受け、三国のなかでは最も早く滅びてしまった。

その魏でも、249年、曹操の参謀であった司馬懿《しばい》のクーデターにより、実権は司馬氏の一族に移る。265年、司馬懿の孫である司馬炎《しばえん》が皇帝に譲位を迫り、自ら皇帝に即位した。曹操が建国した魏帝国はここに滅び、新しい王朝、晋が建国された。

最後まで残った呉の孫権は長命で、252年まで生きたが、後継者争いで国が二分し弱体化、晋軍の侵攻により280年に滅亡した。

こうして晋による中国統一が実現した。

しかし、統一を果たした晋も、316年に異民族に攻め入られて滅亡する。司馬氏の一族は現在の南京に逃れ、317年にその地で王朝を再興した。最初の晋を西晋、こちらは東晋と呼ぶ。だが、東晋の版図は江南の地だけだった。北部は漢民族ではない五つの異民族（五胡という）に支配されていたのである。

華北の地では、匈奴・鮮卑《せんぴ》・羯《けつ》・氐《てい》・羌《きょう》という五つの異民族が、130年間に16の国を興しては滅んだ。これを五胡十六国時代という。華北は、439年、鮮卑族の拓跋《たくばつ》氏《し》が建国した魏（北魏）によって統一される。

晋〜南北朝時代の国々

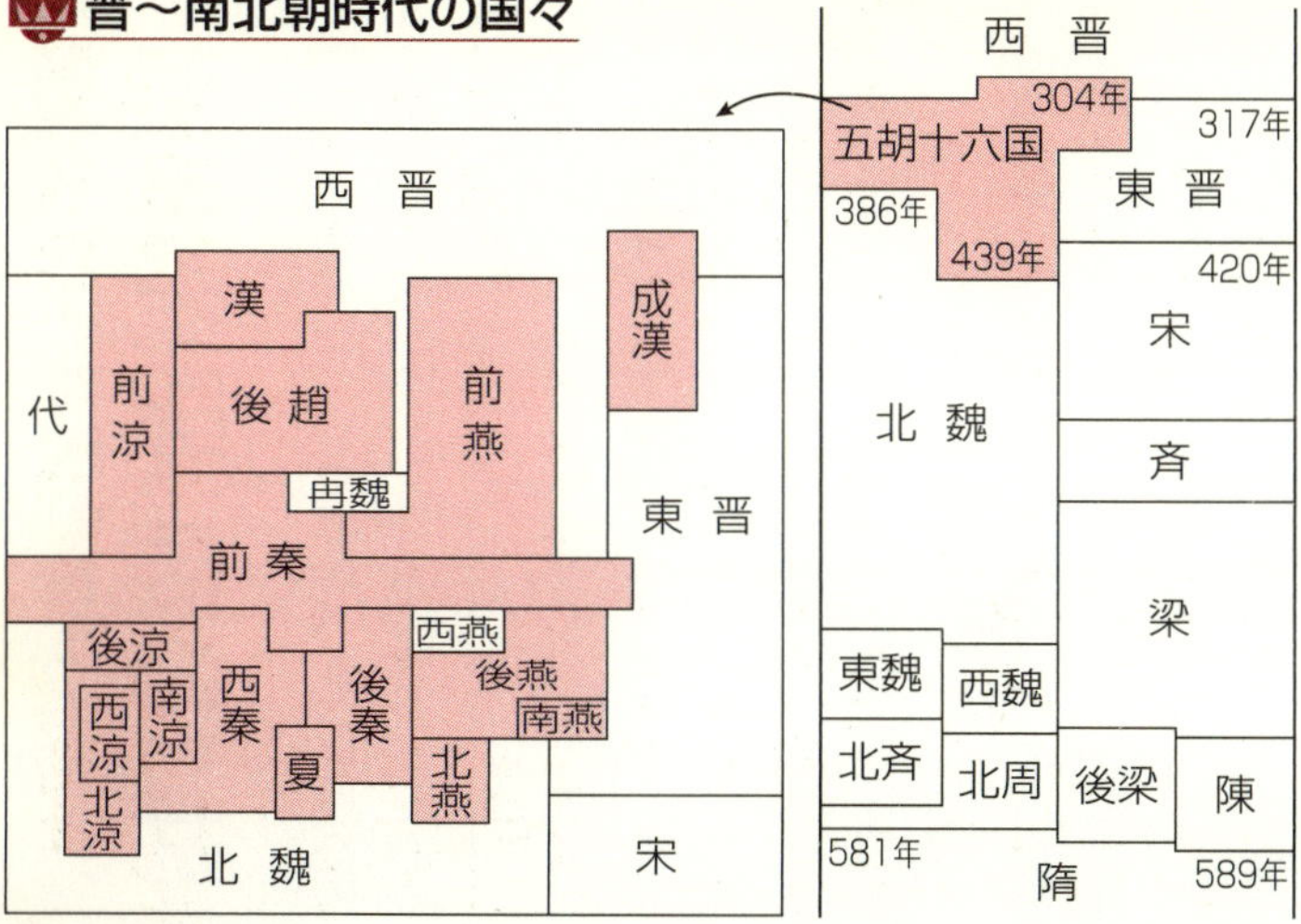

一方、江南地域では、東晋の後、宋、斉、梁《りょう》、陳と目まぐるしく王朝が交代。三国時代の呉と東晋を加えると、この地域に六つの王朝が興亡したので、六朝時代とも呼ぶ。

華北を統一した北魏は、これまでの異民族国家と違い、政権を安定させるために、漢民族との融合を図った。積極的に漢文化を取り入れ、人材も漢民族から採用。孝文帝の時代になると、さらなる漢化政策がとられた。しかし、それに対する反発も強く、４９９年に孝文帝が病死すると、武官の叛乱が勃発する。

そして、５３４年の内乱で、北魏は東西に分裂。華北一帯が再統一されるのは、５７７年、北周の武帝の時代である。

まとめ

三国が滅び、一度は晋が中国統一を果たしたが、再び分裂の時代を迎える

弥生、古墳時代の日本

邪馬台国、倭の五王…遺された謎の痕跡

中国の歴史書に、初めて日本のことが登場するのは、漢帝国の歴史書『漢書《かんじょ》』のなかの「地理志」という部分である。

それによると、紀元前1世紀頃の日本列島は「倭《わ》」と呼ばれており、１００余りの国があったとされている。

中国ではいったん漢王朝が滅び、再興されて後漢帝国の時代となるが、その『後漢書』の「東夷伝《とういでん》」によると、倭のなかのひとつである奴国が、後漢王朝に貢物をしたのが57年のことで、当時の皇帝・光武帝から印綬を授かったとある。

１０７年には、倭の国王が１６０人の奴隷を中国に献上したとの記録がある。それぞれの国には王がいて、それを補佐する大臣などの貴族階級と奴隷がいたわけで、古代日本社会に、階級ができていたことを示している。

そして、１４０年代から１８０年代にかけて、倭国に大乱があったと記録されている。

中国の歴史書に邪馬台国《やまたいこく》が登場するのは、『三国志』の「魏志倭人伝」である。漢王朝が滅び、動乱の時代を迎えていた中国だが、魏が中国北部を掌握し、とりあえず落ち着いた。その魏に対し、卑弥呼《ひみこ》が使者を送ったのが、２３９年のことだった。2世紀後半に倭国で起きた大乱は、邪馬台国に女王卑弥呼を

二説に分かれる邪馬台国の場所

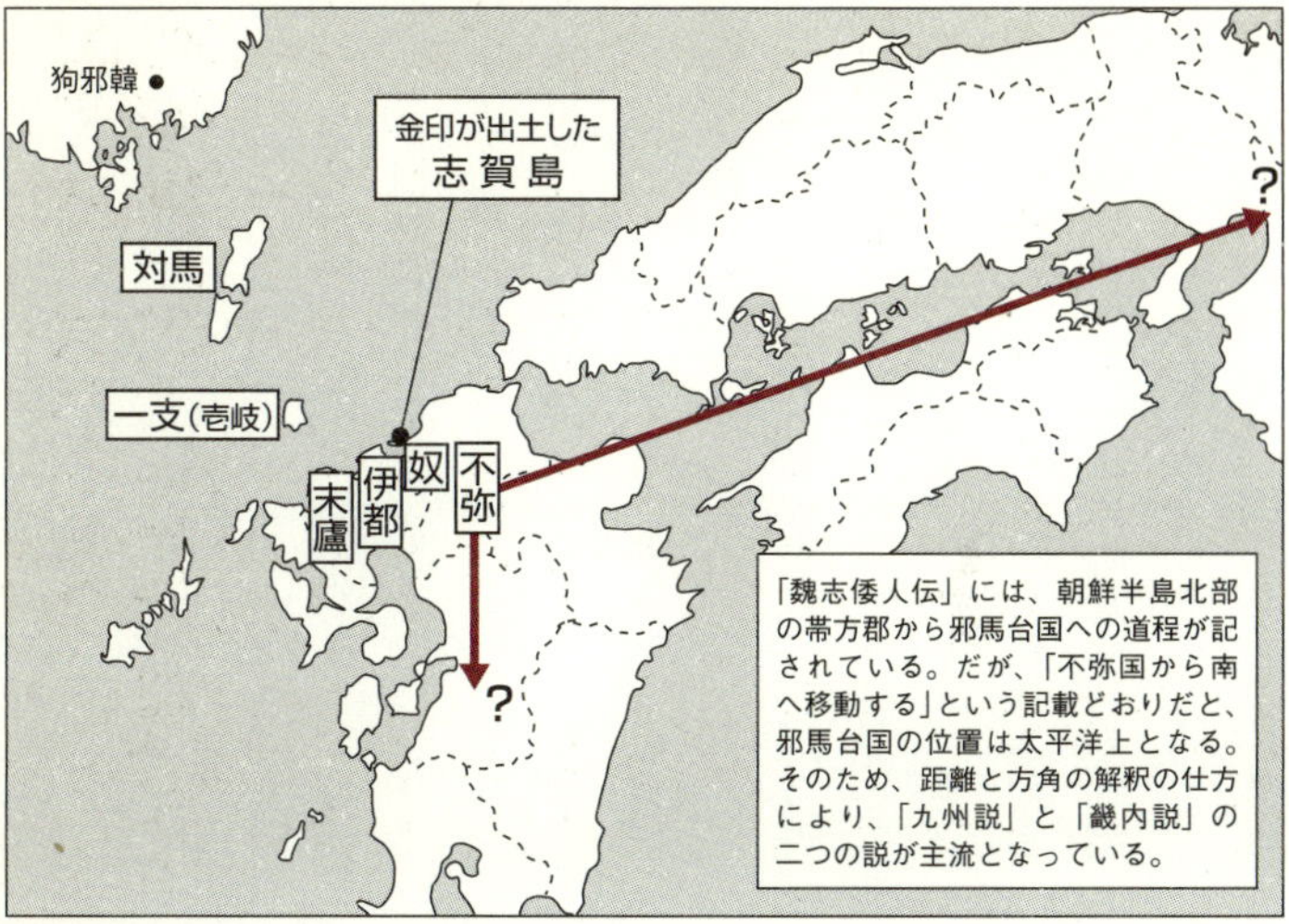

「魏志倭人伝」には、朝鮮半島北部の帯方郡から邪馬台国への道程が記されている。だが、「不弥国から南へ移動する」という記載どおりだと、邪馬台国の位置は太平洋上となる。そのため、距離と方角の解釈の仕方により、「九州説」と「畿内説」の二つの説が主流となっている。

「倭の五王」とは誰なのか

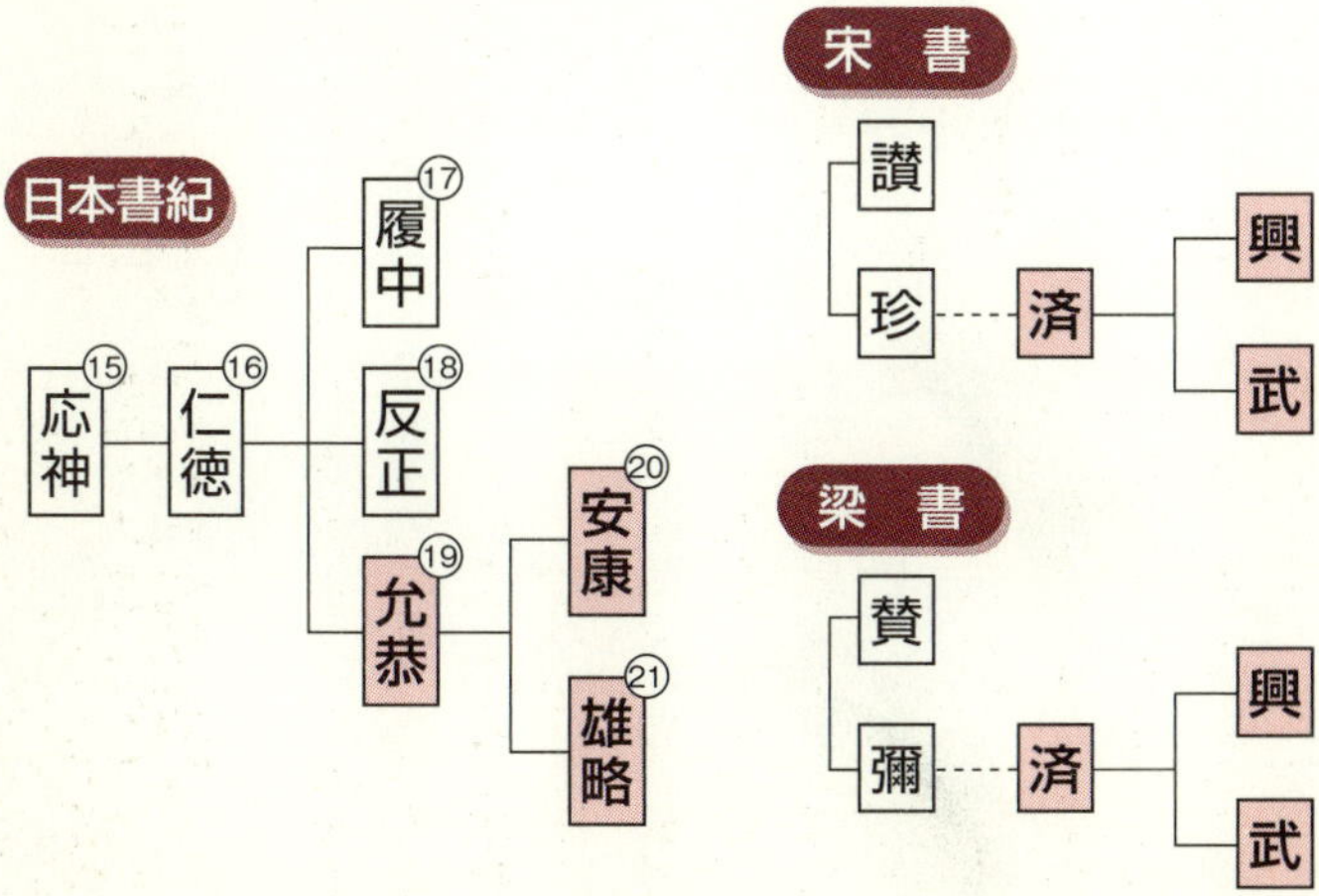

立てることでおさまり、30ほどの国の連合体が生まれていたようである。

この邪馬台国がどこにあったかについては、主に九州説と近畿説があるが、いまも結論は出ていない。「魏志倭人伝」に残されている記述が不正確なのと、それらしい遺跡が発見されないので、いまだに分からないのである。

また、この邪馬台国がそのまま後のヤマト朝廷になったのかどうかも、決定的な証拠がなく不明である。

4世紀の日本列島での出来事については、中国の資料もなく、朝鮮半島の「高句麗《こうくり》好太《こうたい》王碑《おうひ》」が唯一の史料である。これには、倭が朝鮮半島に侵攻し、百済《くだら》や新羅《しらぎ》を破り従えたとある。このことから、この時点で日本列島には中央政権が生まれ、かなり強固なものとなっていたことがわかる。国内をまとめたので、大陸に進出したのである。その政権がヤマト朝廷であることはほぼ間違いないが、いつ成立したか、はっきり示す史料はない。

南朝の宋と北魏とが対立していた5世紀、『宋書』に「倭の五王」が登場する。４２１年の「讃《さん》」から、４７８年の「武《ぶ》」まで、五人の代々の王が中国に使者を送り、百済や新羅を支配する権利を授かった。朝鮮半島では、高句麗、百済、新羅、加羅の四つの国が争っていたのである。

しかし、五王の名前が中国風に表記されているため、三人については允恭《いんぎょう》天皇、安康《あんこう》天皇、雄略《ゆうりゃく》天皇でほぼ確実とされるが、残りの二人は不明である。

まとめ

邪馬台国の場所、倭の五王とは誰かなど、この時代には多くの謎が残る

日本史・世界史年表Ⅰ

ヨーロッパ・アメリカ

前1600頃	クレタ文明繁栄
前1500頃	ミケーネ文明繁栄
前800頃	ポリスの成立
前776	第1回オリンピック
前753	ローマ建国伝説
前594	ソロンの改革
前508頃	クレイステネスの改革
前500	ペルシャ戦争（〜前449）
前490	マラトンの戦い
前480	サラミスの海戦
前479頃	デロス同盟
前431	ペロポネソス戦争（〜前404）
前371	ギリシャでテーベが覇権
前338	カイロネイアの戦い
前264	ポエニ戦争（〜前146）
前146	ローマがカルタゴを滅ぼす
前146	ギリシャがローマの属州に
前73	スパルタクスの乱（〜前71）
前60	第1回三頭政治
前43	第2回三頭政治
前31	アクティウムの海戦

アジア・中東・アフリカ

前2300頃	アッカド王国
前1890頃	古バビロニア王国
前1600頃	殷がおこる
前1230頃	出エジプト
前1027頃	殷が滅び、周がおこる
前922	ヘブライ王国分裂
前770	春秋時代（〜前403）
前722	イスラエル王国滅亡
前671	アッシリアがオリエント統一
前612	アッシリア分裂
前586	バビロン捕囚（〜前538）
前563頃	ガウタマ・シッダールタ誕生
前550	アケメネス朝ペルシャ建国
前525	ペルシャ帝国がオリエント統一
前453	晋が韓・魏・趙に分裂する
前403	戦国時代（〜前221）
前334	アレクサンドロス大王東征開始
前330	アケメネス朝ペルシャ滅亡
前221	秦の始皇帝による中国統一
前206	秦滅亡
前202	前漢建国

日本

前27	帝政ローマの時代へ
30頃	イエスが処刑される
64	ネロ帝がキリスト教徒を迫害
96	ネルヴァ帝即位(五賢帝時代)
98	トラヤヌス帝即位
117	ハドリアヌス帝即位
138	アントニヌス・ピウス帝即位
161	マルクス・アウレリウス・アントニヌス帝即位
220頃	ゲルマン人のローマ侵入
235頃	軍人皇帝時代
284	ディオクレティアヌス帝即位
293	ローマ帝国四分割統治
306	コンスタンティヌス帝即位(~337)
313	ミラノ勅令
325	ニケーア公会議
330	コンスタンティノープルに遷都
376	西ゴート族がローマ帝国に侵入
392	キリスト教がローマ国教となる
395	ローマ帝国東西分裂
418	西ゴート王国建国
429	ヴァンダル王国建国
443	ブルグント王国建国
476	西ローマ帝国滅亡

8	新建国
25	後漢建国
184	黄巾の乱
220	後漢滅亡。三国時代へ
226	ササン朝ペルシャ建国
280	晋による中国統一
304	五胡十六国時代(~439)
316	晋滅亡
317	東晋建国
420	宋建国(南朝)
439	北魏による華北統一(北朝)
479	斉建国
502	梁建国
534	北魏が東西に分裂

57	倭奴国王が後漢に遣使
107	倭国、後漢に遣使
147頃	倭国大乱(~189頃)
239	卑弥呼が魏に遣使
?	ヤマト朝廷による国土統一
391	倭が百済・新羅を破る
413	倭が東晋に遣使
421	倭国「讃」が宋に遣使
438	倭国「珍」が宋に遣使
443	倭国「済」が宋に遣使
462	倭国「興」が宋に遣使
478	倭国「武」が宋に遣使
527	磐井の乱

4

ヨーロッパとイスラム

ヨーロッパではゲルマン民族の国家が建設され、なかでもフランク王国はローマ教会と結びつき繁栄する。610 年頃、アラビア半島でムハンマドによりイスラム教が誕生。イスラム勢力は西方へと拡大しイベリア半島に上陸するが、732 年のフランク王国との戦いで侵攻を阻まれる。ヨーロッパではキリスト教会が各国の王をしのぐ権力を持つが、十字軍遠征以降その力は逆転していく。イスラム圏ではオスマン帝国が誕生し隆盛を誇る。

フランク王国の誕生

西ローマ帝国滅亡後のヨーロッパの動き

西ローマ帝国が滅びたのち、ゲルマン人が築いた国家のうちで特に発展したのが、481年に建国されたフランク王国だった。

フランク王国は、東ローマ帝国と友好関係を保つ一方、フランク王のクローヴィスは、キリスト教アタナシウス派に改宗。ローマ教会との密接な関係を築くことで、フランク王国は権威を得た。西ローマ帝国の滅亡で守護する者がいなくなり困っていたローマ教会は軍事的・政治的な後ろ盾を得たのである。

732年、ピレネー山脈を越えてきたイスラム軍を、フランク王国カロリング家のカール・マルテルが迎え撃ち勝利した。フランク王国だけでなく、キリスト教社会をも救ったカールは、ローマ教会からの支持を得た。

751年、カールの子小ピピンは、カロリング王朝を興し、自らが王となった。ローマ教会もこれを認め、ピピンはローマ教皇にラヴェンナを寄進し、教皇領とした。800年、ローマ教皇レオ三世は、ピピンの子カール大帝を西ローマ皇帝として戴冠。フランク王国は西ローマ帝国の継承者となったのである。

この世界では、教皇が持つ聖権と、皇帝の持つ俗権との二つの中心が存在するようになった。両者は密接な関係を持ち、互いに協力したり、牽制したり、反目したりと、微妙な

ヴェルダン条約後に分裂したフランク王国

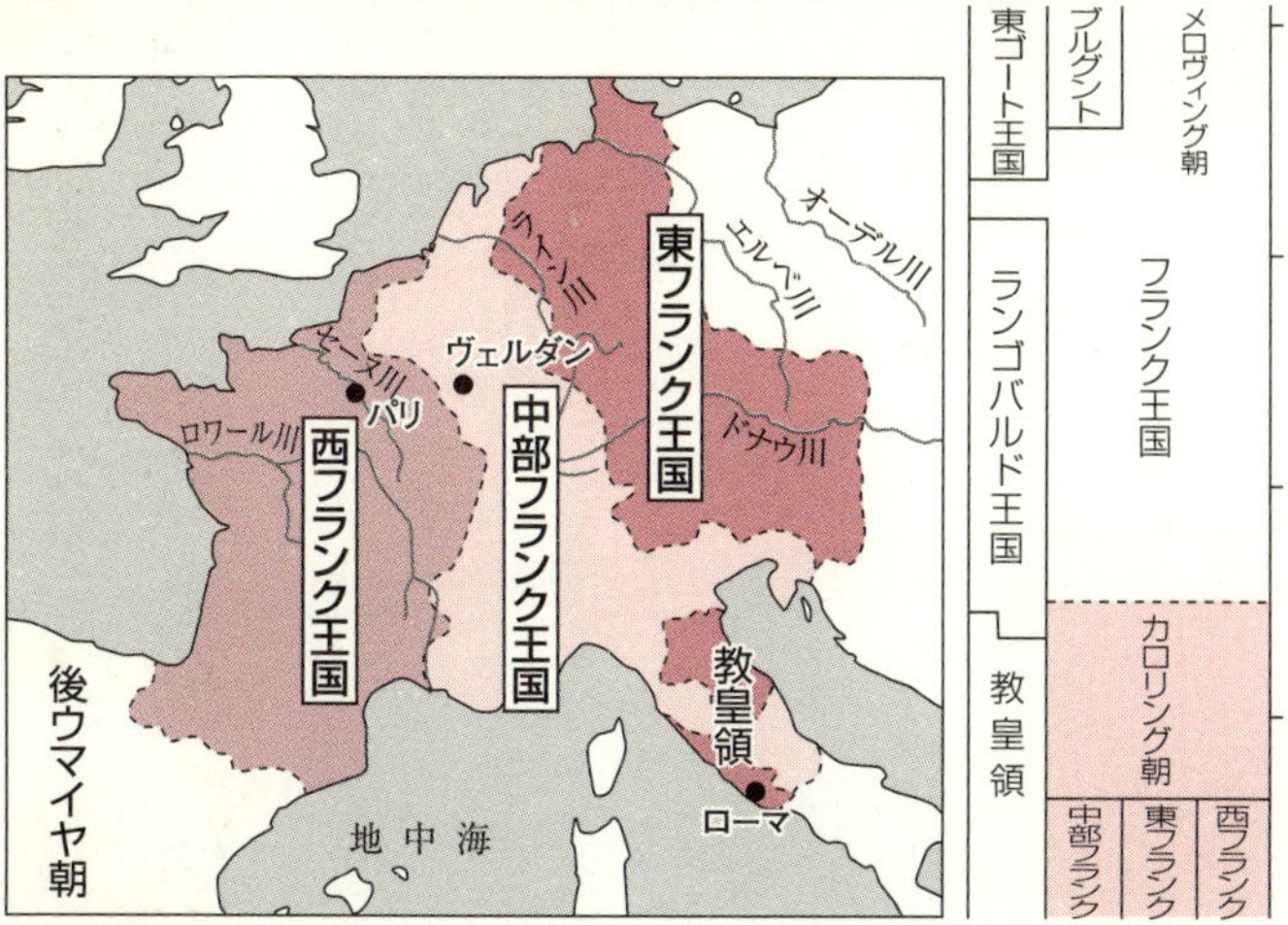

関係を数百年にわたり続けるのである。

８１４年のカール大帝の死後、フランク王国は相続争いを始め、８４３年に結ばれたヴェルダン条約と、８７０年のメルセン条約によって、西・中部・東に分割された。

西フランク王国は、10世紀のカペー王朝の時代に、「フランス」王国となる。中部フランク王国は、東西のフランクに併合される。

東フランク王国では、「王位」は諸侯の選挙で選ばれていたが、やがてハプスブルク家が世襲するようになる。９６２年、オットー１世が、ローマ教皇から皇帝の冠を授かり、東フランク王国の地域は、神聖ローマ帝国と呼ばれるようになる。

まとめ

西ローマ帝国滅亡後、フランク王国が興隆するが、9世紀に3国に分割される

東ローマ帝国（ビザンツ帝国）

１０００年にわたって続いた帝国の軌跡

隆盛を誇ったローマ帝国の東西分裂が決定的になったのは、３９５年のことである。

西ローマ帝国は、それから約80年後の４７６年、ゲルマン人によって滅ぼされたが、東ローマ帝国はどうなったのだろうか。

東ローマ帝国の首都はコンスタンティノープルだが、これはコンスタンティヌス帝によって改名されたもので、以前は、ビザンティウムという名前だった。そのことから、東ローマ帝国は、後世ビザンツ帝国と呼ばれるのが一般的となった。これは、古代ローマ帝国と区別するためであったようだ。この時代には、ただ「ローマ帝国」と呼ばれていた。

さて、このビザンツ帝国だが、結果からいえば、１４５３年にオスマン帝国に滅ぼされるまで、実に１０００年も続いた。

最盛期は6世紀、ユスティニアヌス帝の時代である。５２７年に即位したユスティニアヌス帝は、それまでの「ローマ法」を体系化し、『ローマ法大全』を編纂《へんさん》し、国家を平定した。さらに、養蚕業に力を入れ、東西貿易を盛んに行ったため、国家財政は潤った。

５３４年にヴァンダル王国、５５５年にイタリアを支配していた東ゴート王国と、ゲルマン人が築いた王国を滅ぼすなどして、一時はかつてのローマ帝国の領土のほとんどを奪

6世紀のビザンツ帝国の領土

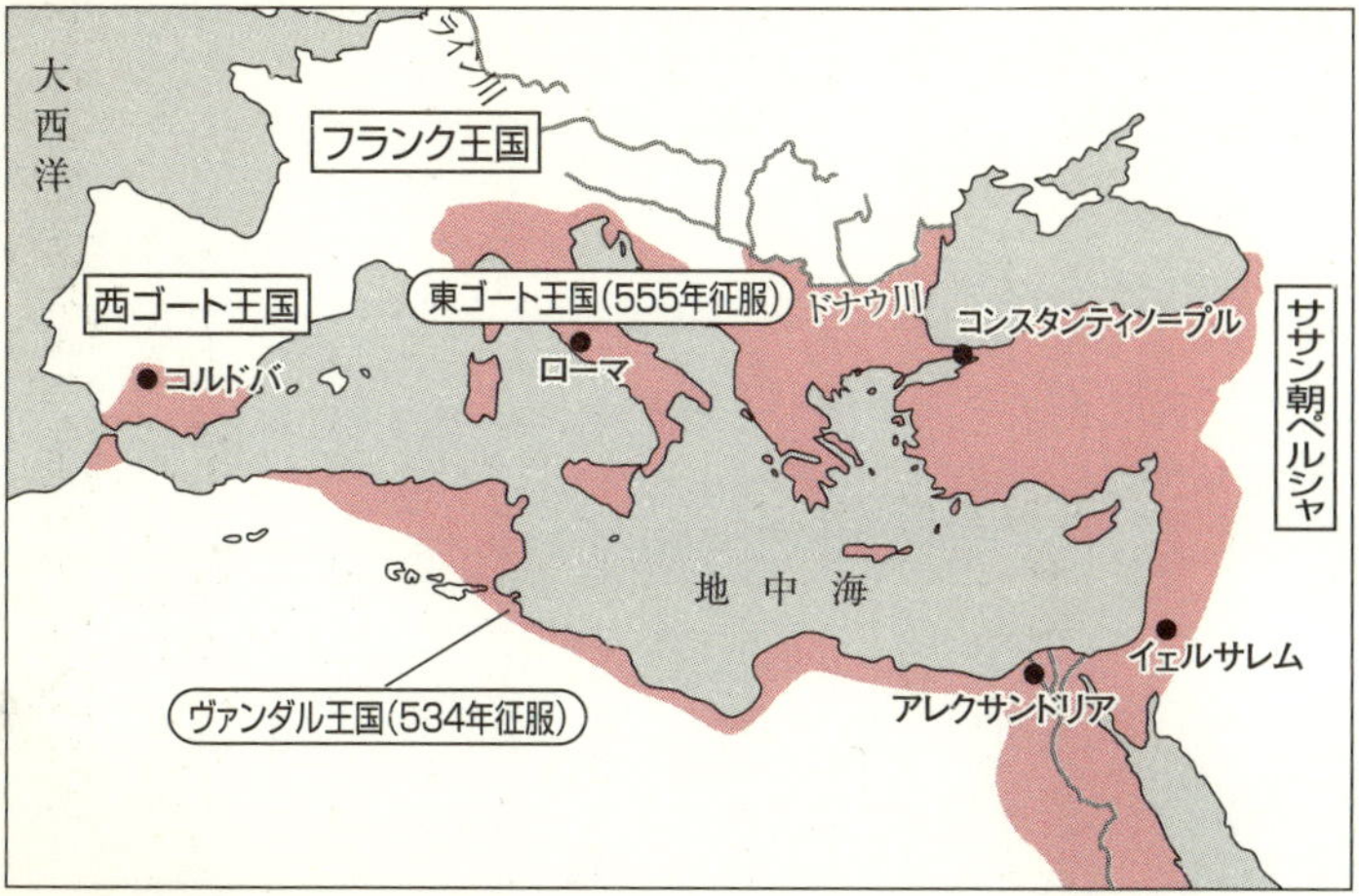

還することができた。

だが、7世紀になると、イスラム勢力の侵攻により、たびたび領土を脅かされるようになる。やがて、エジプト、シリアを奪われてしまうのだが、キリスト教世界からみれば、ビザンツ帝国はイスラムの脅威からの防波堤の役割を果たすようになった。

ビザンツ帝国は、文化的にも歴史上、大きな位置を占めている。ビザンツ文化は、ギリシャ・ローマの古代からの文化と、キリスト教の文化、ペルシャやイスラムのオリエント文化など、さまざまな文化が融合したものとされている。これが、のちのイタリア・ルネサンスに影響を与えることになる。

まとめ

ビザンツ帝国は独自の文化を生み、1453年にオスマン帝国により滅亡

イスラム帝国の勃興

ムハンマドの生涯とイスラム教の成立

ササン朝ペルシャの支配下にあったアラビア半島の貿易都市メッカで、ムハンマド（マホメット）が生まれたのは５７０年頃。彼は６１０年に神の啓示を受けて預言者となり、ここにイスラム教が誕生する。だが、すべての人は平等であると説き、偶像崇拝をいさめる教えは、既存宗教との軋轢《あつれき》を生み、６２２年に追放されたムハンマドは、現在のメディナに逃れた。この地での布教で教団はさらに大きくなり、脅威を感じたメッカの保守層は、ムハンマド打倒の準備を始めた。

この戦いに勝利したムハンマドはメッカに入城し、多神教の神々の神殿を破壊。これを機に、アラビア半島の人々は次々とイスラム教に改宗し、宗教によって統一された。

イスラム教徒の勢力は西に向かって拡大し、６３６年にビザンツ帝国に侵攻しシリアを制圧、６４０年にはエジプトを奪取。東方では、６５１年に、ササン朝ペルシャを滅亡させた。

ムハンマドの後継者は、「カリフ」の称号で呼ばれ、当初は彼の縁者から選ばれていたが、四代目をめぐり分裂が起こる。６６１年、ムハンマドのいとこで女婿の第四代カリフが暗殺され、ウマイヤ家のムアーウィアがカリフになる。ムアーウィアは、ウマイヤ家がカリフの地位を世襲することを決めた。

8～11世紀のイスラム帝国の変遷

8世紀

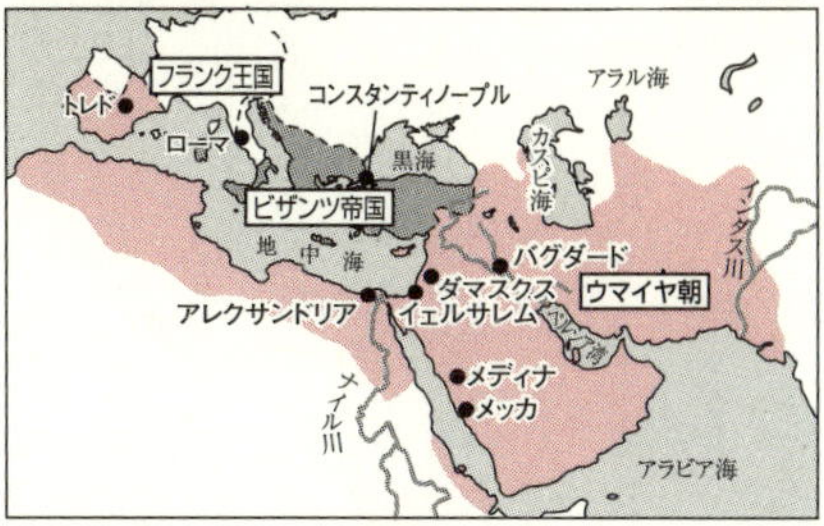

9世紀

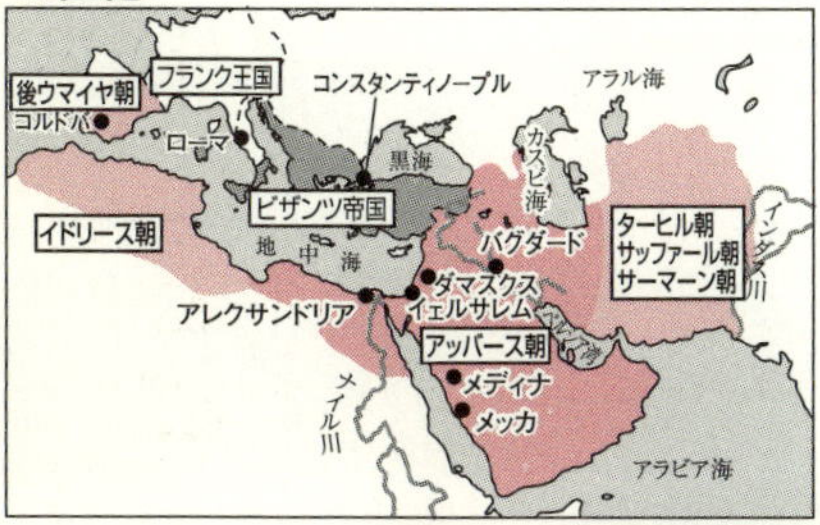

10世紀

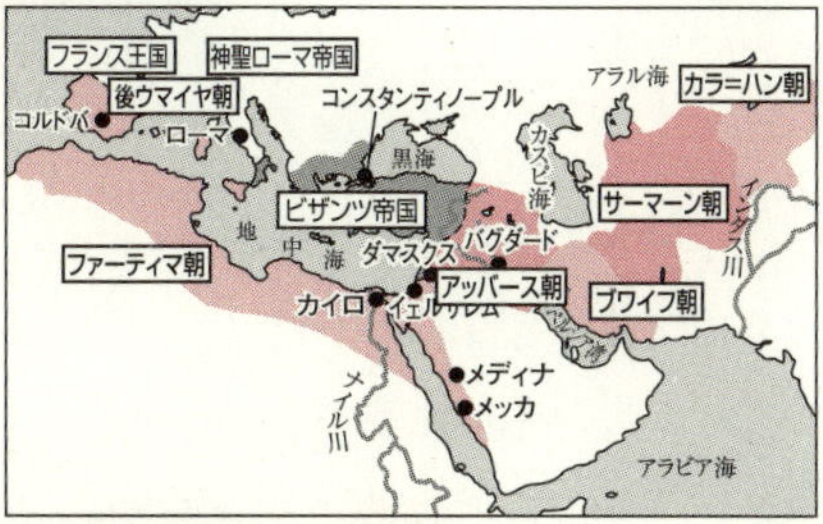

11世紀

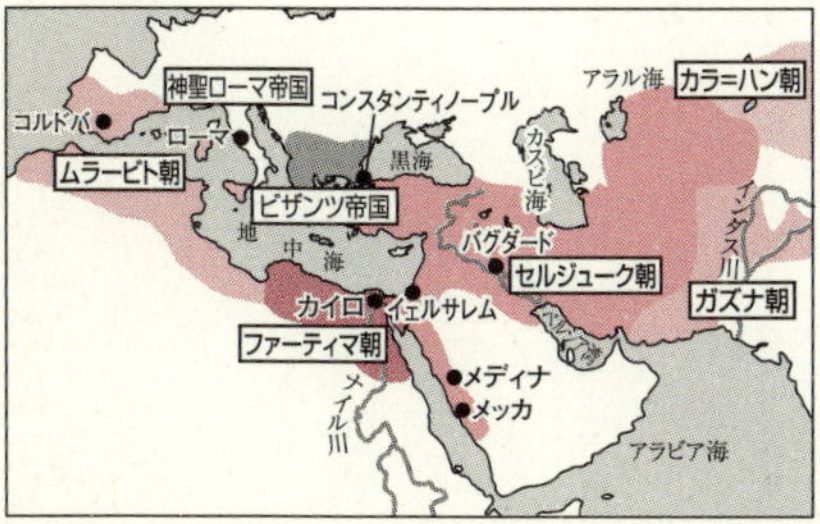

このとき、暗殺された第四代カリフを支持した人々は「シーア派」、ウマイヤ家側の人々は「スンニ派」となった。

イスラム勢力の西への侵攻は進み、７１１年に西ゴート王国を征服、フランク王国にも侵攻したが、これは食い止められた。

７５０年、ムハンマドの叔父の子孫が、反ウマイヤ勢力をまとめアッバース朝を興した。翌年にはウマイヤ朝を滅ぼし、イスラム世界を支配した。ウマイヤ朝の勢力はイベリア半島に逃れ、コルドバを首都に建国。これが、後ウマイヤ朝である。一方、アッバース朝は、７６２年に首都をバクダードに遷し、積極的にイラン人（ペルシャ人）を官僚に登用する。

東部イランでは、８２１年ターヒル王朝が樹立されたが、８６７年にサッファール朝に代わり、続いて８７５年から９９９年までサーマーン朝がこの地方を支配した。

エジプトには、トゥールーン朝（８６８年～９０５年）があったが、チュニジアからファーティマ朝が侵攻し、カイロを首都とした。中央でも、９４６年にブワイフ朝がバクダードを制圧。アッバース朝が支配するのは、イラクの一州のみとなった。

１０３８年、トルコにセルジューク朝が建てられ、１０５５年にはバクダードに侵攻、ブワイフ朝を倒した。セルジューク朝は拡大路線をとり、ビザンツ帝国や小アジアに侵攻、聖地イェルサレムを占領した。これが十字軍派遣の原因となる。そのセルジューク朝も１１５７年には分裂し、やがて滅亡する。

まとめ

イスラム教とともに栄えた大帝国は
やがて各地で独立が起こり分裂する

異民族の西ヨーロッパ侵入

各地で建国したスラヴ人、ノルマン人

ヨーロッパ世界で大移動したのは、ゲルマン人だけではなかった。東ヨーロッパに暮らすスラヴ民族は、１世紀にはドニエプル川上流に達し、黒海沿岸にまで勢力を広げていた。６世紀になると、東からアジア系の遊牧民が侵攻してきたため大移動し、その勢力圏は、東ヨーロッパやバルカン半島に広がった。

スラヴ民族は、大きく三つに分かれる。いまのロシア人にあたる東スラヴ族、ポーランド人にあたる西スラヴ族、セルビアやクロアチア人にあたる南スラヴ族である。

東スラヴ族は、ノヴゴロドに都市を築き、８８２年にはキエフ公国を建て、周辺のスラヴ系民族を征服して南下。ビザンツ帝国と戦ったものの、これは撃退されてしまう。しかし、ビザンツ帝国との戦いを通じてキリスト教文化が伝わり、10世紀末、ウラディミール１世によりギリシャ正教が国教になった。

その後、他のスラヴ系民族も、ポーランド王国、ボヘミア王国、セルビア王国、クロアチア王国などを建国していった。

９世紀から11世紀にかけて、ゲルマン民族のノルマン人（バイキング）が北ヨーロッパに住むようになる。彼らは航海術に秀で、略奪によって富を得て、８世紀にデンマーク王国を建国。９００年頃にはノルウェー王国、

スラヴ民族がつくった国家

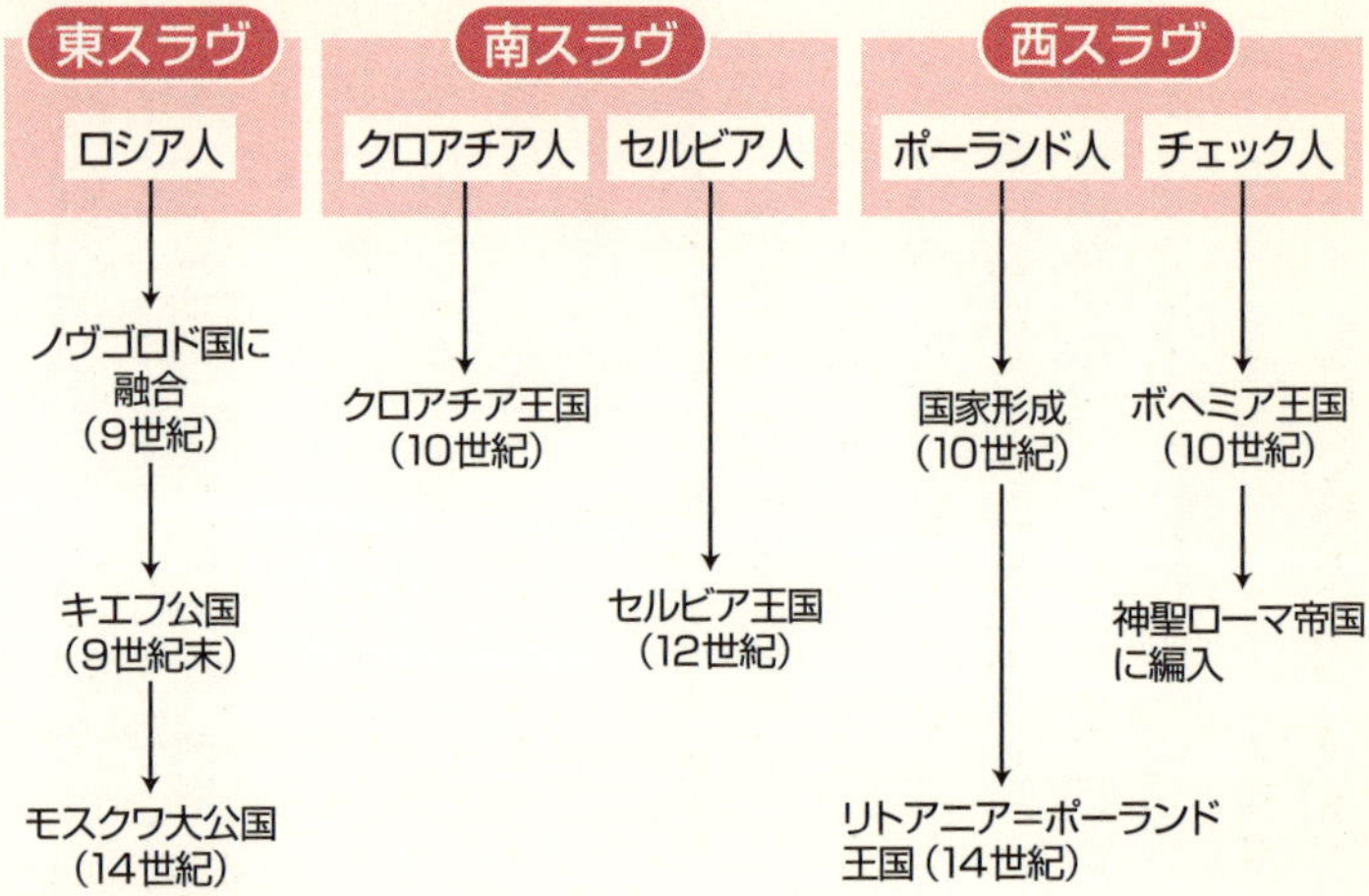

９５５年にはスウェーデン王国も建国する。
９１１年、西フランク王国に攻め入ったノルマン人は、制圧した北フランスの領有を認められ、ノルマンディー公国を建国した。
一方、現在のイギリス、つまりイングランド島には、ゲルマン人のアングロ・サクソン族が定着し、８２９年には、七つの小さな王国ができていた。そこに、ノルマン人の一派、デーン人が来襲し、１０１６年にデーン王朝が建てられる。さらに、１０６６年、ノルマンディー公国のウィリアム１世が、イングランド島を征服。イングランドに、フランスのノルマン朝が建国され、イギリスとフランスとは、複雑な関係になっていくのである。

まとめ
スラヴ民族は三つに分かれて建国、ノルマン人は北欧やイギリスに侵攻

東西教会の分裂、カノッサの屈辱

皇帝と教皇の力関係はどう変わったか

ローマ帝国同様、キリスト教も東西に分裂し、やがて対立することとなった。

対立の原因は、７２６年に東のビザンツ皇帝が聖像崇拝禁止令を出したことにあった。ローマ教会は、ゲルマン人に布教するにあたり、キリストや聖母マリアの像を用いていたのだが、ビザンツ皇帝レオン３世は、これを禁止したのである。その背景には偶像崇拝を禁止するイスラム教の影響があった。だが、ローマ教会はこれを拒絶。これをきっかけとして、ローマ教会は東西に分裂していく。

１０５４年、コンスタンティノープルを総本山とするビザンツ帝国の教会は、ギリシャ正教会（東方教会）となった。ビザンツ帝国皇帝の下に、大司教が従属する体制ができあがったのである。ビザンツ帝国では、帝国の皇帝と正教会のトップの教皇とは同じであり、これを皇帝教皇主義という。ギリシャ正教は、のちにスラヴ諸民族や、ロシア人が信仰するようになっていく。

一方、西のローマ・カトリック教会は信仰上の最高権威であり、世俗の権力は国王たちにあった。ローマ・カトリック教会は、教皇を頂点とし、大司教、司教、司祭というピラミッド型の組織を築いた。王や諸侯による教会への土地の寄進で豊かになった聖職者たち

キリスト教の東西分裂までの経緯

30年頃	イエスが処刑される
64年頃	ネロ帝によるキリスト教徒迫害
303年	ディオクレティアヌス帝の大迫害
313年	ミラノ勅令によりキリスト教公認
325年	ニケーア公会議 キリストと神と聖霊を同質とするアタナシウス派が正統教義になる
392年	キリスト教が国教となる
395年	ローマ帝国の分裂
476年	西ローマ帝国の滅亡
726年	ビザンツ帝国レオン3世による聖像禁止令
800年	カールの戴冠
1054年	ローマ・カトリック教会とギリシャ正教会に分裂

には、腐敗と堕落が生じていく。それを糾弾したのが修道院で、フランスに設立されたクリニュー修道院を中心に、堕落した教会に対する粛清《しゅくせい》運動が起きた。

１０７７年、この修道院出身のローマ教皇、グレゴリウス7世は、聖職者の任命権をめぐり、神聖ローマ帝国のハインリヒ4世と対立し、皇帝を破門する。皇帝は謝罪して破門を解いてもらうほかなく、ローマ教皇が神聖ローマ帝国皇帝より権威を持っていることを見せつけた。この事件は「カノッサの屈辱」と呼ばれる。任命権をめぐる対立はその後も続き、教皇支持で各地の教会は結束。ローマ・カトリック教会の組織力は強くなった。

まとめ

ローマ・カトリック教会は皇帝と対立し、教皇権の強化を図る

十字軍の遠征

ヨーロッパとイスラム、その対立の原点

中世のヨーロッパ社会は安定し、農業生産力も高まって、人々は信仰熱心になっていく。そんななか、ローマやイェルサレムに巡礼に行くのが、一種のブームになっていった。

　その聖地、イエス・キリストが十字架にかけられた地であるイェルサレムが、イスラム教徒によって奪われてしまったのは、１０７１年のことだった。イェルサレムを占領したのは、セルジューク朝トルコで、彼らはキリスト教徒の巡礼団を妨害・迫害した。

　ビザンツ帝国皇帝は、北イタリアで開かれていた公会議に使者を派遣し、イスラム教徒によって巡礼が妨害され、キリスト教徒は悲惨な目にあっていると誇張した報告をした。

　しかし、これを受けて１０９５年に南フランスで開かれたクレルモン公会議で、教皇ウルバヌス2世は、聖地イェルサレムの奪還を決議。この戦いに参加すれば、俗世での罪は許されるとして、すべてのキリスト教徒に参加を呼びかけ、6万人もの兵を集めた。１０９６年8月、南フランスに結集した兵は出発。胸にキリスト教のシンボルである十字を刺繍していたことから、十字軍と呼ばれる。

　第一回十字軍は、フランスの諸侯が中心だった。ドイツの諸侯は、カノッサの屈辱のわだかまりがあって、あまり参加しなかった。

十字軍は１０９８年にイェルサレムに到着。

イスラム教徒たちは、聖地巡礼団が来たのだと思い、食料を与えるなどして歓迎した。ビザンツ帝国皇帝の報告とは異なり、実際のイェルサレムでは、イスラム教徒、ユダヤ教徒、キリスト教徒が共存していたのである。しかし、十字軍は、聖地に着くと武力を行使し、イスラム教徒、ユダヤ教徒を虐殺した。

１０９９年、第一回十字軍により、イェルサレム王国が建国され、聖地は完全にキリスト教のものになった。十字軍は勝利したが、イスラム勢力はそのまま黙ってはいなかった。イェルサレムで大虐殺があったことにより、イスラム教徒にとっても、イェルサレムは重要な土地となったのである。

１１８７年、エジプトのスルタンであるサラディンは、イェルサレムに進軍し、十字軍が建てたイェルサレム王国を滅ぼした。

十字軍は、１０９６年から１２７０年で七回の遠征に出た。だが、当初の目的であったイェルサレム奪還は結果的には果たすことができず、失敗に終わった。

しかし、戦争という形ではあったが、ヨーロッパとイスラム圏とが出会ったことは、東西文化の交流になった。西欧社会は、ビザンツ帝国と、そのさらに東のイスラム都市文明の先進性を知った。交通網も発達し、商人の行き来が盛んになって、商品とともに、技術や文化も交換された。とくにイタリアでは、都市国家がいくつもできるようになり、これが、のちのルネサンスを生む背景となる。

まとめ

聖地イェルサレムをめぐる戦争の副産物として、東西文化の交流が生まれた

十字軍の遠征ルート

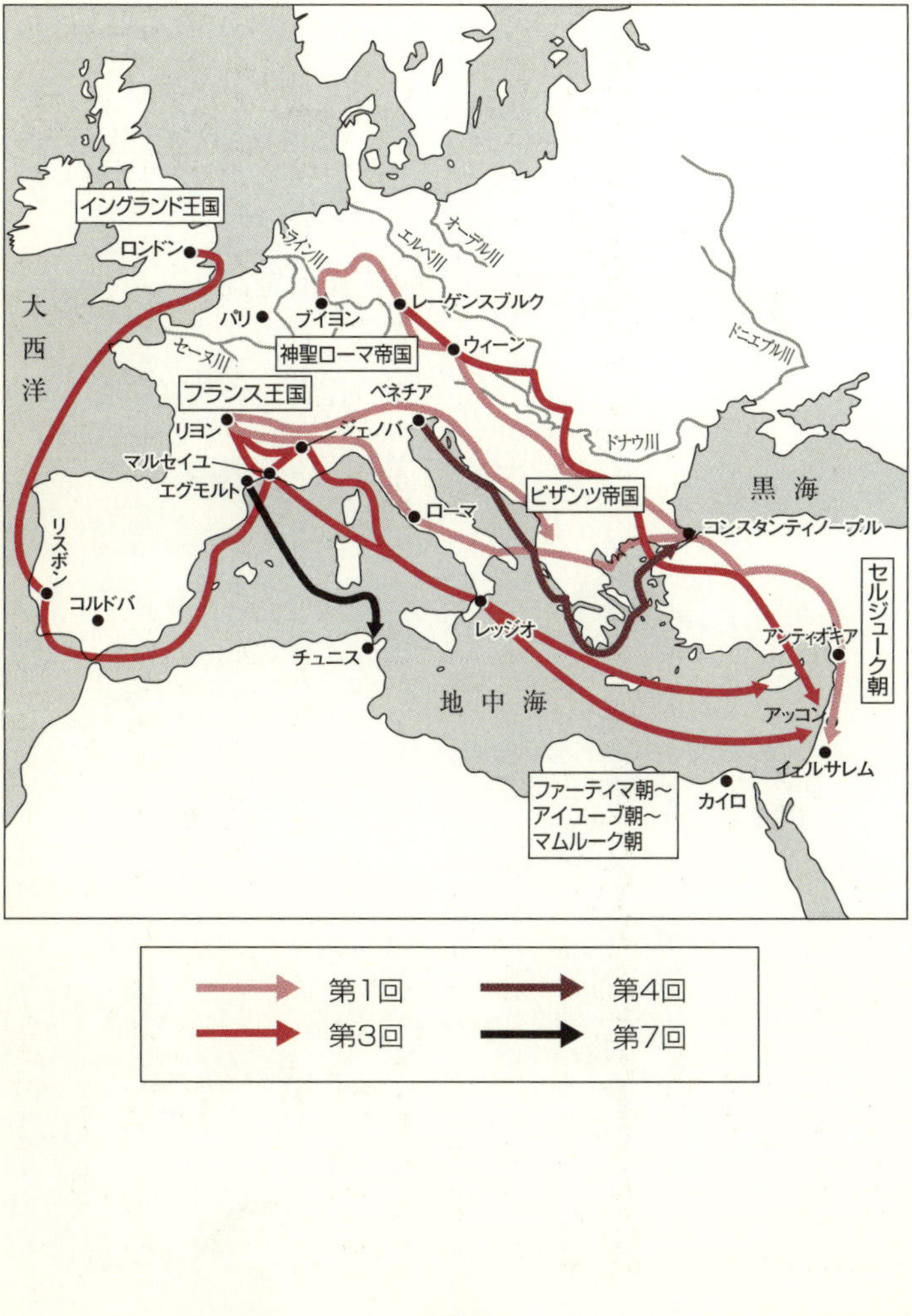
イングランド王国
ロンドン
大西洋
パリ
ブイヨン
ライン川
エルベ川
オーデル川
レーゲンスブルク
ウィーン
神聖ローマ帝国
セーヌ川
ドニエプル川
フランス王国
ベネチア
リヨン
ジェノバ
マルセイユ
エグモルト
ドナウ川
黒海
ビザンツ帝国
ローマ
コンスタンティノープル
セルジューク朝
リスボン
コルドバ
チュニス
レッジオ
アンティオキア
地中海
アッコン
イェルサレム
カイロ
ファーティマ朝～
アイユーブ朝～
マムルーク朝
第1回
第4回
第3回
第7回

アヴィニョン捕囚、教会大分裂

教会の権威失墜がもたらした「波紋」

十字軍の失敗により、ローマ・カトリック教会の権威は失墜した。教会に対して疑問を感じる人々のなかで、清貧と戒律を重んじる教団を独自に興す動きが出てきた。ワルド派、カタリ派などである。13世紀に入り、こうした教団が大きくなってくると、ローマ教会は厳しい弾圧に乗り出した。彼らを「異端」と決めつけ、異端審問を始めたのである。それは、14世紀に「魔女狩り」に発展する。

　教会の権威が揺らぐ一方で、各地の王権は強くなっていく。それを象徴するのが、１３０９年のアヴィニョン捕囚である。教皇クレメンス5世とフランス王フィリップ4世が、聖職者への課税をめぐって対立。その結果、王が勝利し、教皇と教皇庁は南フランスのアヴィニョンへと強制的に移転させられ、フランス王の監視下に置かれるようになった。この教皇庁のアヴィニョン移転は、１３７７年まで続くことになる。

　フィリップ4世は、教皇と争った際に、国民の支持を得ようとして、聖職者、貴族、平民の代表者からなる議会、三部会を招集した。これがフランス革命への伏線となるのである。

　ヨーロッパでは１３４８年頃からペストが大流行し、5年ほどで、人口の三分の一が失われたという。ペストがおさまると、領主た

封建社会の変化

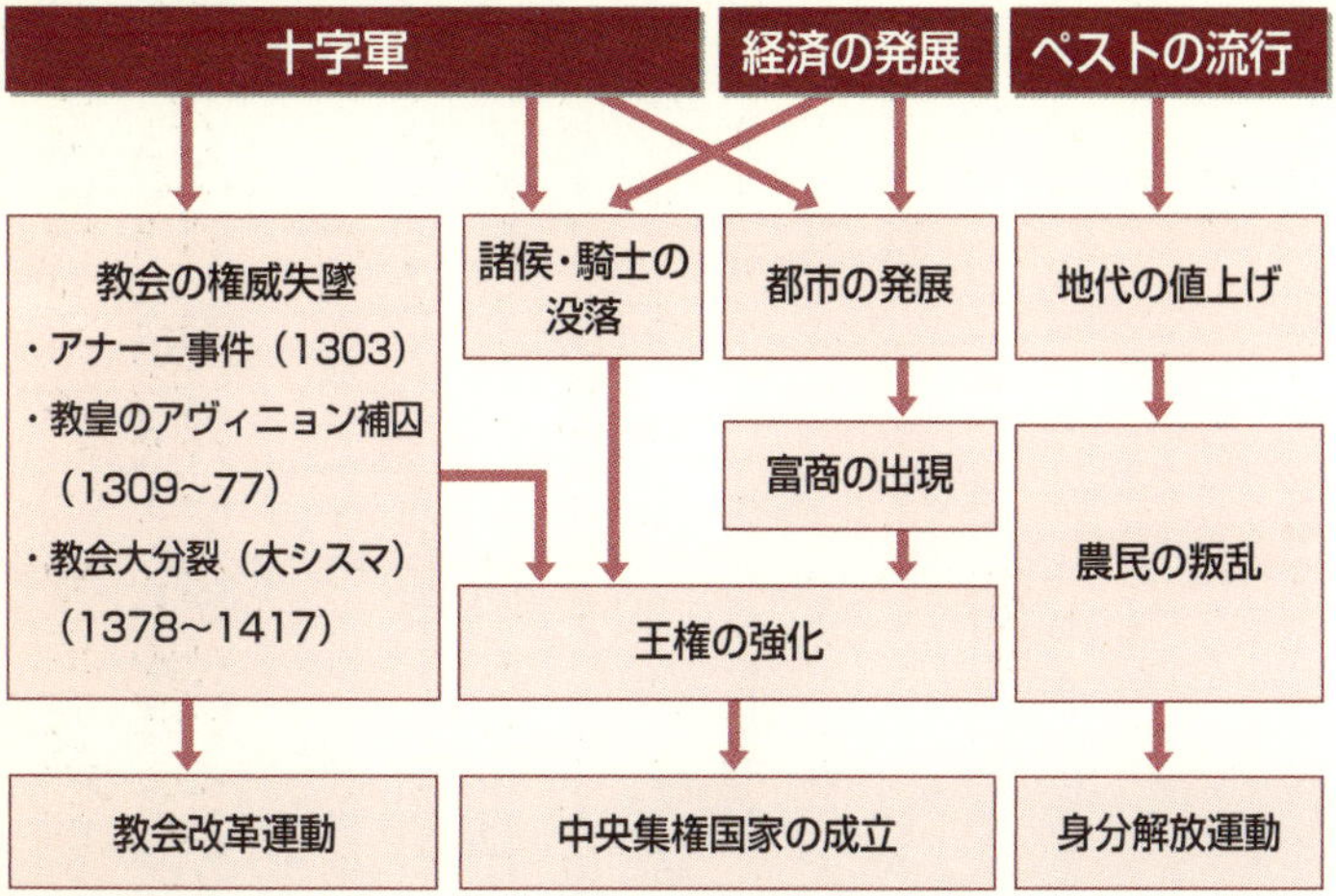

ちは損害を補うために、農民の地代を値上げした。これに対して各地で農民の叛乱が起きた。それは、身分解放運動へと発展していく。

教皇はローマに戻ったが、１３７８年に、神聖ローマ帝国皇帝やイングランド王によって、別の教皇がアヴィニョンに立てられた。これを「教会大分裂（大シスマ）」という。１４０９年には第三の教皇まで生まれる混乱状態となった。

　１４１７年、神聖ローマ帝国皇帝のハンガリー王ジギスムントが、コンスタンツ公会議で、教皇庁をローマに一本化した。分裂状態は終わったが、皇帝のほうが力を持っていることを、思い知らされる結果になった。

まとめ

十字軍の失敗で教会は権威を失墜させ、一方、王権の強化がすすむ

百年戦争

英仏の熾烈な戦いとジャンヌ・ダルクの登場

１０６６年、イングランドにノルマン王朝が建てられたことで、イングランドとフランスの関係は複雑化した。ノルマンディー公はフランス領主であると同時にイングランド王となったので、フランスもイングランドも、自国の領土が広がったのと同じだったのだ。

１１５４年、フランスのアンジュー伯がイングランドに渡り、新たな王朝プランタジネット朝を開き、王になって、ヘンリー２世と呼ばれた。彼はフランスの西半分を支配する大貴族でもあったので、フランスにおけるイングランドの領土は拡大した。

１１９９年、プランタジネット朝の王にジョンが就くと、フランスカペー朝のフィリップ２世は、イングランド領の奪還に挑み、英領のかなりの部分が、フランスに戻った。

イングランドのジョン王は、さらに内外で失政を重ねたため、貴族たちは一致団結してジョン王に迫り、『大憲章（マグナ・カルタ）』を認めさせた。これにより、王権は制限され、議会制民主主義への道を歩み始める。

カペー朝とプランタジネット朝は、敵対関係にある一方、多くの姻戚関係も結んでいた。

１３２８年、断絶したカペー朝に代わり、ヴァロア朝が建てられた。ところが、イングランド王エドワード３世が異議を申し立てる。

百年戦争の展開

1328年

1328年、フランスにおけるイングランド領は、ギュイエンヌ公国のみとなっていた。イングランド王エドワード３世はフランス王位継承権を主張し、1339年百年戦争が始まる。1346年、イングランド軍はノルマンディーに上陸。クレシーの戦いで勝利をおさめ、港町カレーも陥落させる。1356年ポワティエの戦い、1415年のアザンクールの戦いでもイングランドが勝利し、ノルマンディー地方を支配下に置いた。

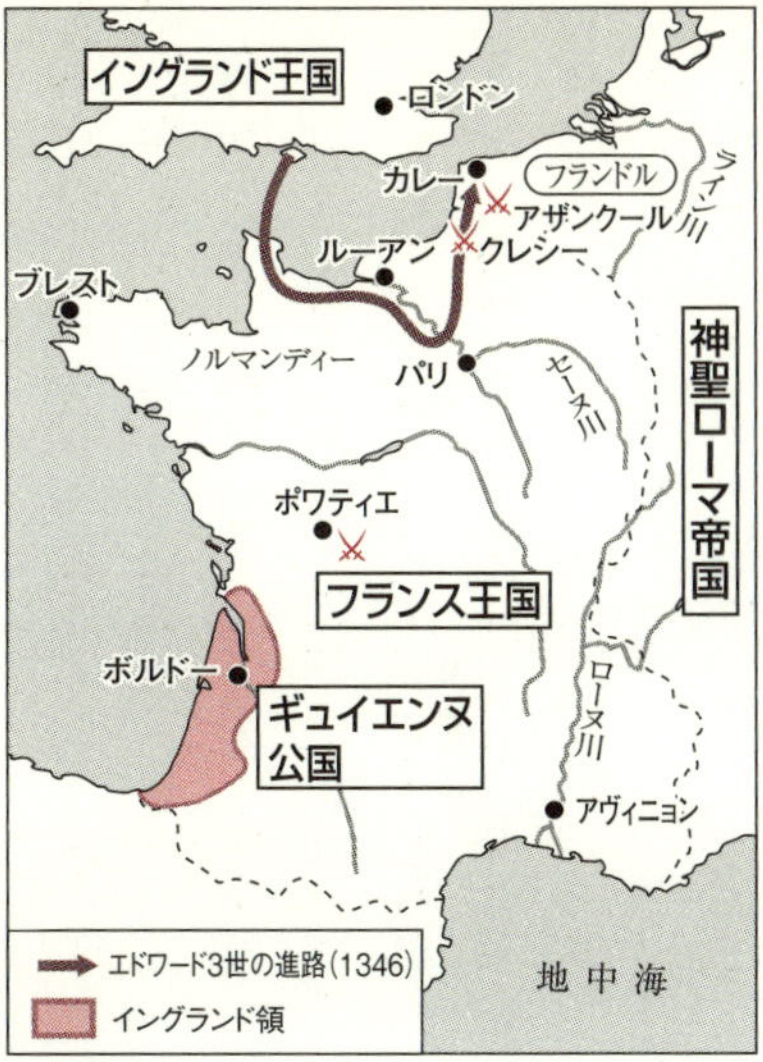

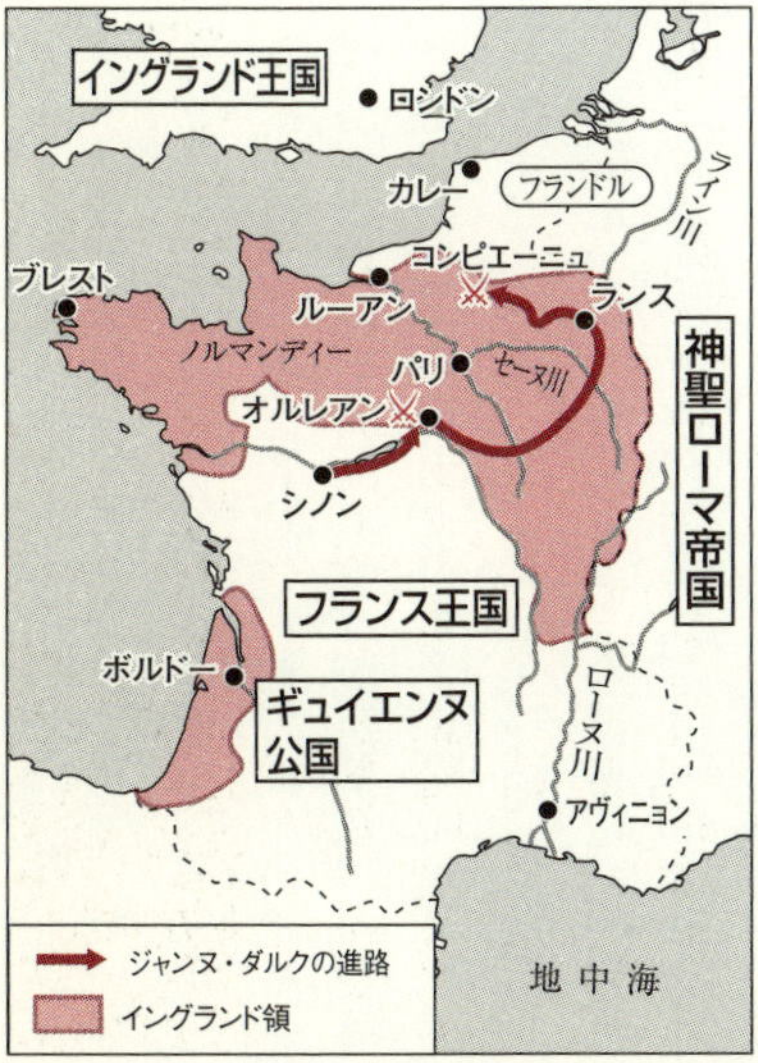

1429年

1429年、神託を受けたジャンヌ・ダルクは、前王の息子シャルルとシノンで対面し戦いに加わる。フランス軍はイングランド軍に包囲されていたオルレアンを解放する。さらに北へと進軍してランスに至り、シャルル７世は戴冠式を行った。ジャンヌの軍はパリ解放を目指したが果たせず、コンピエーニュの戦いでジャンヌは捕虜となり、火刑に処せられた。

母親がカペー家出身だったので、自分にフランス王の資格があるというわけだ。この王位継承問題を口実に、１３３９年、イングランドはフランスに攻め入り、百年戦争が始まる。

フランスの貴族が、イングランド国王派と、フランス国王派に二分されたこともあり、戦いはイングランド優位に進んだ。１４２９年、イングランドが決定的な勝利を収めるかと思われたとき、一人の少女が登場する。大天使ミカエルから「フランスを救え」と神託を受け、戦いに加わったジャンヌ・ダルクである。彼女は前王の息子であるシャルルと対面し、フランス王として即位するように進言する。

義勇軍を組織して戦うジャンヌの姿は軍勢の士気を高め、形勢はフランス優位になる。

しかし、１４３１年、ジャンヌはイングランド軍に捕らえられ、火刑に。彼女の死後もフランス軍は果敢に戦い、１４５３年、イングランド軍の撤退で百年戦争は終結した。

フランスでは、官僚制と常備軍の整備が進み、中世の基本的な統治形態だった封建社会は崩壊していく。国王の力が強まり、中央集権が進んだ。絶対王政の始まりである。

イギリスでは、１４５５年以降の30年間、王位継承争いの時代となった。赤いバラを紋章とするランカスター家と、白いバラを紋章とするヨーク家の争いだったので、「バラ戦争」と呼ばれている。最後に勝ったのは、ランカスター派のデューク家のヘンリー7世だった。ここに新たにテューダー朝が建てられ、イングランドでも王権が強化されていく。

まとめ

英仏の百年戦争はジャンヌ・ダルクの登場によりフランス勝利で終結

オスマン帝国の出現

ヨーロッパを脅かす、地中海の新たな覇者

12世紀～13世紀頃のアナトリア半島では、セルジューク朝トルコの流れを汲む、ルーム＝セルジューク朝が統治していた。

１２９９年、そのアナトリア半島の北部にトルコ民族の国家、オスマン帝国（オスマン・トルコ帝国ともいう）が誕生した。

アナトリアで勢力を伸ばし、大国となったオスマン帝国は、１４５３年、ビザンツ帝国を攻め、コンスタンティノープルを陥落させる。ビザンツ帝国は滅亡し、コンスタンティノープルはイスタンブールと名を改められ、現在にいたっている。

１５１７年にはエジプトやアラビア半島、メッカ、メディナの2つの聖地も手中におさめた。こうして15世紀末までに、バルカンとアナトリアのほぼ全土を平定した。さらに、黒海北岸やエーゲ海の島々まで勢力を広げて黒海とエーゲ海を「オスマンの内海」とした。

そのオスマン帝国が最盛期を迎えるのは、第十代のスレイマン1世の時代（在位：１５２０年～１５６６年）である。

スレイマン1世は、まず１５２６年のモハーチの戦いでハンガリーの大部分を占領し、東地中海も支配下に置いた。東方ではバグダードを手中におさめ、北アフリカへも進出する。１５２９年には、神聖ローマ帝国の都で

スレイマン１世の時代のオスマン帝国

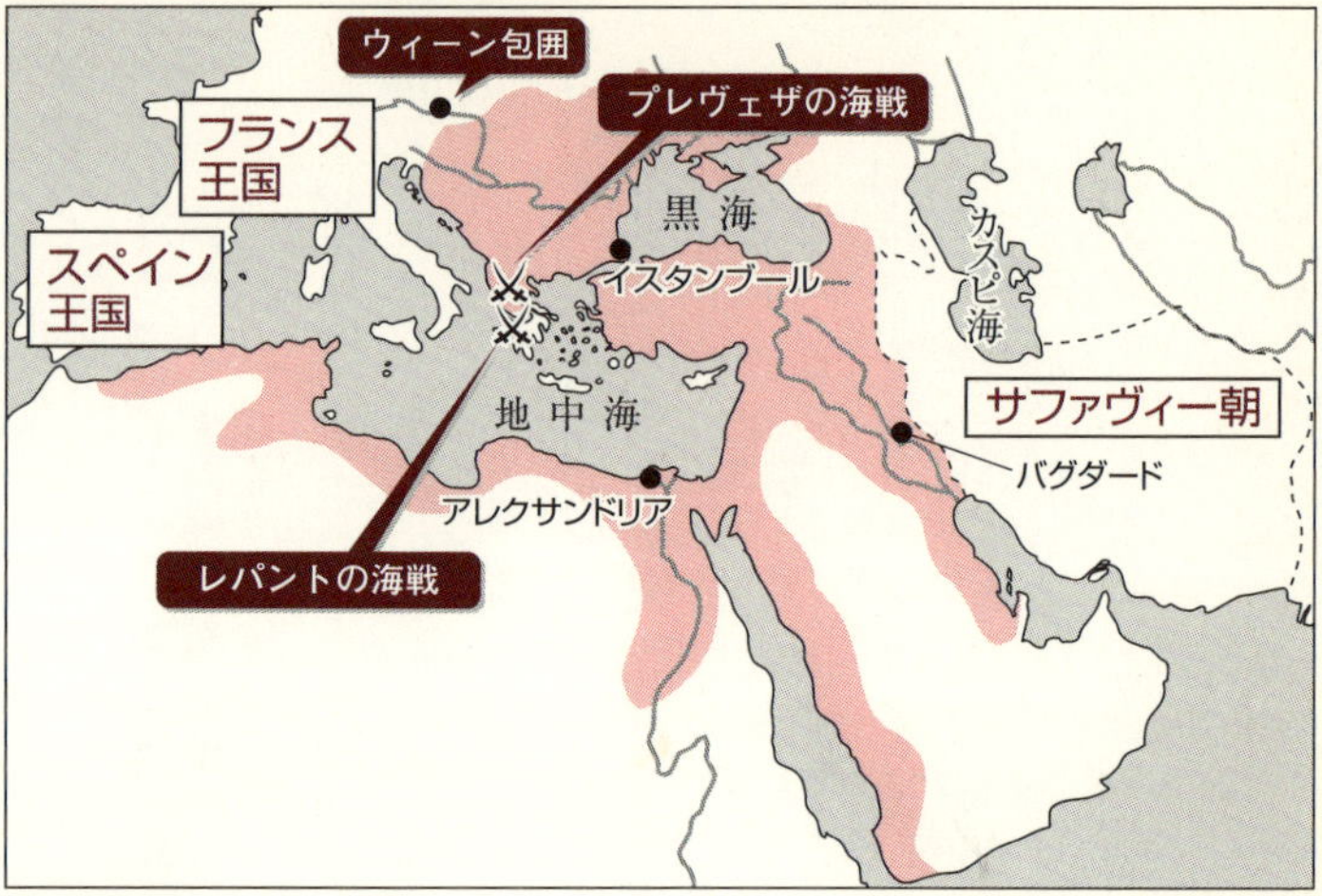

あるウィーンを1カ月以上も包囲する。この第一次ウィーン包囲と呼ばれる作戦自体は失敗に終わったが、西欧諸国はオスマン軍を恐れるようになる。１５３８年、プレヴェザの海戦でスペインとヴェネツィアの連合艦隊を破り、地中海の制海権を握る。

　１５７１年、レパントの海戦でスペイン連合艦隊に敗れてしまう。しかし、その力は依然として強く、地中海の制海権が一気に失われることはなかった。

　１６８３年の第二次ウィーン包囲の失敗ではハンガリーを割譲したものの、19世紀はじめまで、オリエントや北アフリカ一帯を領土とする、強大な国家として存続する。

まとめ

オスマン帝国は、ビザンツ帝国を破り地中海の覇者として君臨する

5

日本と中国 Ⅱ

中国では、隋に続き唐が建国され、安定した政治を行い繁栄した。唐の滅亡後、宋が統一を果たすが金の建国により南北に分裂。モンゴル帝国・元はユーラシア大陸に広がる大帝国を築く。元を倒した明では経済や文化が発展、永楽帝の時代に黄金期を迎える。日本では、大化の改新以後中央集権化が進み律令国家となる。平安時代、藤原家が実権を握る摂関政治が続くが、末期に武士が台頭。鎌倉幕府、室町幕府を経て戦国時代に突入する。

隋、唐の興亡

乱世を制した隋、長期の覇権を制した唐

５８１年、北周の宣帝の外戚で、孫の静帝の後見人として権力を握った楊堅《ようけん》が皇帝に即位（文帝）し、国名を隋《ずい》とした。北周を乗っ取り、陳を倒して、統一帝国が出現した。

文帝は、荒廃した国土の再建に全力を注いだ。また、万里の長城の修復や、運河の拡張にも着手。科挙制度も創設した。

文帝の死後、皇帝の座を継いだのは煬帝《ようだい》。大規模な公共事業で財政が破綻し、重税を課したため、中国史上最大の暴君と呼ばれる。黄河氾濫をきっかけに、農民動乱が勃発。６１８年、隋は38年で終わった。

唐帝国が誕生し、李淵《りえん》が皇帝（高祖）になって、６２３年には中国全土を鎮圧した。

二代太宗の時代には、北方の異民族突厥を従え、律令国家体制を確立。「貞観《じょうがん》の治」といわれる安定した政治を行った。

三代の高宗の時代には、百済や高句麗を滅ぼし、唐の版図は最大となった。

７１２年に即位したのが、六代の玄宗。彼の治世の前半は、「開元の治」と称される唐の全盛期で、多くの遣唐使も渡った。

しかし、唐は絶世の美女、楊貴妃《ようきひ》のせいで滅亡に向かう。楊貴妃を后とした玄宗皇帝は、湯水の如くお金を使い、楊貴妃の一族を高官に登用した。それに対し、安禄山《あんろくざん》が叛乱を起

唐の最大領域

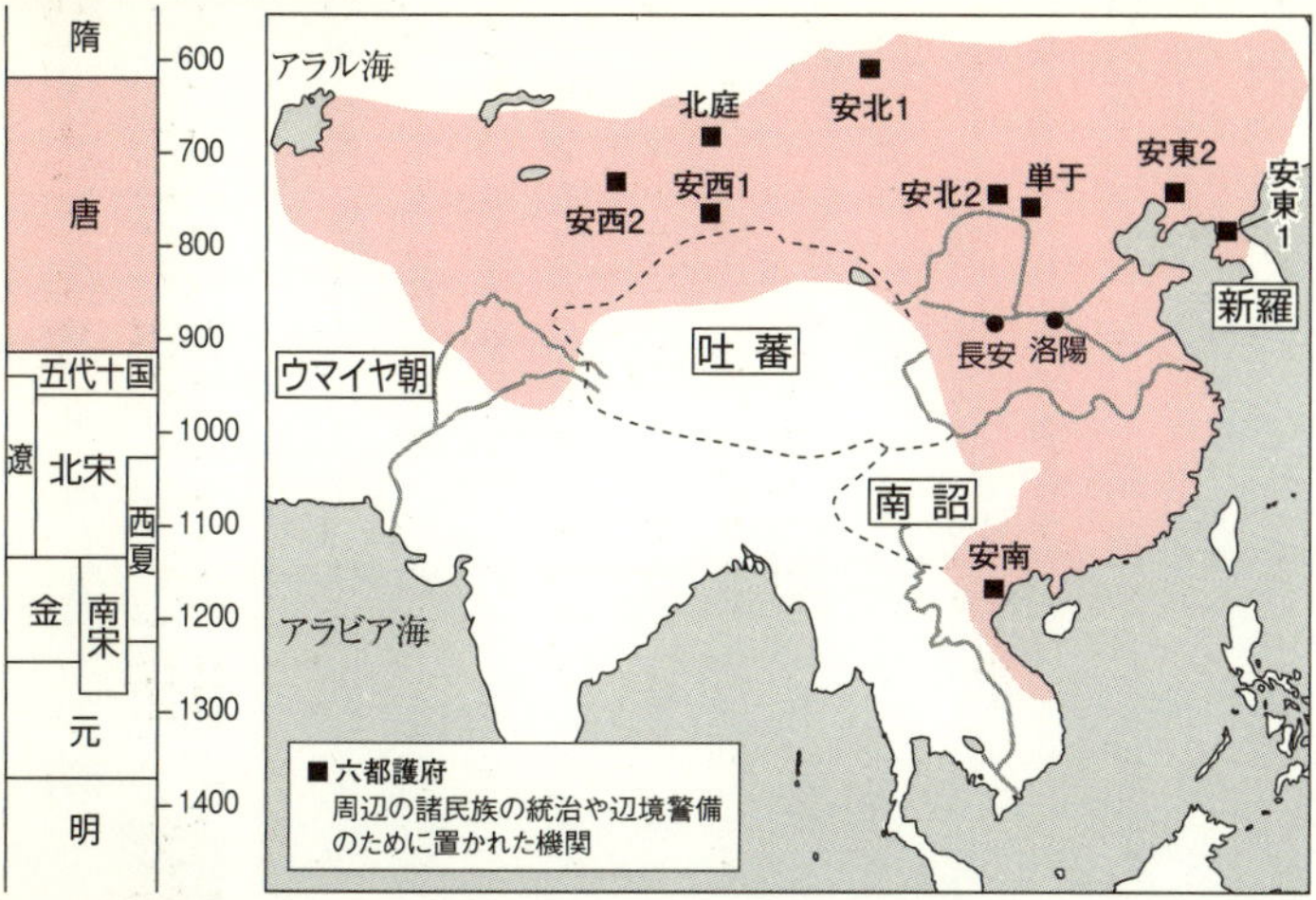

こす。安禄山の軍勢は一気に進撃し、玄宗皇帝のいる長安も陥落。楊貴妃は殺され、玄宗皇帝も退位した。

８７５年、塩の密貿易で儲けた商人の黄巣《こうそう》が、私費で軍隊を結成し、叛乱を起こす。長安は陥落し、皇帝は逃亡。黄巣は自ら皇帝であると名乗ったが、その天下は2年で終わる。黄巣の乱に参加していた朱全忠《しゅぜんちゅう》が、黄巣を見限り、唐帝国に寝返ったのである。

黄巣を討伐した朱全忠は、宦官と宰相《さいしょう》を殺し、さらに皇帝も殺害。そして、13歳の少年を即位させると、数年後に退位させ自ら皇帝となった。９０７年、国号は後梁《こうりょう》となり、唐帝国は２９０年の歴史を閉じた。

まとめ

中国を統一した隋は短命に終わるが、続く唐は律令国家体制を確立し繁栄した

聖徳太子の政治、大化の改新

全盛を誇った蘇我氏がやがて滅びるまで

日本には、中国からさまざまな文化が伝えられたが、特に影響を与えたのが、仏教の伝来だった。欽明《きんめい》天皇の時代、５３８年というのが公式な仏教伝来の年だが、それ以前から、渡来人のあいだで信仰されていたらしい。

仏教を積極的に導入しようとしたのが、渡来人と深いつながりのある蘇我《そが》氏で、仏教反対の立場をとったのが物部《もののべ》氏だった。この対立は、５８７年に蘇我氏が物部氏を武力で滅ぼしたことで、一応の決着をえた。

豪族のトップとなった蘇我氏は、天皇家の外戚として力をふるった。推古《すいこ》天皇の甥で摂政を務めた聖徳太子も、蘇我氏との関係が深い人物である。

聖徳太子の業績とされているのが、６０３年の冠位十二階の制定。世襲だった朝廷での役職や地位を、功績と能力に応じて個人に与えるものとした。もうひとつが、６０４年に制定された十七条憲法で、日本最古の成文法として知られている。中国との関係では、遣隋使を派遣し、「日出《ひいづ》るところの天子、書を日没するところの天子に致す」という文面の手紙を送り、隋の皇帝、煬帝を激怒させた。

聖徳太子が亡くなり、推古天皇も次の天皇を決めずに亡くなると、朝廷内で強い勢力を誇っていた蘇我氏一族が、舒明《じょめい》天皇を推して

蘇我氏の系図

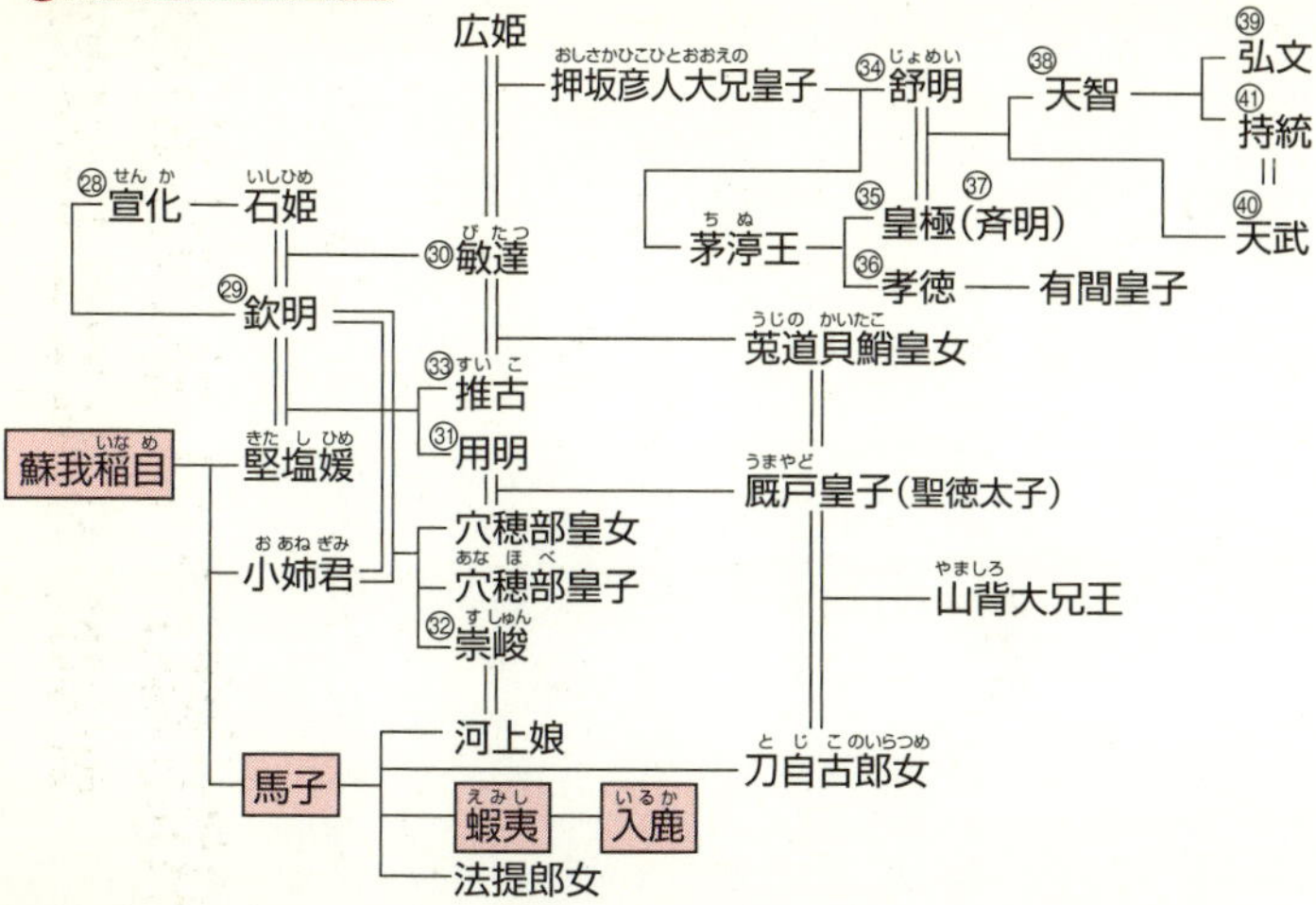

即位させた。舒明天皇が亡くなるとその妃が即位し、皇極《こうぎょく》天皇となった。

643年、蘇我氏は、聖徳太子の子である山背大兄王《やましろおおえのおう》を殺した。権力基盤の強化を狙ったのである。だが、皇族や豪族から反感を買い、反蘇我氏の気運が高まっていく。

645年、舒明天皇と皇極天皇の子である中大兄《なかのおおえの》皇子《みこ》は、蘇我氏の力がさらに強まるのを恐れ、中臣鎌足《なかとみのかまたり》と手を組み、蘇我氏一族の長である蘇我入鹿《いるか》を暗殺、入鹿の父の蝦夷《えみし》を自殺に追い込んだ。このクーデターを「大化の改新」という。これにより、蘇我氏一族の勢力は朝廷から一掃された。この年、日本で最初の元号が制定され、大化元年となった。

まとめ

天皇家の外戚として栄えた蘇我氏は大化の改新により朝廷から一掃される

白村江の戦い、壬申の乱

古代日本を揺るがした2つの大事件

大化の改新の直後、皇極天皇は、弟の孝徳《こうとく》天皇に譲位した。中大兄皇子は皇太子となり、実権を握るのである。

６４６年に出された「改新の詔《みことのり》」では、土地と人民は、豪族に帰属するのではなく、天皇に帰属するという、「公地公民の制」が導入され、「租庸調《そようちょう》」からなる税制も完備された。徴税のために、戸籍、耕地の調査、地方の行政区画の整備といった、中央集権化のための政策も打ち出された。これらは中国の体制を真似したものだった。

また「日本」という国名も、この頃から使われていたという説もある。

６５３年、孝徳天皇と中大兄皇子の関係は悪化し、皇子は天皇を無視して難波《なにわ》にあった都を飛鳥《あすか》に移した。天皇はその翌年に崩御した。一説によれば、中大兄皇子は、天皇に即位すると自由がきかないと考え、皇太子の地位にとどまるため、母である皇極天皇を再び天皇に即位させた。斉明《さいめい》天皇である。

一方、朝鮮半島では、６６０年に唐と新羅の連合軍の前に百済が滅亡した。百済と関係の深いヤマト朝廷は、百済再興のために出兵したが、６６３年の白村江《はくそんこう》の戦いで大敗した。その間に、斉明天皇が病死した。

６６７年、都を近江に移して大津宮《おおつのみや》を造営

壬申の乱の経緯

③672年7月、大海人皇子は軍勢を二手に分け、大和と近江に進軍。飛鳥古京の戦いと、瀬田の戦いで勝利し、近江朝廷軍は敗走する。

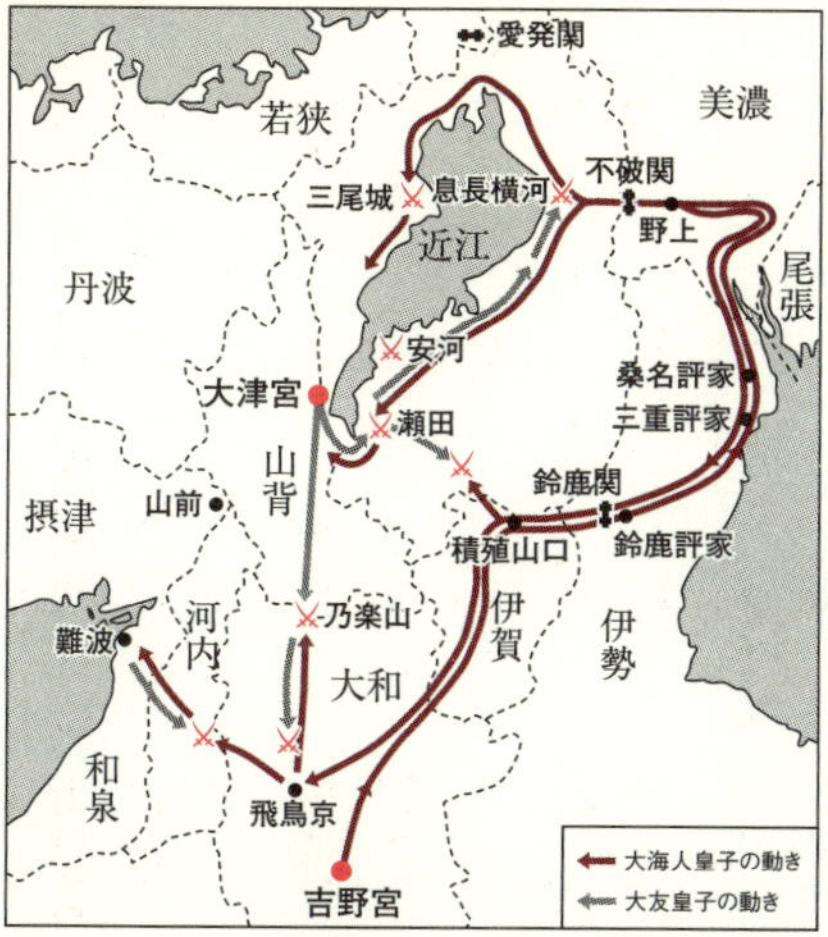

①671年12月、天智天皇が大津宮で没し、大友皇子が後継者となる。

②672年6月、皇位継承をめぐる対立から、出家して吉野宮に下っていた大海人皇子は、伊賀、伊勢を経て美濃国に入り、挙兵。不破関を封鎖する。

④瀬田の戦いの翌日、大友皇子が自決し、壬申の乱は終結する。

し、中大兄皇子は天皇に即位する。天智《てんじ》天皇である。弟の大海人皇子《おおあまのみこ》を皇太弟とした。

671年に、天智天皇が病死すると、皇位の継承をめぐり、天智帝の息子である大友《おおとも》皇子《みこ》と、弟である大海人皇子は対立を深めた。672年、大海人皇子が挙兵。壬申《じんしん》の乱である。1カ月あまりの戦闘の末、大海人皇子が勝利し、即位して天武天皇となる。

この天武天皇の時代から、日本は律令国家となる。天皇の力は強化され、豪族たちは官僚として、天皇に仕える身分となった。「古事記」「日本書紀」の編纂が始まるのも、天武天皇の時代である。中国を真似して、法律にあたる「律令《りつりょう》」の制定も開始された。

まとめ

大友皇子に勝ち即位した大海人皇子は天武天皇として律令政治を始めた

奈良時代の政治

藤原氏、道鏡…権力者たちの栄枯盛衰

６８６年の天武天皇の死後、皇后の持統《じとう》天皇、孫の文武《もんむ》天皇、その子どもの聖武《しょうむ》天皇など、天武天皇の系統が即位していく。

６９４年に藤原京への遷都、７０１年には「大宝律令《たいほうりつりょう》」が制定され、律令国家体制が確立された。全国は、五畿七道に区分され、このときの「道」は、東海道、山陽道などいまも残っている。これらの道は国・郡・里に細分化され、地方行政官が置かれた。

この間に勢力を伸ばしたのが、藤原氏だった。中臣鎌足の子である藤原不比等《ふひと》は、右大臣になり、政治の実権を握った。

７１０年に平城京に遷都。７１２年、天武天皇の時代から着手されていた「古事記」が完成。７２０年には「日本書紀」も完成した。

不比等は娘を天皇家に嫁がせ、外戚になることで権力を掌握し続ける。不比等の死後、四人の息子が後を継いだ。

７２４年に聖武天皇が即位すると、藤原氏は、不比等の娘の光明子《こうみょうし》を皇后に推した。慣習では、皇族出身ではない光明子は皇后になれないが、藤原氏は反対した皇族の長屋王《ながやおう》を自殺に追い込み、光明子が皇后となる。ところが、７３７年に流行した天然痘で、不比等の息子は四人とも死んでしまう。代わって実権を握った橘《たちばなの》諸兄《もろえ》は、唐から帰国した吉備《きび》

奈良時代の「権力者」

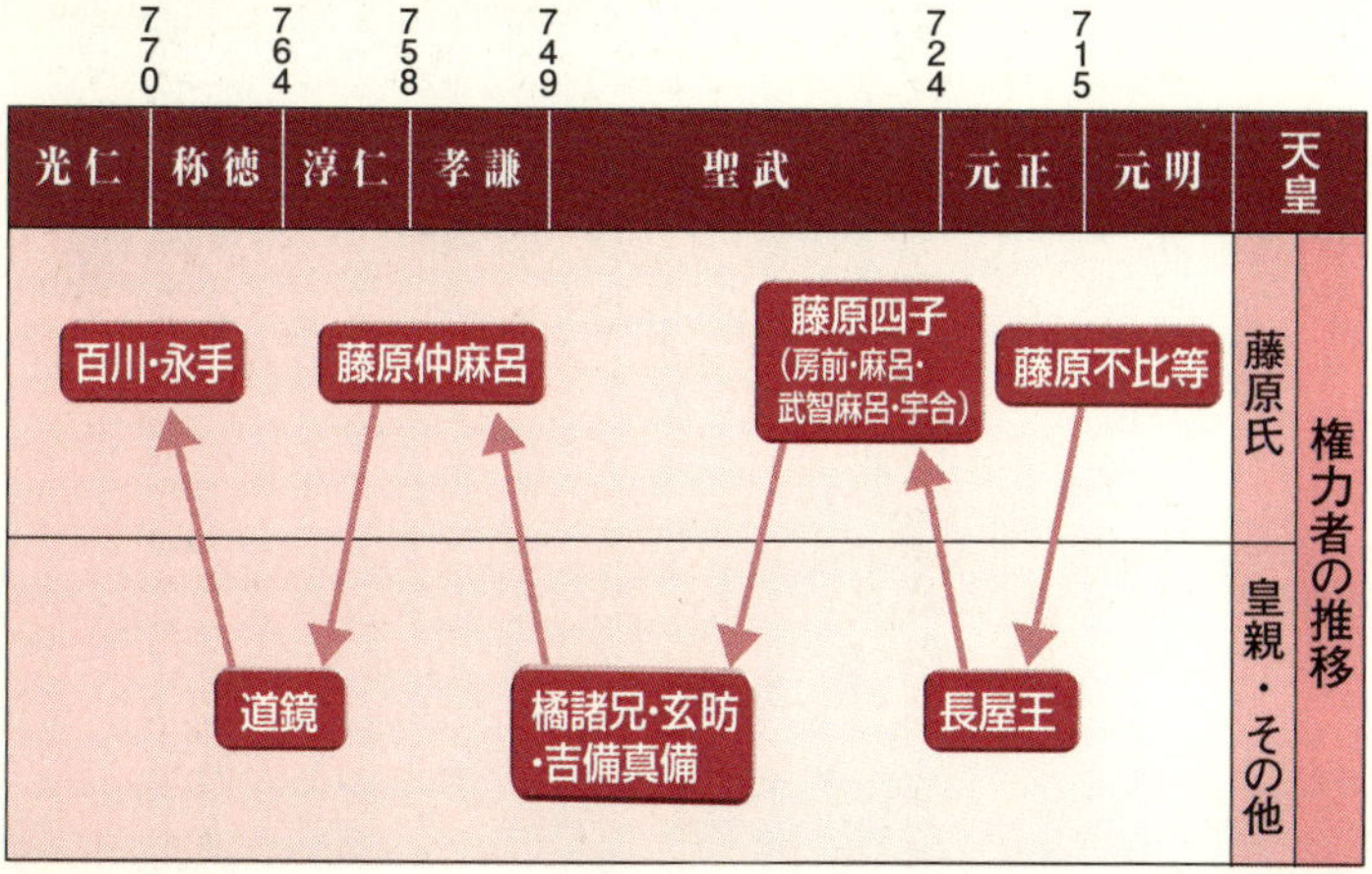

参考資料:『古代史の舞台裏』(青春出版社)

真備《まきび》ら学者をブレーンとし、政権を運営した。

740年、藤原広嗣《ひろつぐ》の乱や、天候不順による飢饉《ききん》などが起こる。聖武天皇は、世の乱れをおさめるため、国分寺の建立《こんりゅう》、大仏の造営を行った。大仏建立には莫大な資金が必要で、朝廷の財政は一気に悪化。橘諸兄の力は弱体化する。752年、大仏は完成した。

次に権力を握ったのは、藤原仲麻呂《なかまろ》である。聖武天皇のあとをついだ孝謙《こうけん》天皇は、重祚《ちょうそ》して称徳天皇となり、道鏡を寵愛した。だが、称徳天皇が亡くなると、道鏡は追放された。これまで天武系の天皇が続いていたが、770年、天智系の光仁《こうにん》天皇が即位。その子が、781年に即位する桓武《かんむ》天皇である。

まとめ

奈良時代、藤原氏、皇親を中心に権力争いが繰り広げられた

平安京遷都

長岡京を捨て、新たな都をつくった本当の理由

桓武天皇は、７８４年に長岡京へ都を遷した。これは、激化しはじめていた蝦夷との戦争に備えるためとも、政治に寺院勢力が介入することを危惧して仏教勢力の強い平城京を離れるためともいわれている。

　しかし、遷都の責任者であった藤原種継《たねつぐ》が暗殺される。天皇の弟である早良《さわら》親王の関与が疑われたが、親王は潔白を主張し食を断って絶命する。その直後に、天皇の母と后が相次いで亡くなったため、弟のたたりを恐れた桓武天皇は、再び遷都を決断する。

　こうして誕生したのが、７９４年に新都となった平安京である。平安京は、唐の長安を手本に東西４・５キロ、南北５・２キロの長方形に区画された京域を碁盤の目のように区切ったものだった。

　平安時代のはじめは天皇の政治力が強かったが、９世紀頃から、藤原一族が天皇家の外戚として力を持つようになる。菅原道真《すがわらのみちざね》などのライバルを排し、代々摂政や関白の地位を得て、実質的に政治の中心を担った。

　平安時代中期には、かな文字が発明され、日本独自の国風文化が生まれた。

まとめ

桓武天皇は平城京を離れ、長安をモデルに造営された平安京に遷都した

平安京のつくり

794年、桓武天皇は都を平安京に遷した。平安京は、隋・唐の都・長安をモデルに造られ、大内裏から伸びる朱雀大路によって分けられ、右京と左京が設けられた。大内裏は、政事や公事の行われる場所で、南北約 1.4キロ、東西約 1.2キロの広さであった。現在の京都御所は南北朝時代に定められたもので、平安京の内裏とは違う場所にある。平安京では、藤原氏をはじめとする貴族階級が、政治や文化の担い手となった。鎌倉幕府、江戸幕府の時代には、行政の中心は関東に置かれたが、明治維新を迎えるまで千年以上にわたり、都であり続けることとなる。

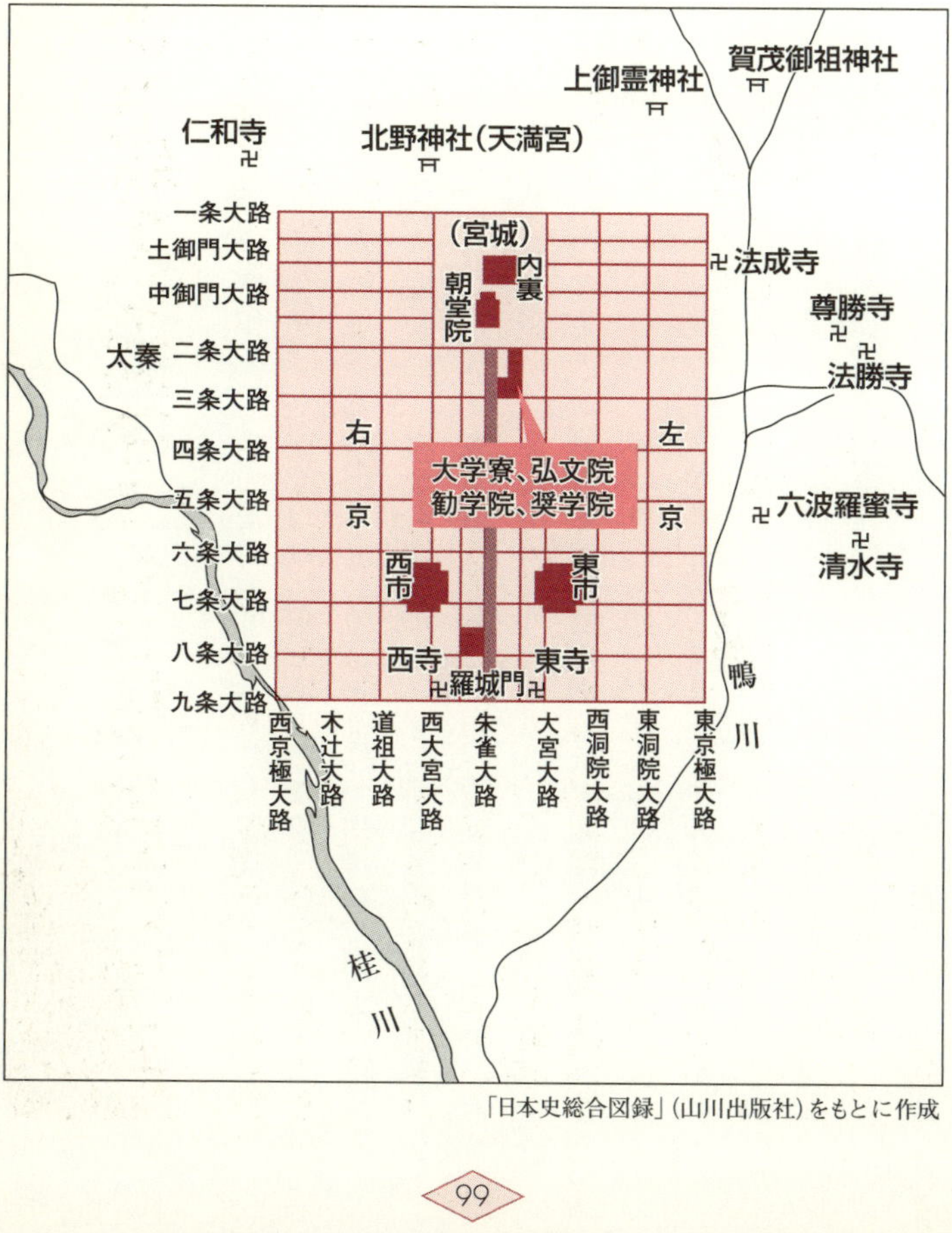

「日本史総合図録」(山川出版社)をもとに作成

五代十国、宋、金

再び分裂の時代へと突入した中国

唐を滅ぼした後梁はすぐに倒され、中国は動乱の時代に突入。「五代十国時代」である。半世紀ほどの間に、小さな国がいくつも興っては滅びた。960年、五代十国時代を終息させた宋《そう》が建国された。創始者の趙匡胤《ちょうきょういん》（太祖）は中国統一を目指し、979年、後を継いだ弟の代に、呉越と北漢を従え、中国の平定は終わる。だが、北の遼《りょう》は健在だった。

モンゴル系の契丹《きったん》族は、五代十国時代、後《こう》晋《しん》が後唐を滅ぼすときに協力した見返りとして、いまの北京一帯の16州を割譲された。さらに領土を広げ、946年には国号を遼とし、以後、中国皇帝の座をうかがっていた。

1004年、宋の三代皇帝・真宗の時代に、遼はついに中国本土に侵攻、皇帝は都を追われた。遼との講和条約が結ばれ、領土の割譲は免れたものの、宋は毎年、遼に対し大量の絹や銀を贈らなければならなくなった。

1044年には北西のチベット系タングート族の西夏《せいか》に攻められ、宋は、西夏とも、絹や銀を贈る条約を結ぶはめになった。

遼や西夏に備えるため軍事費は増大。財政は悪化し、民衆の不満が鬱積し、爆発した。

1115年、遼から女真《じょしん》族が分離・独立し金《きん》を建国した。宋帝国は「敵（遼）の敵（金）は味方」という戦略をとり、金と同盟を結ん

12世紀のアジア

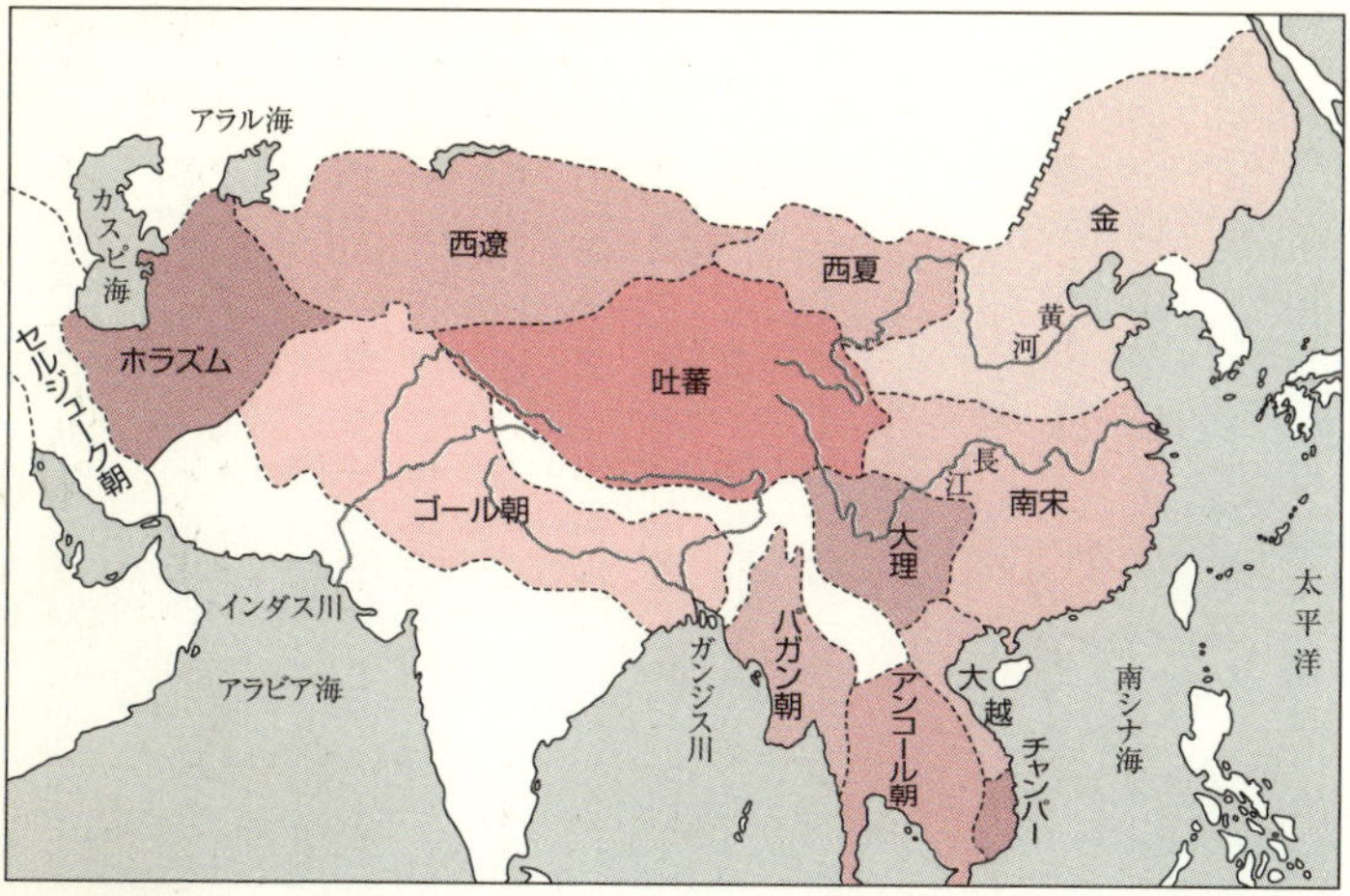

だ。遼を挟み撃ちにしようというのである。ところが、江南で大規模な叛乱が起きたので宋軍は南下し、叛乱の鎮圧に向かった。

一方、金は宋の力を借りることなく遼を倒し、その勢いで華北に侵入した。皇帝は連れさられ、１１２６年、宋はいったん滅びた。翌年、生きのびた皇族の一人が帝位につくと宣言した。高宗である。以後の宋を南宋といい、それ以前を北宋と呼ぶようになる。

１１４２年、南宋と金の間で和議が結ばれ、中国は北の金、南の宋と分裂の時代を迎えた。南宋は交易の場を海に求め、東南アジア一帯に交易拠点が展開し、インド、ペルシア湾、紅海にまで、宋の船は航行したのである。

まとめ

宋によって平定されたものの、北は女真族の金、南は漢民族の南宋に分裂する

その戦いは平安時代の日本をどう変えたか

承平・天慶の乱、前九年の役、後三年の役

平安京に遷都した桓武天皇と、その六代ののちの清和《せいわ》天皇には、子どもが多く、すべてを宮家とするわけにいかなくなり、平氏、源氏の姓を与え臣下とした。これが、桓武平氏、清和源氏となる。つまり、武士である平氏と源氏は、天皇家の子孫なのである。

その一人に、平将門《たいらのまさかど》がいた。領地をめぐる桓武平氏内部の抗争に勝利した将門は、非道なことをする地方行政官の国司を倒すため、地方豪族と連帯して叛乱を起こした。

９３９年、将門は、常陸国の国府を襲撃、続いて関東一円の国府を次々と襲い、「親皇《しんのう》」を名乗った。ほんの一瞬だが、関東は、将門が支配する独立国となったのである。

同じ年、西日本で、瀬戸内海の海賊の首領となっていた藤原純友《すみとも》も叛乱を起こした。だが、９４０年には将門が平貞盛らに討たれ、９４１年には純友も源経基に討たれ、二つの乱（承平・天慶の乱）は平定された。

この二つの乱は、叛乱を起こすのも鎮圧するのも武士であることから、朝廷がいかに弱体化しているかを示すものでもあった。

中央からさらに遠く離れた東北の地では、太平洋側の陸奥《むつ》は安倍《あべ》氏、日本海側の出羽《でわ》は清原《きよはら》氏が支配するようになっていた。

その安倍氏が、１０５１年に叛乱を起こし

武士団の事件

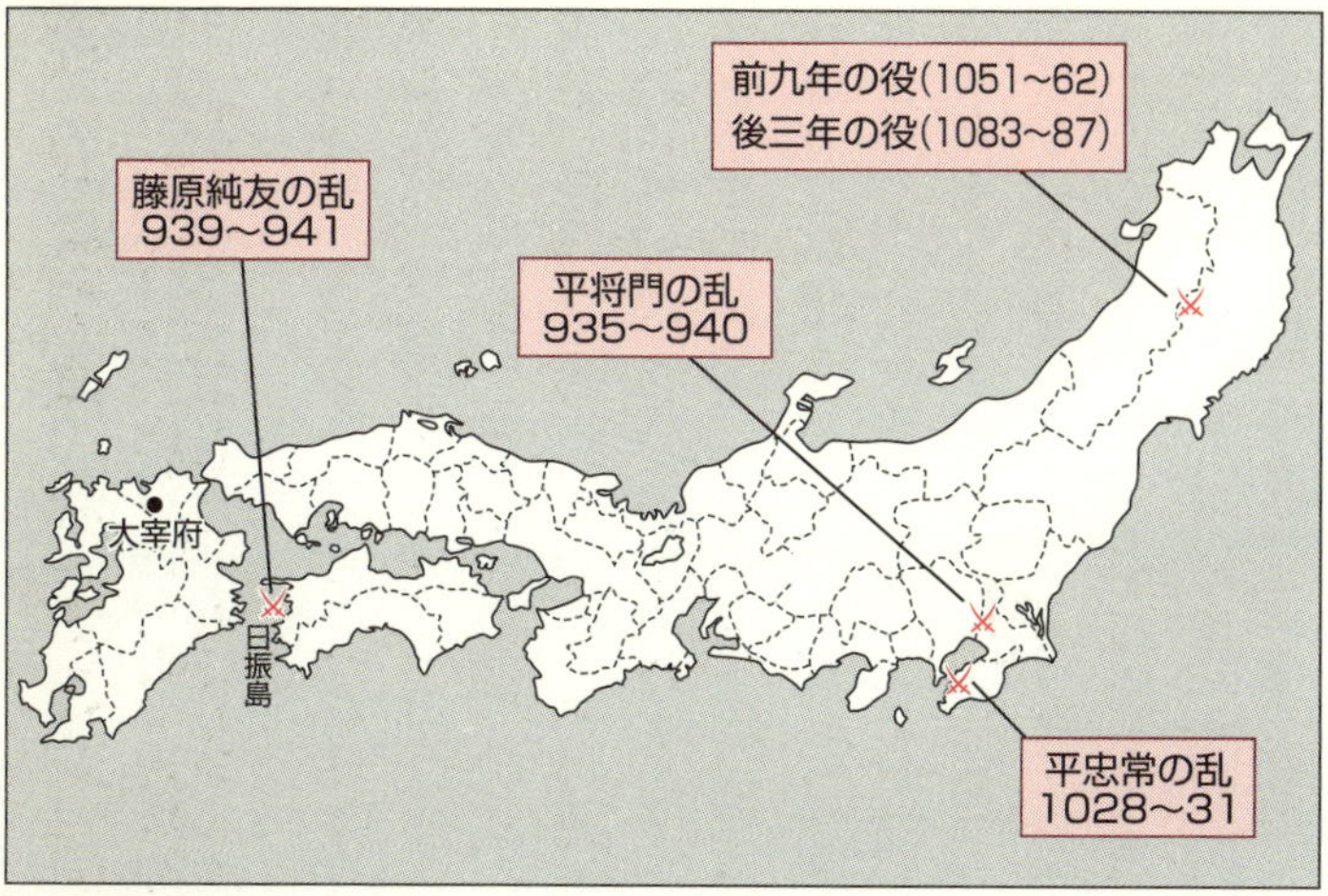

たため、源頼義とその子の源義家が鎮圧のため出兵した。頼義と義家は、清原氏の助けを借りて安倍氏を倒した。これを「前九年の役」という。その後に起きる「後三年の役」に対して「前」という意味である。前九年の役で安倍氏が倒れ、結果的に、清原氏が東北全域を手にした。その清原氏も、約20年後の後三年の役で滅亡してしまう。

清原氏に内紛が起きると、藤原清衡《きよひら》は、陸奥守となっていた源義家の力を借りて、清原氏を倒した。

その後、清衡は奥州一帯を治めることとなり、以後、奥州藤原氏として、百年にわたり栄華を極めるのである。

まとめ

平将門や藤原純友の乱を武士が鎮圧したことにより、朝廷の弱体化が露呈する

保元の乱、平治の乱

平氏全盛時代を決定づけた2つの乱

１０６８年、藤原氏を外戚としない後三条天皇が即位し、親政を始める。これは、実に１７０年ぶりのことだった。

後を継いだ白河《しらかわ》天皇は、１０８６年にわずか8歳の堀河《ほりかわ》天皇に譲位し、自らは上皇となり院政を始めた。「院」とは、上皇の住居のことである。白河上皇は１０９６年には出家し、法皇となった。院政は、鳥羽《とば》上皇、後白河上皇も継承し、約１００年続くことになる。

白河上皇の院を警護するため設置されたのが、「北面の武士」である。この時代、寺院は広大な荘園《しょうえん》を手にし、僧兵を従え、勢力を強めていた。寺院に対抗するため、朝廷も武装を必要とした。こうして源氏と平氏といった武士たちは、朝廷との関係を強めていく。

１１２９年に院政を開始した鳥羽上皇は、長男の崇徳《すとく》天皇が、祖父の白河法皇の子ではないかと疑い嫌っていた。そこで、崇徳天皇を退位させ、弟の後白河天皇を即位させた。

１１５６年に鳥羽上皇が亡くなると、崇徳上皇は、後白河天皇を退位させようと画策する。天皇家の兄弟の対立が起き、藤原家、平氏、源氏も、それぞれ一族内で対立していたため、敵味方に分かれ戦うことになった。

鳥羽上皇が亡くなった9日後、源義朝《よしとも》と平清盛《きよもり》は崇徳上皇の陣営を攻撃し、その日のう

保元の乱の関係図

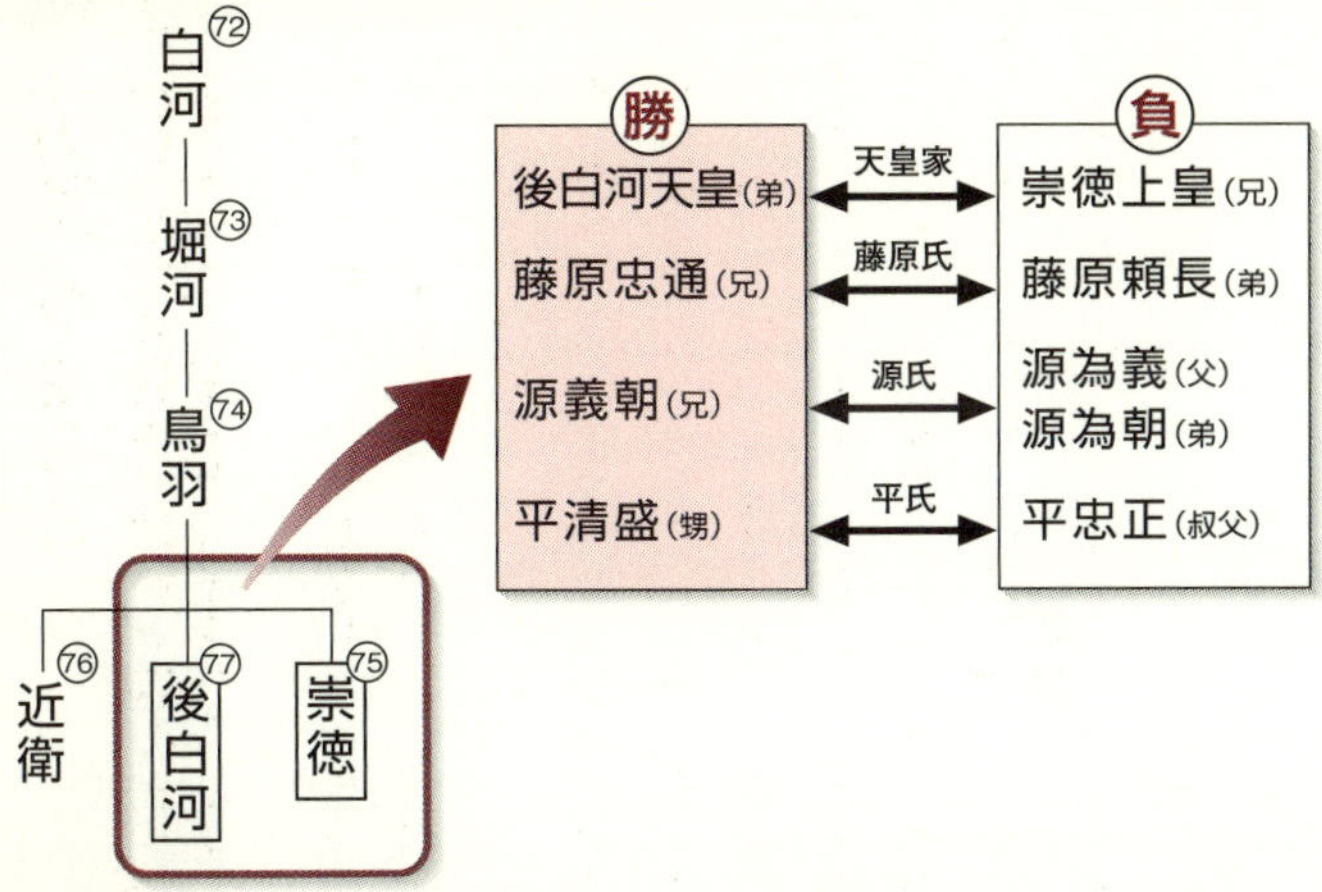

ちに勝利。崇徳上皇は讃岐へ流刑となり、藤原頼長《よりなが》は戦死、源為義《ためよし》と平忠正《ただまさ》は処刑された。

後白河天皇は二条天皇に譲位し、院政を開始。後白河上皇が、平清盛ばかり重用することに不満を抱いた藤原信頼《のぶより》と源義朝は、1159年にクーデターを起こす。保元の乱では共闘した源義朝と平清盛だったが、3年後には敵となったわけだ。上皇は幽閉され、天皇も叛乱軍におさえられたが、清盛が二人を救出。後白河上皇は追討令を清盛に出した。義朝は殺され、三男頼朝は伊豆へ流罪となった。

保元の乱と平治の乱により、後白河上皇と平清盛の関係は強化され、二人が国政の実権を握るようになった。

まとめ

武士同士が争った保元・平治の乱ののち、後白河上皇と平清盛が権力を握る

源平の争乱

源氏と平氏の運命をかけた「決戦」の結末

平清盛は、政治の実権を握ると、外戚としてさらなる権力を目指した。武士として初の太政《だじょう》大臣にまで出世したのである。中国（南宋）との貿易を本格的に始め、平家は莫大な富を得た。平家は、政治的にも経済的にも繁栄したが、それを快く思わない人々が増えてくる。最初は蜜月状態であった後白河法皇も、平家が自分よりも強くなると、不快感を示すようになった。

1177年、後白河法皇はついにクーデターを起こしたが、平家によって鎮圧され、法皇は幽閉された。だが、後白河法皇も諦めなかった。1180年、法皇は息子の以仁王《もちひとおう》に命じ、源氏に平家打倒を呼びかけた。各地にいた源氏が、次々とそれに応じて挙兵した。源氏との戦いが始まったが、1181年に清盛は病死する。リーダーを失った平家は、その後の戦いで次々と敗北してしまう。

1183年、木曽の源義仲《よしなか》は北陸から京を目指し、ついに、平家を京から追い払うことができた。後白河法皇は、最初は義仲を歓迎したが、乱暴者の義仲を疎んじるようになり、源頼朝に義仲を倒せと命じた。

1184年1月、頼朝の命を受けた源義経《よしつね》は義仲を倒し、西へ逃げていた平家を追い詰め、一の谷の戦い、屋島の戦いで勝利。11

源平の争乱における勢力図

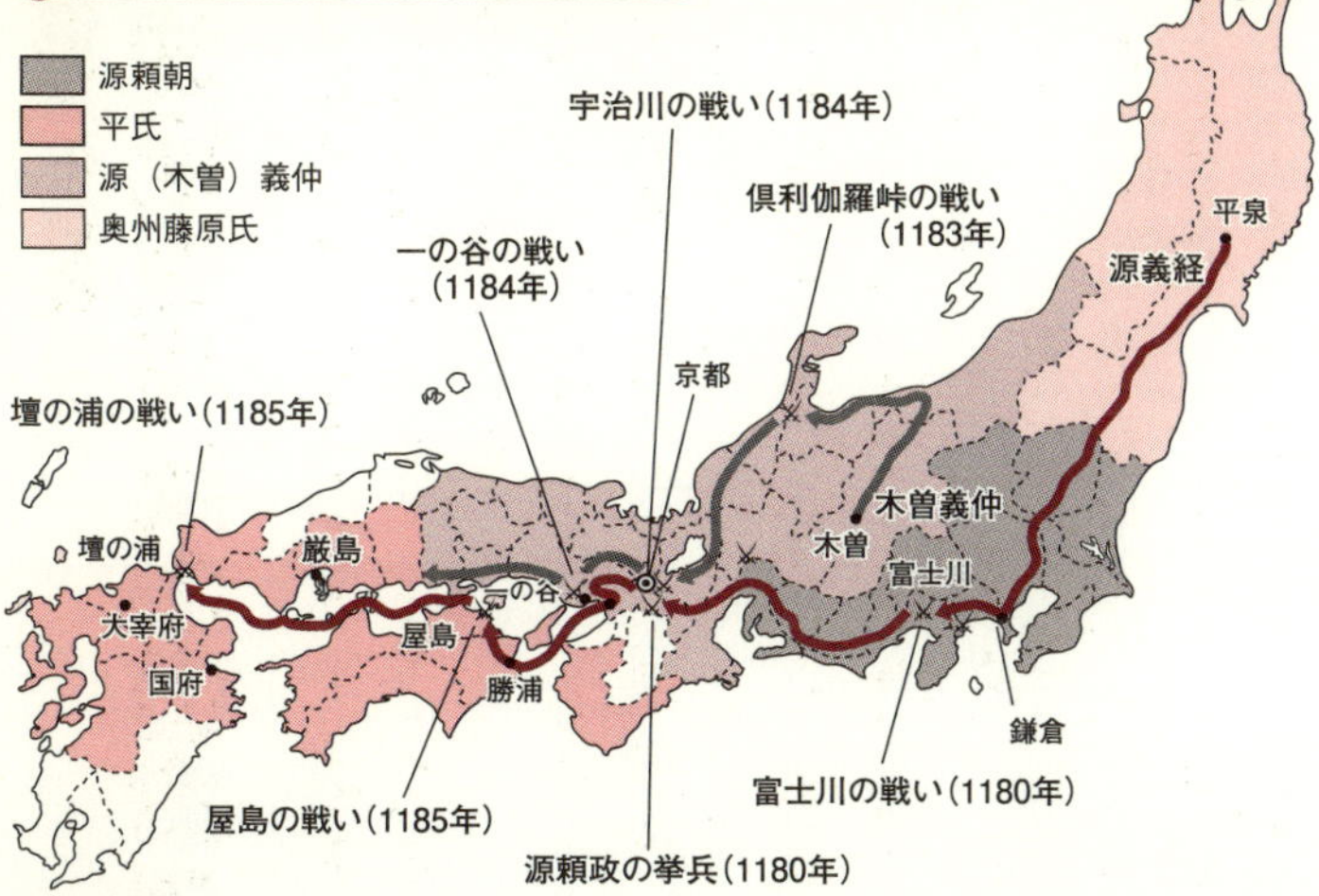

85年3月、壇《だん》の浦で平家を滅亡させた。

平家を倒すと、源頼朝は後白河法皇に東海道と東山道の支配権を認めさせた。この時点で、実質的に日本には東西二つの政権があったことになる。

後白河法皇は、朝廷の権力が失われることを恐れ、1185年、京にいた義経に頼朝追討を命令。だが、頼朝が法皇に抗議すると、今度は頼朝に義経追討を命じた。1187年、義経は逃亡の末、少年期を過ごした奥州の藤原氏のもとに辿り着く。藤原秀衡《ひでひら》は快く義経を迎えたが、間もなく急死。後を継いだ泰衡《やすひら》は頼朝に屈服し、義経を裏切る。1189年、義経は自害し、奥州藤原氏も滅亡した。

まとめ

栄華を極めた平家は、清盛の死後、討伐に立ち上がった源氏に敗れ滅亡する

鎌倉幕府の成立

武家政権誕生の裏側と執権・北条氏の台頭

源平争乱の原因を生み出したともいえる後白河法皇は、１１９２年に亡くなった。生前、法皇は、頼朝からの征夷大将軍《せいいたいしょうぐん》にしろという要求をかたくなに拒んできた。

一方の頼朝は、平家が貴族となり、朝廷での官位を求めたことが失敗の原因だと考え、京に行き貴族になることは拒んでいた。後白河法皇が亡くなると、朝廷には頼朝の要求を拒めるような、強い存在はいなくなった。

１１９２年、源頼朝は征夷大将軍に任じられ、鎌倉に幕府を開いた。以前は、この年をもって、鎌倉幕府の成立とされていたが、頼朝はすでに、前述した東海道と東山道の支配権に加え、１１８５年には、全国の守護・地頭の任免権を承認されていた。実質的にこの年に頼朝政権が確立されたとするなど、鎌倉幕府の成立年については、諸説がある。

１１９９年、源頼朝が急死すると、１２０２年にその子の頼家《よりいえ》が後を継いで将軍となった。だが、頼家が若かったため、母親の政子の実家、北条家が実権を握った。

政子の父、北条時政《ときまさ》は執権《しっけん》に就任すると、１２０３年、頼家を幽閉し暗殺。その弟の実朝が三代将軍となったが、実朝《さねとも》も１２１９年には暗殺されて、源氏の正統は断絶する。

朝廷では後鳥羽《ごとば》上皇が院政を開始し、幕府

源氏と北条氏の関係

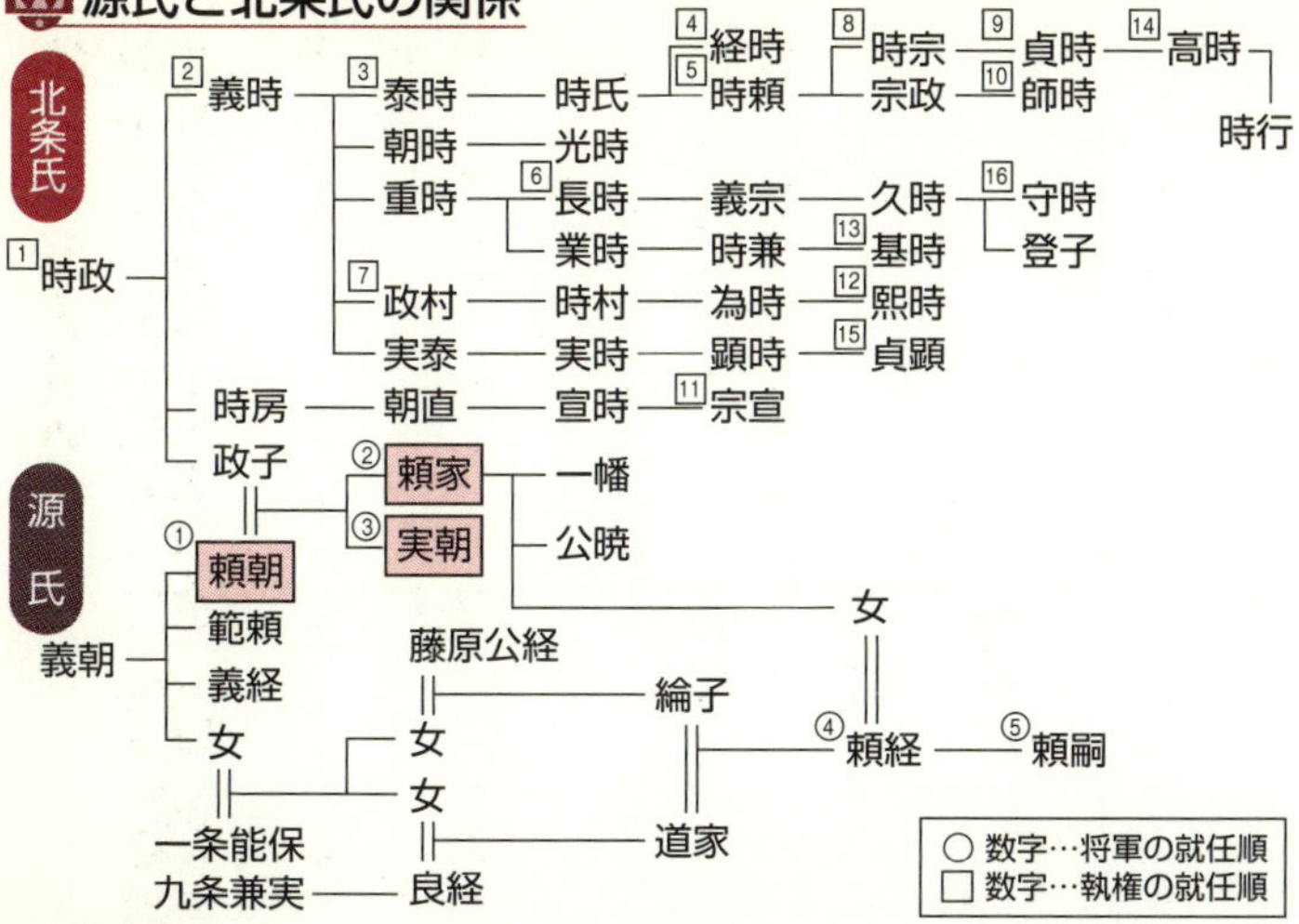

と緊張関係が生じていた。1221年、上皇は北条征伐を決断した。これが、承久《じょうきゅう》の乱である。だが、結束を固めた幕府軍は強く、京は制圧され、倒幕計画の中心であった後鳥羽上皇は隠岐《おき》島へ、順徳上皇は佐渡ヶ島へ流罪となり、多数の公卿や武士も処刑された。

こうして、鎌倉幕府の力は、ゆるぎないものとなったのである。京都には六波羅探題《ろくはらたんだい》が置かれ、朝廷は幕府の監視下に置かれることになった。

鎌倉幕府の将軍は、皇室や貴族から擁立されるようになり、名目だけのものとなった。政治の実権を握ったのは、北条氏で、執権の座を世襲していった。

まとめ

源頼朝は鎌倉幕府を開くが源氏は三代で途絶え、執権の北条氏が実権を握る

モンゴル帝国の出現

怒濤の勢いで版図を拡げた世界帝国

遊牧民族であるモンゴル族では、小さな部族同士がお互いに領土を奪い合っていた。

１１６２年頃、チンギス・ハンは小さな部族の長の息子として生まれた（生年については諸説ある）。本名はテムジンという。少年の頃に父が殺されるという悲劇に見舞われたが、やがて、部族の長の座に復権、他の部族を滅ぼしていった。

チンギス・ハンは、軍団の長としてきわめて有能だった。組織的な戦い方が、彼が勝利した理由でもあった。それまでの遊牧民族は、組織を意識しないで戦っていたのである。

１２０６年、チンギス・ハンは、モンゴルを統一し、皇帝になった。「チンギス」は「絶大なる力」、「ハン」は「皇帝」を意味する。モンゴル帝国は、怒濤のごとく周辺を侵略し、征服。１２０５年から数次にわたり西夏に侵攻、西夏は金に助けを求めたが金は動かなかった。それどころか、１２１５年には、金の首都・燕京（いまの北京）のほうが先に陥落してしまう。１２２７年、西夏は滅亡。チンギス・ハンも波乱の生涯を終えた。

１２３４年、モンゴルは金を完全に滅亡させ、いよいよ南宋に矛先を向けるのである。

チンギス・ハンの孫のフビライは、皇位継承順位は低かったが、一族内の戦いに勝利し、

モンゴル帝国

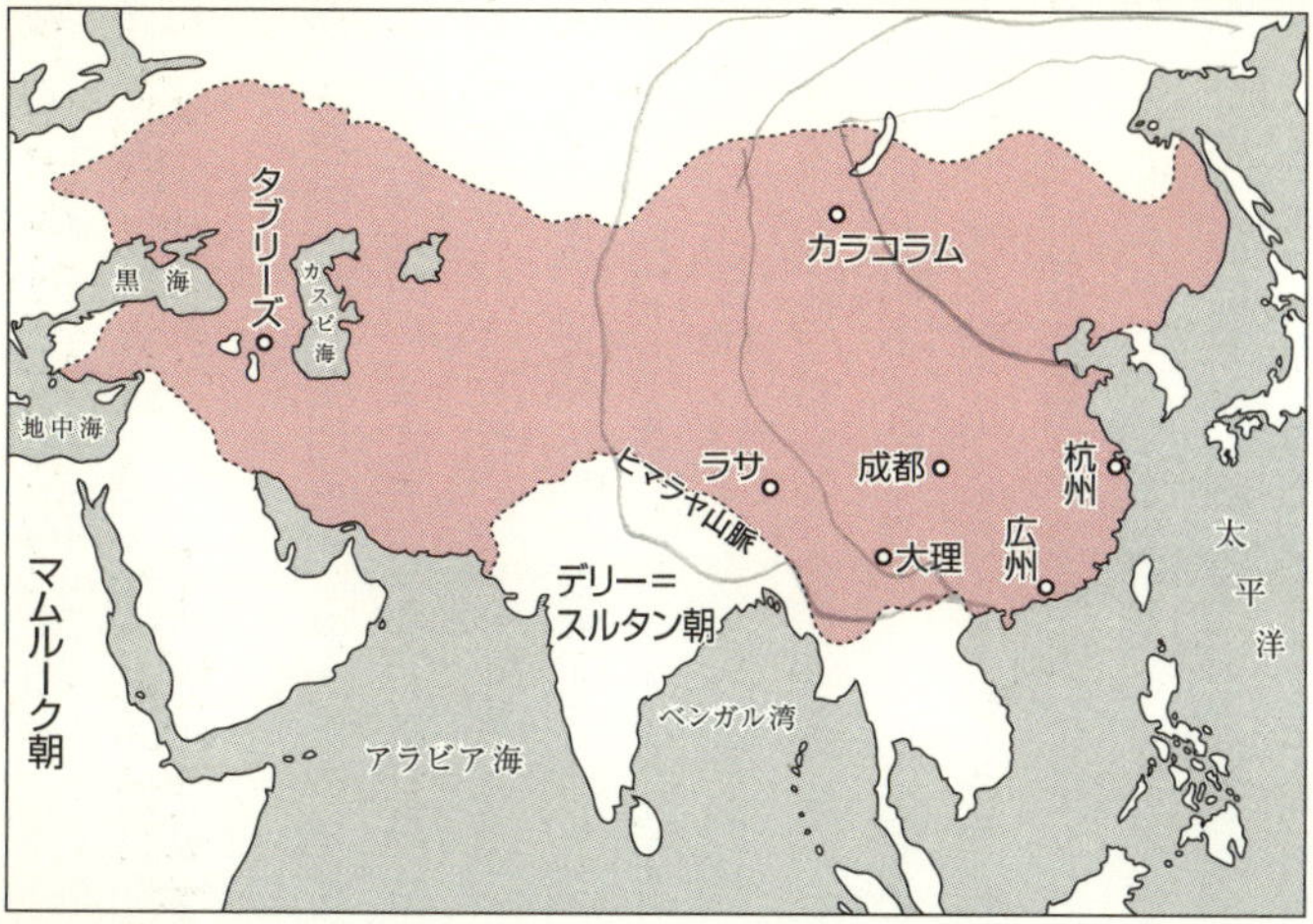

１２６０年にハン（皇帝）の地位を得た。

１２７１年、フビライは勝手に、「中国の皇帝」であると宣言し、国号を元《げん》とした。

１２７６年、モンゴル軍は南宋の首都・杭州に侵攻。南宋王朝は、宮廷を船の上に移し、海上で戦ったが、１２７９年の広州湾の戦いを最後に、南宋は滅亡した。

元はモンゴル族の政権だったが、漢民族の文化を取り入れる政策をとった。侵略者のほうが、侵略された側の文化や習慣に従ったのである。宋までの歴史を持つ漢民族の帝国の組織を利用しなければ、広大な中国を統治できないと判断したからだった。それには漢民族の協力が不可欠であった。

まとめ

モンゴル帝国のチンギス・ハンは版図を拡げ、フビライは中国に元を建国

文永の役、弘安の役（元寇）

日本を襲った未曾有の危機とその衝撃

源平の争乱、鎌倉幕府成立、その後の北条氏による執権政治の確立といった、動乱の時代が終わり50年ほどたった頃、日本を未曾有《みぞう》の危機が襲った。中国大陸を支配した元帝国が、日本にも侵攻してきたのである。

　といっても、元は、いきなり攻めてきたわけではない。高麗《こうらい》を通じて、元の支配下に入るよう日本に何度も求めてきた。だが、鎌倉幕府の執権、北条時宗《ときむね》がこれを無視したため、とうとう武力行使に出たのである。

　１２７４年、９００隻ほどの船に、約4万人を乗せた元の大軍が、博多湾に上陸した。戦いが始まると、一騎打ちで戦う日本の武士たちは、集団戦法を取る元軍に苦戦した。だが、暴風雨が起きて元の船が撤退し、日本は助かったとされている。これを文永《ぶんえい》の役という。このとき、嵐はなかったという説もあり、元軍はもともと偵察のために訪れただけで、翌日引き揚げたとも考えられている。

　元が再び来襲したのは、１２８１年だった。その間に、二度、元の使者が来たが、幕府は殺してしまっていた。元は、４４００隻の船に約14万人という、前回の三倍以上の大軍で攻めてきた。弘安《こうあん》の役である。

　だが、日本側は、文永の役の後、防衛体制を強化していた。博多湾岸に「防塁」を築い

文永の役と弘安の役

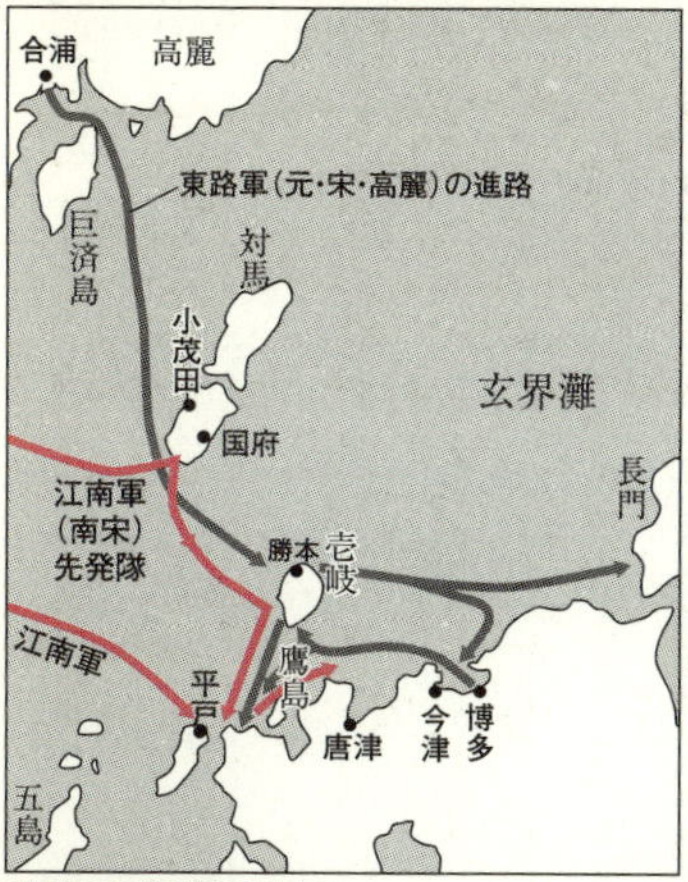

弘安の役（1281年）

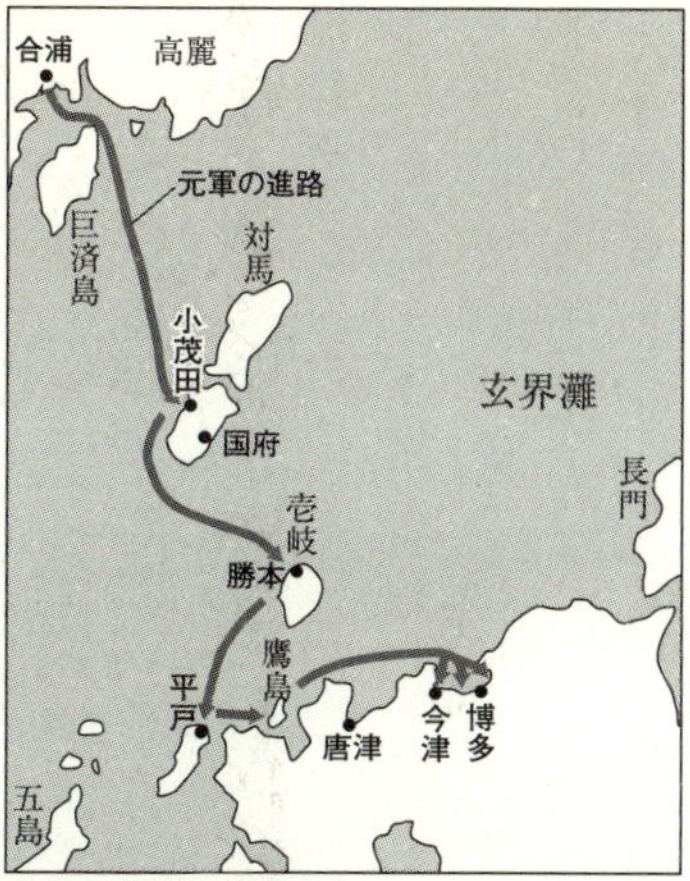

文永の役（1274年）

ていたため、上陸を阻めたのである。元軍に比べ、日本側の兵は少なかったが、夜になると元の船に小船で近づき、矢を放ったり、火をつけたりするゲリラ戦法を交えて戦った。

やがて、暴風雨が襲い、元軍は壊滅的な被害を受けた。日本はこれを「神風」と呼んだ。

もともと元は草原の遊牧民で、海戦に慣れていなかった。さらに、14万人の軍勢の多くは、高麗や南宋といった元が征服した地域の人々で、元への忠誠心は薄かった。そんなこともあり、元軍は意外に弱かったのである。

防衛には成功したが、元寇《げんこう》では新たに得た領地はなかったため、御家人たちに十分な恩賞が与えられず、幕府への不満が高まった。

まとめ

元の襲来を二度受けた日本だが、暴風や元軍の士気の低さもあり防衛に成功

明の興亡

元を追いつめ、中国統一を果たす

元帝国は、フビライの死後、漢民族の文化を尊重するフビライ路線の継承派と、モンゴルの伝統を守るべきと主張するモンゴル原理主義派との対立が激化した。それは皇帝の座をめぐる後継者争いの形で表れる。以後の74年間に10人の皇帝が即位する政権短命時代を迎え、当然、帝国は弱体化していった。

いくら漢民族を尊重していたとはいっても、異民族に征服されていることへの漢人の不満は鬱積していた。元末期、各地の豪族たちが同時多発的に蜂起する。彼らは紅の頭巾をかぶっていたので、「紅巾《こうきん》の乱」と呼ばれた。

紅巾軍に参加していた朱元璋《しゅげんしょう》は、貧しい農民の出だったが、カリスマ性や軍事的才能があった。頭角を現し、指導者の一人となると、１３５６年には南京を攻略。朱元璋は、軍事的手腕に加え、行政能力もあったので、民衆の支持を集め、江南の地を平定していった。

１３６８年、中国中南部の平定を終え、自ら皇帝を名乗り、国号を明《みん》とした。同時に年号を洪武《こうぶ》とし、一世一元と定めた。これは一人の皇帝の代は、ずっと同じ元号にするというもので、皇帝の名と元号は同じになった。

洪武帝最大の課題は、元を倒し、漢民族による帝国を完成させることだった。

１３６８年に北京を陥落させ、１３７０年

明時代のアジアの国々

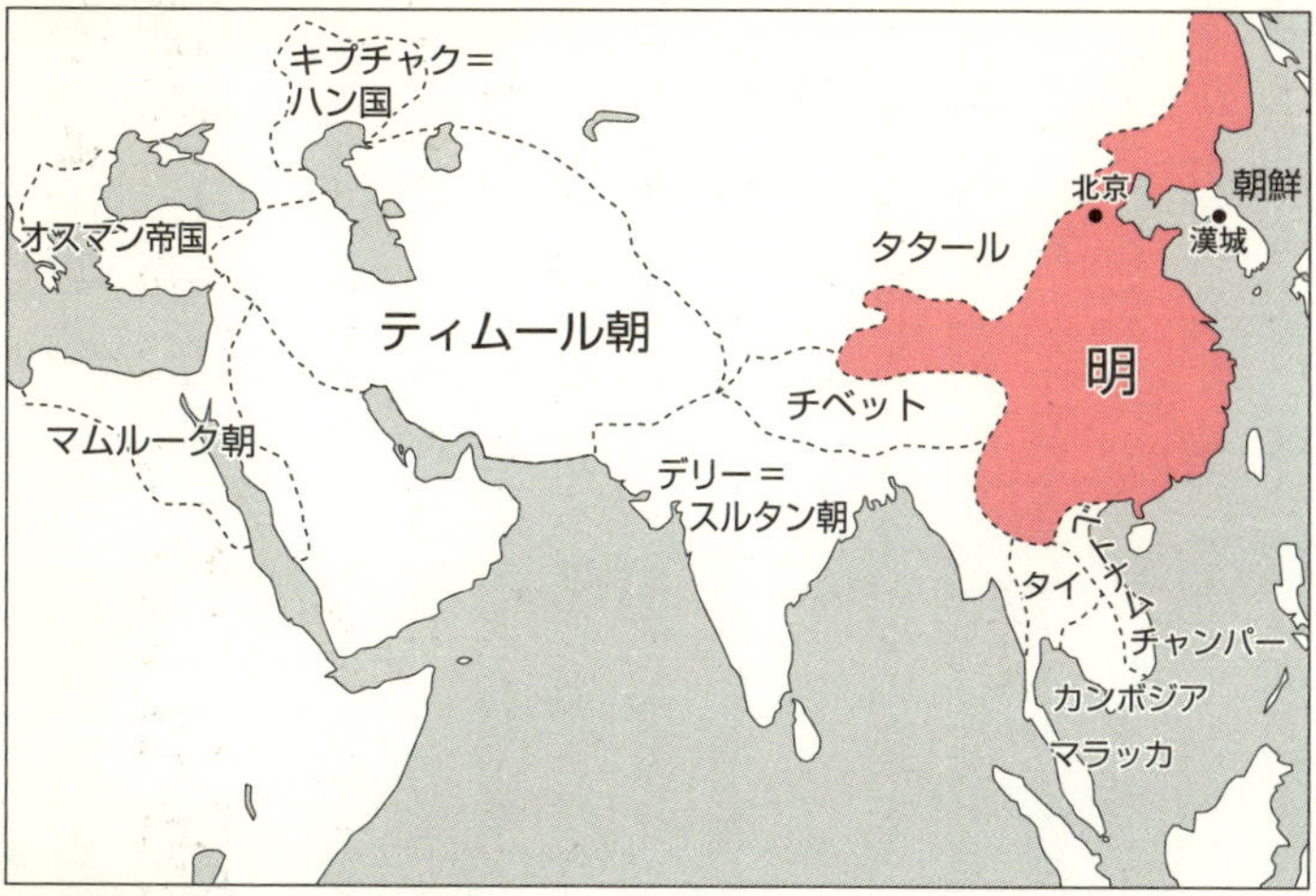

にはモンゴルをかなり北方にまで追い詰めた。そして、１３８８年、ついに元の残存勢力を一掃し、中国統一を果たした。

洪武帝の死後、後継者争いから内乱となったが、１４０２年に即位した永楽帝《えいらくてい》の時代には、明帝国は中国史上最も輝いていた時代とまでいわれる黄金時代を迎えた。

経済は発展し、文化も栄えた。豊富な財源をもとに軍備拡張が可能となり、五度にわたってモンゴルに侵攻。強大な軍事力を背景に、外交を優位に進め、朝鮮半島やベトナムを併合、明帝国の領土は拡大した。大型艦船がインド洋を越え、ペルシア湾からアフリカにまで達し、中国も大航海時代を迎えた。

まとめ

元を倒した明は、永楽帝の時代に経済発展し文化も栄え、黄金時代を迎える

鎌倉幕府の滅亡、南北朝時代、室町幕府の成立

鎌倉から室町へ——武家政権の新しい展開

１２７２年に後嵯峨《ごさが》上皇が亡くなると、皇位の継承をめぐって朝廷内で争いが生じた。それ以後、朝廷は持明院《じみょういん》統と大覚寺《だいかくじ》統が対立。１３１７年に幕府の仲裁により、以後、二つの系統が交互に即位することでまとまった。

一方、近畿地方には、武士の中に新興勢力が生まれ、「悪党」と呼ばれていた。

１３１８年に即位した後醍醐《ごだいご》天皇は、自ら政治を執り行う天皇親政を目指し、倒幕計画を立てた。しかし、１３２４年の正中《しょうちゅう》の変、１３３１年の元弘《げんこう》の変はともに失敗。

後醍醐天皇は隠岐へ流罪となった。だが、後醍醐天皇は諦めず、皇子の護良《もりよし》親王が倒幕を呼びかけていた。悪党たちも倒幕を目指し、楠木正成《くすのきまさしげ》が挙兵。情勢を見極め後醍醐天皇は隠岐から脱出し、倒幕勢力は活気づいた。

鎌倉幕府は、足利尊氏《あしかがたかうじ》を叛乱鎮圧のために派遣したが、尊氏は天皇側に寝返る。さらに、新田義貞《にったよしさだ》が鎌倉を攻め、１３３３年、鎌倉幕府はその歴史を閉じた。

１３３３年、後醍醐天皇は「建武《けんむ》の新政」と呼ばれる、政治・行政改革を断行。だが、武士たちはこれに不満を抱き、とくに、征夷大将軍に就けなかった足利尊氏は不満が強く、大覚寺統である後醍醐天皇に対し、持明院統の光明《こうみょう》天皇を即位させた。これを北朝という。

南北朝時代の天皇家の系図

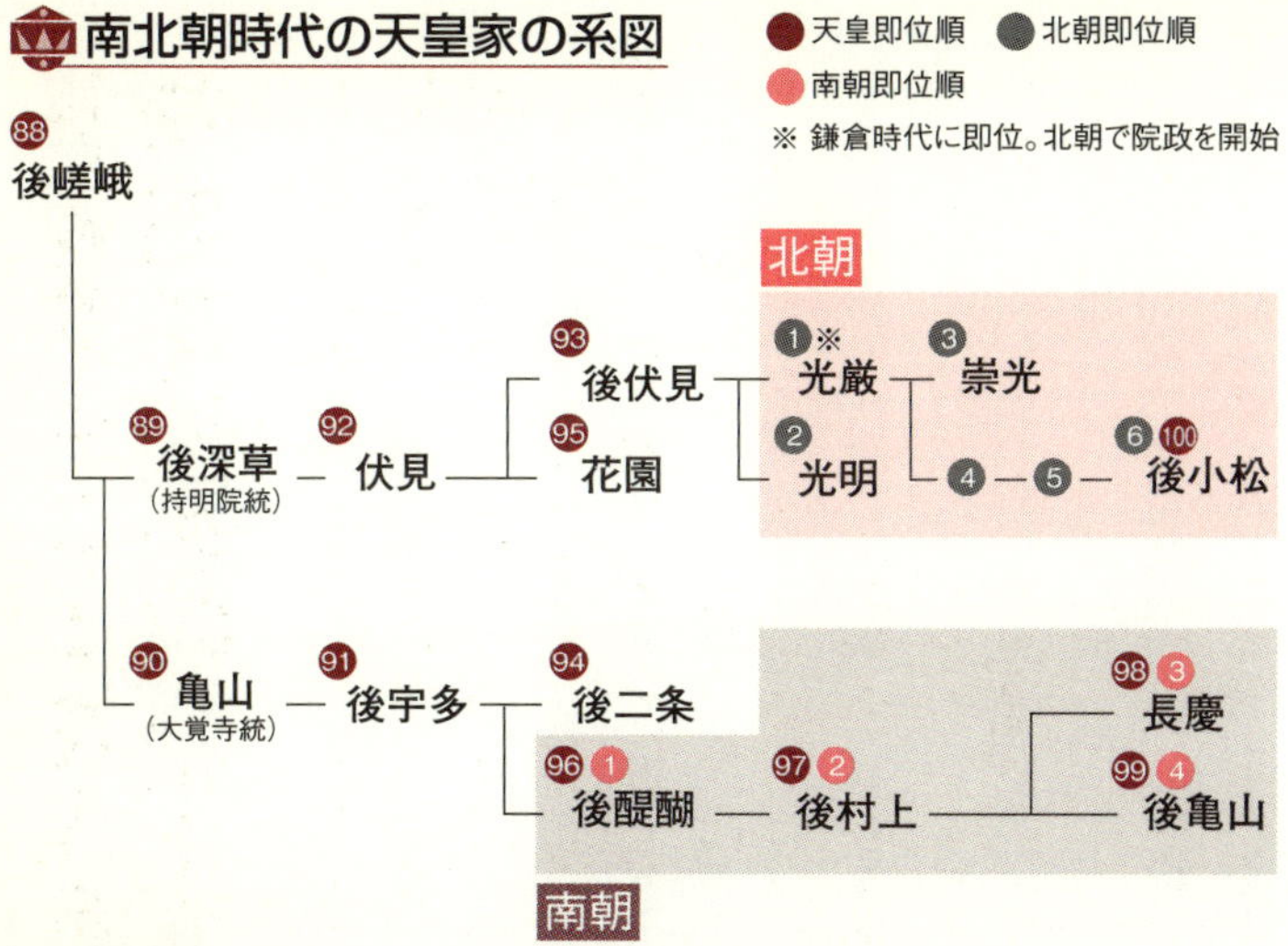

後醍醐天皇は京から吉野に逃れ、朝廷をつくった。これが南朝。つまり、同時に、二人の天皇が存在するという事態になったのである。

１３３８年、足利尊氏は、光明天皇から征夷大将軍に任じられ、室町幕府が誕生する。南北に分かれた朝廷が統一されるのは、それから約60年後、三代将軍、足利義満《よしみつ》の時代の１３９２年のことだった。

義満は、明との貿易で巨額の利益を得た。明の皇帝から「日本国王」の称号をもらい、さらに、息子を天皇の養子にさせたうえで天皇に譲位させ、自分が上皇になるという計画を描いていたが、１４０８年、突然の病死によって義満の野望は潰えた。

まとめ

後醍醐天皇の親政に不満を抱く足利尊氏が別の天皇を立て、朝廷は分裂する

応仁の乱

室町幕府の動揺と乱世の時代の幕開け

室町幕府の六代将軍、足利義教《よしのり》は、幕府権力の強化を狙い、独裁政治を行おうとしていた。しかし、これに反感をいだいた播磨《はりま》の守護、赤松満祐《あかまつみつすけ》によって、１４４１年に暗殺されてしまった。この嘉吉《かきつ》の変をきっかけにして、すでに弱体化していた幕府の権力と権威は地に落ちてしまう。各地の守護大名たちは独自の軍を組織し、それぞれ独立国めいてくるのである。

八代将軍足利義政《よしまさ》の時代の１４６７年には、将軍家に、後継者をめぐる内紛が起きた。管《かん》領《れい》家である畠山《はたけやま》氏、斯波《しば》氏にも家督問題があった。これらをきっかけにして、九州などの一部を除いた全国的な内乱となった。

東軍は細川勝元《ほそかわかつもと》、西軍は山《やま》名《な》持豊《もちとよ》（宗全《そうぜん》）がリーダーとなり、これに諸大名が参戦した。東軍には、斯波義敏《よしとし》、畠山政長《まさなが》、対する西軍には斯波義廉《よしかど》、畠山義就《よしなり》という構図だった。京都を主戦場に、１４７７年まで断続的に11年も戦いが続いた。京都は荒廃し、幕府は山《やま》城《しろ》一国しか支配できなくなり、中央政府としての機能を果たせなくなった。

この応仁の乱以後、戦国時代が到来する。

まとめ

全国の守護大名が東軍・西軍に分かれ戦った応仁の乱以後、戦国時代が到来

日本史・世界史年表Ⅱ

ヨーロッパ・アメリカ

481	メロヴィング朝（フランク王国）
493	東ゴート王国建国
496	フランク王カトリック改宗
527	ユスティニアヌス帝即位
534	ヴァンダル王国滅亡
555	東ゴート王国滅亡
568	ランゴバルド王国建国
627	ニネヴェの戦い
636	ヤルムークの戦い
711	西ゴート王国滅亡
726	聖像禁止令（ビザンツ帝国）
732	トゥール・ポワティエ間の戦い
751	カロリング朝（フランク王国）
756	ピピンの寄進
756	後ウマイヤ朝
800	カールの戴冠
829	イングランド統一
843	ヴェルダン条約
870	メルセン条約
882	キエフ公国建国

アジア・中東・アフリカ

581	隋建国
604	煬帝が即位
610頃	イスラム教成立
618	隋滅亡／唐建国
622	ヒジュラ（聖遷）
626	貞観の治（〜649）
632	ムハンマド死去
651	ササン朝ペルシャ滅亡
661	ウマイヤ朝成立
676	新羅が朝鮮半島を統一
713	開元の治（〜741）
732	トゥール・ポワティエ間の戦い
750	アッバース朝成立
755	安史の乱（〜763）
875	黄巣の乱（〜884）
907	唐滅亡。五代十国時代へ
909	ファーティマ朝成立
916	遼建国

日本

538	仏教伝来
587	蘇我氏が物部氏を滅ぼす
645	大化の改新
663	白村江の戦い
672	壬申の乱
710	平城京に遷都
729	長屋王の変
794	平安京に遷都
842	承和の変
866	応天門の変
894	遣唐使廃止
939	将門の乱・純友の乱
1051	前九年の役（〜1062）
1083	後三年の役（〜1087）
1156	保元の乱
1159	平治の乱

911	ノルマンディー公国
962	神聖ローマ帝国建国
987	カペー朝成立（フランス）
1054	キリスト教会東西分裂
1066	ノルマン朝（英）
1077	カノッサの屈辱
1096	十字軍（〜1270　7回まで）
1204	コンスタンティノープルを十字軍占領
1215	マグナ・カルタ（英）
1241	ワールシュタットの戦い
1261	ビザンツ帝国再興
1265	シモン・ド・モンフォールの乱
1295	模範議会（英）
1303	アナーニ事件
1309	教皇のアヴィニョン捕囚
1339	百年戦争（〜1453）
1347	黒死病拡がる（〜1349）
1378	教会分裂（〜1417）
1438	ハプスブルク朝（神聖ローマ帝国）
1453	ビザンツ帝国滅亡
1455	バラ戦争（〜1485）
1479	スペイン王国成立
1485	テューダー朝（英）

932	ブワイフ朝成立
960	宋建国
962	ガズナ朝成立
1038	セルジューク朝成立
1115	金建国
1127	南宋建国
1169	アイユーブ朝成立
1206	チンギス・ハン、モンゴル統一
1234	金滅亡
1258	アッバース朝滅亡
1271	モンゴル、国号を元とする
1279	南宋滅亡
1299	オスマン帝国成立
1351	紅巾の乱（〜1366）
1368	明建国
1392	李氏朝鮮建国
1402	永楽帝の即位（明）（〜1424）
1453	ビザンツ帝国滅亡

1180	石橋山の戦い／富士川の戦い
1184	一の谷の戦い
1185	屋島の戦い／壇の浦の戦い
1192	源頼朝が征夷大将軍に就任
1219	源実朝が公暁に殺害される
1221	承久の乱
1224	北条泰時が執権となる
1232	御成敗式目制定
1274	文永の役
1281	弘安の役
1297	永仁の徳政令
1324	正中の変
1331	元弘の変
1332	後醍醐天皇、隠岐へ配流
1333	鎌倉幕府滅亡／建武の新政
1336	室町幕府成立／南北朝
1338	足利尊氏が征夷大将軍となる
1350	観応の擾乱（〜1352）
1391	明徳の乱
1392	南北朝の統一
1399	応永の乱
1401	第1回遣明使
1404	勘合貿易の開始
1441	嘉吉の変
1467	応仁の乱（〜1477）

6

ヨーロッパの展開

十字軍遠征以降、経済的発展を遂げていたイタリア諸都市から、中世とは異なる価値観によるルネサンスが広まり、優れた芸術や発明が生まれる。航路の発達により、ポルトガルやスペインをはじめとする国々は世界へ進出。宗教改革ではプロテスタントが誕生し、カトリックとの対立は戦争に発展する。各国では王権が強まるが、アメリカの独立、フランス革命、産業革命などが起こり、社会や経済の仕組みを大きく変えていく。

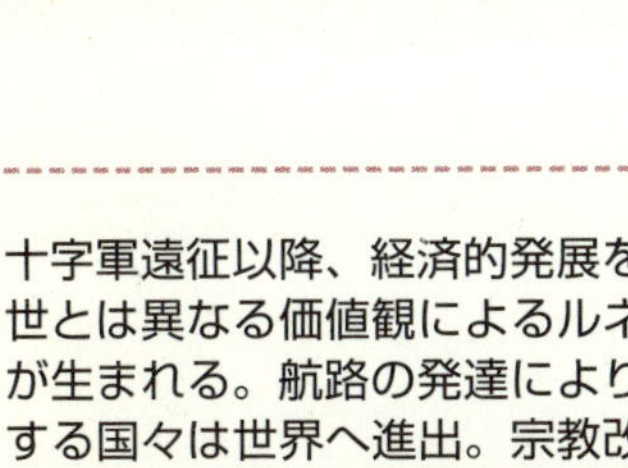

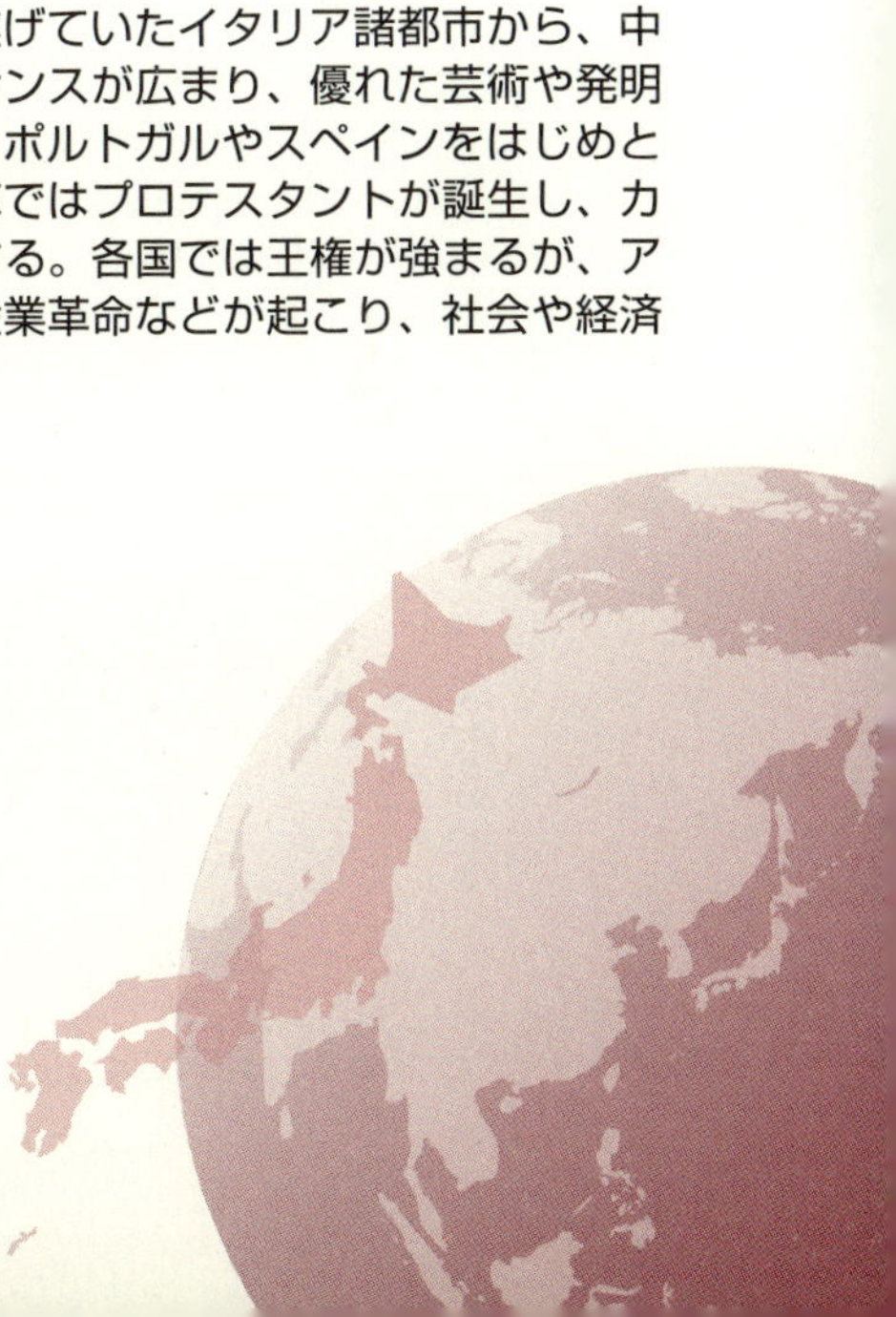

ルネサンス

イタリアからヨーロッパへ拡がった「波」

14世紀、ヨーロッパ社会は戦乱やペストの流行などにより疲弊していた。そのなかで、イタリアに新しい世が到来しつつあった。それがルネサンスである。ルネサンスは「再生、復興」という意味で、古代ギリシャ・ローマの古典芸術を復興させようという動きである。

キリスト教は、人間よりも神が主体であり、現世では苦しいが、よい行いをすれば死後に救われるという考え方が基本となっている。それを、古代にならって、人間と現世を中心にしようという思想が生まれた。

ルネサンスの代表的人物といえば、レオナルド・ダ・ヴィンチ。彼は、画家、彫刻家にとどまらず、医学、建築、土木、物理、軍事にまで関心を持ち、また才能を発揮した。

ミケランジェロ、ラファエロも、この時代の芸術家で、みなイタリアで活躍した。

芸術というものは、衣食住には直接関係がない、いわば贅沢なものである。芸術家が生きていくためには、その作品を評価して買ってくれるパトロンが必要だった。

十字軍遠征により、イタリアの諸都市は経済的に発展した。メディチ家のような大富豪となる商人も現れ、芸術に理解を示すようになった。メディチ家出身のローマ教皇レオ10世は、ルネサンス精神とカトリック信仰を結

ルネサンスの拡がり

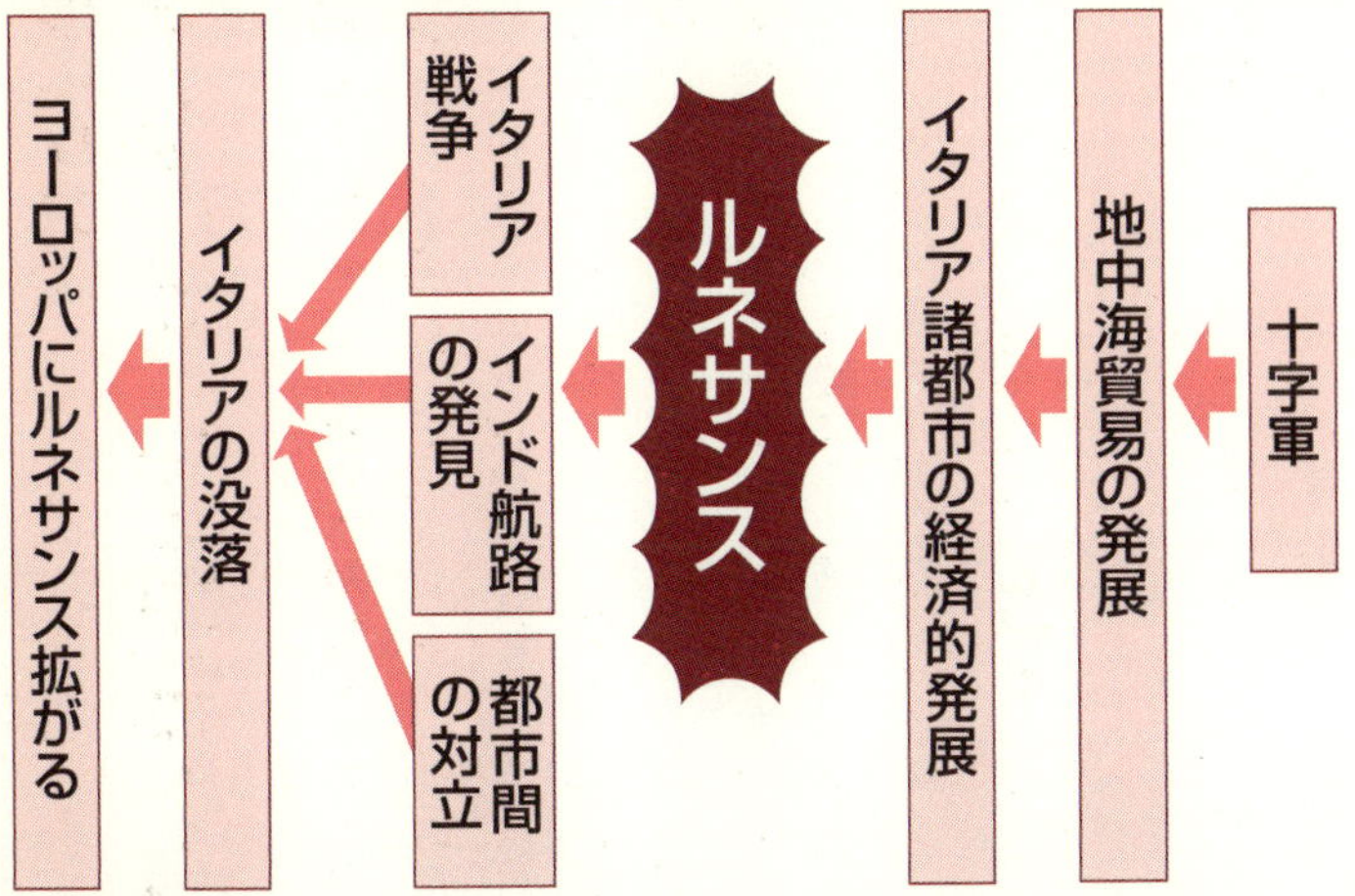

合させ、サン・ピエトロ大聖堂を壮麗なものへと改築した。ミケランジェロとラファエロは、この大事業に携わったのである。

こうしてイタリアの、とくにフィレンツェに生まれたルネサンス文化は、ヨーロッパ全域に広がり、多くの作品を生むのである。

科学技術の面でも飛躍的な発明が生まれた。「ルネサンスの三大発明」とされるのが、火薬、羅針盤《らしんばん》、印刷である。活版印刷《かっぱんいんさつ》はヨーロッパで生まれ、羅針盤は中国で生まれイスラムを経てイタリアに伝わり、火薬は中国で最初に発明され、ヨーロッパで改良された。

活版印刷は、やがて宗教改革を生み、羅針盤は大航海時代をもたらすのである。

まとめ

ルネサンスは欧州全域に拡がり、優れた芸術作品や画期的な発明が生まれた

大航海時代

「世界」を目指した冒険者たちの物語

大航海時代の先陣を切ったのは、ポルトガルとスペインだった。両国は、イスラム勢力に占領されたイベリア半島を取り戻すため、長期にわたり、イスラム勢力と戦った（国土《レコ》回復運動《ンキスタ》）。戦う過程で、イスラム教徒とそれなりの交流もでき、天文や地理の知識、造船、羅針盤といった技術を吸収したのである。

　では、なぜ大型帆船で海を渡ったのか、その最大の目的は貿易だった。アジアで産出される胡椒《こしょう》などの香辛料は人気があり、陸路でヨーロッパに運ばれていた。しかし、東南アジアとヨーロッパの間にはイスラム圏がある。直接アジアに行くには、海を渡るしかなかった。キリスト教の布教も目的の一つだった。

　１４８８年、ポルトガルのバルトロメウ・ディアスはアフリカ最南端の喜望峰《きぼうほう》に到達。これにより、インドへの航路が開けた。１４９８年、同じくポルトガルのヴァスコ・ダ・ガマが、喜望峰からインドにまで到達した。

　一方、スペインでは、コロンブスがインドを目指したが、到達したのはアメリカ大陸。１４９２年、新大陸「発見」である。だが、この時点では、コロンブスはそこをインドだと思っていた。そこがアジアではなく、別の大陸だと確認したのが、スペインのアメリゴ・ヴェスプッチだった。その彼の名をとり、ア

大航海時代の航路

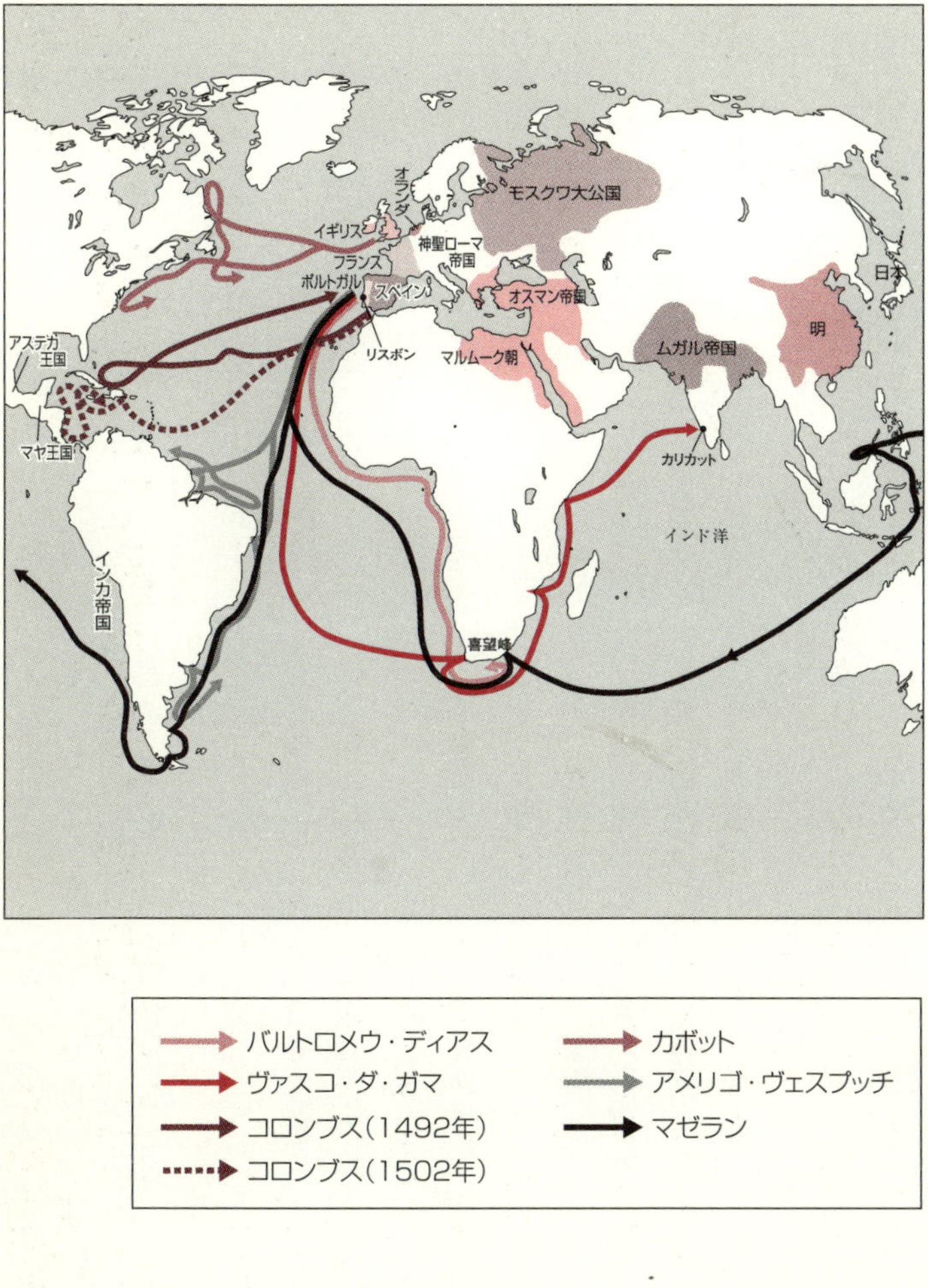
オランダ
イギリス
フランス
神聖ローマ帝国
ポルトガル
スペイン
リスボン
モスクワ大公国
オスマン帝国
マルムーク朝
ムガル帝国
明
日本
アステカ王国
マヤ王国
インカ帝国
カリカット
インド洋
喜望峰
バルトロメウ・ディアス
ヴァスコ・ダ・ガマ
コロンブス(1492年)
コロンブス(1502年)
カボット
アメリゴ・ヴェスプッチ
マゼラン

メリカ大陸となったのである。

　１５１９年、ポルトガル人のマゼランは、スペイン王の命令で、西まわりの航海に出た。艦隊は太平洋を横断し、フィリピンに到達。インド洋、アフリカの喜望峰をまわり、１５２２年にスペインに着いた。これによって、地球が丸いことが実証されたのである。

「世界」に進出したポルトガルとスペインの間では、当然のように、領土争いが起きた。１４９４年のトルデシリャス条約で、一応の境界線が引かれたが、その後も交渉が続いた。

　アジアへの進出は、ポルトガルが主導権を握った。１５１１年にマラッカを占領。１５１７年に明と貿易を始めた。１５４３年には、ついに日本の種子島《たねがしま》に漂着し、鉄砲を伝えた。これが、戦国時代を終息に向かわせることになる。


　16世紀になると、アメリカ大陸を領有したスペインは、本格的な植民を開始する。

　１５１９年、コルテス率いる征服部隊が、メキシコ、ユカタン半島に着く。当時そこを支配していたアステカ帝国は、１５２１年に滅亡する。スペイン王室の支援を得たピサロは、１５３３年、その地で繁栄していたインカ帝国を滅ぼしてしまう。

　征服者たちは、先住民を奴隷にして働かせ、南米で産出される、金、銀、タバコなどを本国スペインに送った。16世紀初頭、９０００万人いたと推定されるアメリカ先住民は、過酷な強制労働や伝染病で激減、17世紀には３５０万人になっていたという。

まとめ

大航海時代の先陣を切り、ポルトガルとスペインがアジア、アメリカに進出

宗教改革

何を目指した「改革」だったのか

ローマ・カトリック教会は、サン・ピエトロ大聖堂の改築にかかった莫大な経費をまかなうため、免罪符《めんざいふ》を発行した。免罪符を買えば「教会に対する善行」と認められ、死後、天国に行けることになったのである。多くの人が免罪符を求め、教会は多大な利益を得た。

しかし、免罪符を買えば救われるなど、聖書には書かれていない。これを指摘したのが、ドイツの修道士ルターである。１５１７年、ルターは、信仰によってのみ救われるはずだという内容の「95か条の論題」を発表し、ローマ教皇の教皇権も否定。教皇はルターを破門したが、ルターの支持者が増えていく。

ドイツ（神聖ローマ帝国）皇帝カール5世は、反ローマ教皇の運動があまりに広がったため、弾圧政策を行った。ルター派はこれに抗議（プロテスタント）し、ここにカトリックに対するプロテスタントが誕生した。

宗教改革の波は、フランスにも波及した。ルターに共鳴したカルヴァンは、聖書中心主義の「予定説」を説いた。救いを確信するためには、自分の職業に専念すればよいと説き、利潤追求を認め、商工業者から信仰を集めた。

イギリスのヘンリー8世は王妃との離婚を望んだが、ローマ教皇は認めなかった。そこで、離婚するために、１５３４年にイギリス

宗教改革のころのヨーロッパの国々

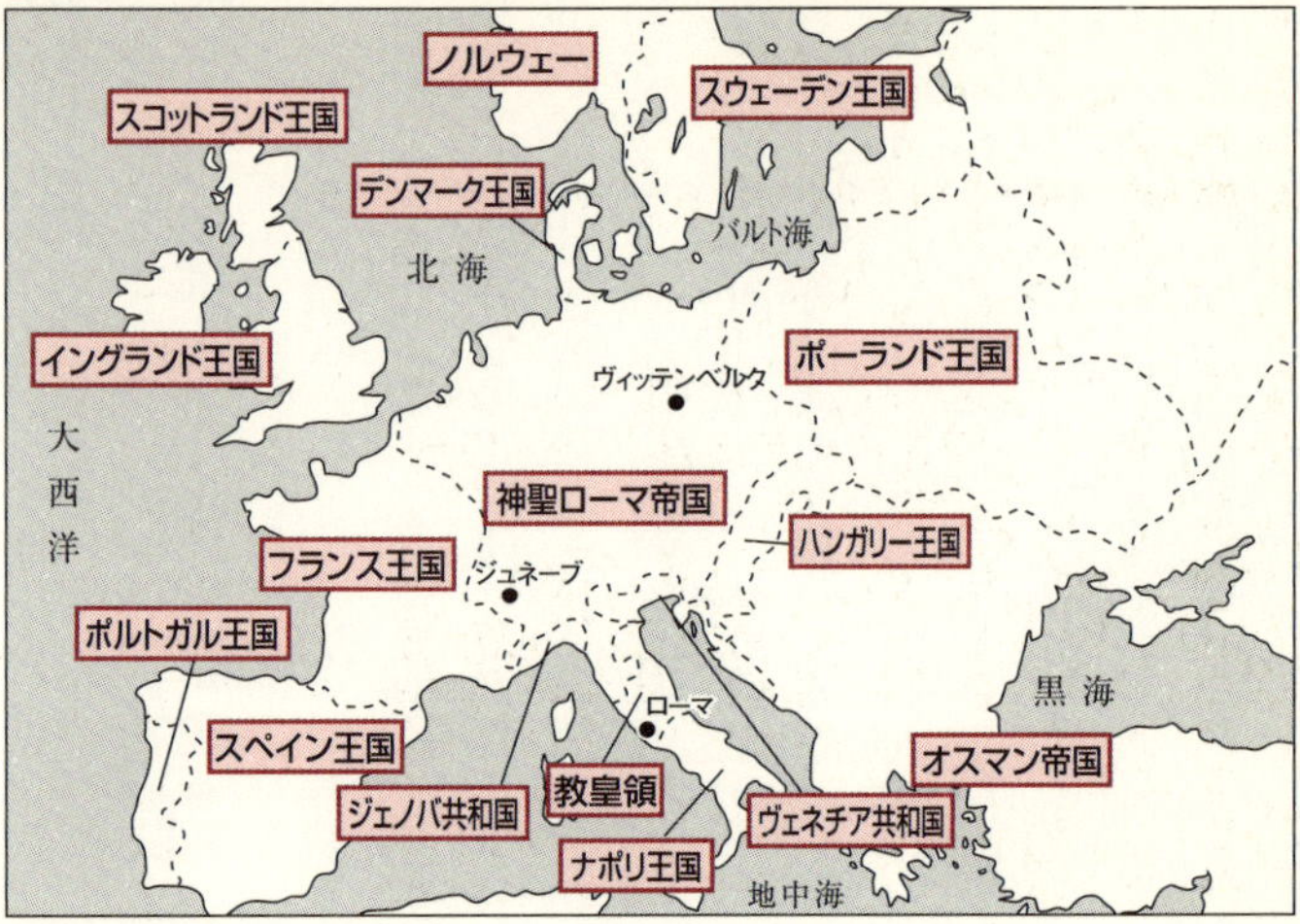

国教会を作る。こうしてイギリスでも、カトリック教会からイギリス国教会が分離する。

次のエドワード6世は、プロテスタントの教義の一部を取り入れたが、その後、プロテスタントは弾圧された。このプロテスタントのことをピューリタンという。１５５９年、エリザベス1世の時代に統一法が出され、イギリス国教会が改めて確立された。

カトリック内部では、教会と教皇の権威をより強めるという改革が始まっていた。１５３４年、イエズス会が設立され、積極的な布教活動が始まる。大航海時代には、スペイン、ポルトガルが海外に植民地を求めて出かけるのに便乗し、中国や日本への布教も行われた。

まとめ

教会発行の免罪符に異を唱えたルターの宗教改革で、プロテスタントが誕生

スペインの栄光

「日の沈まぬ帝国」はどこで躓いたのか

スペイン王国の創始者であるフェルナンド王とイサベル女王の死後、１５１６年に遠縁のハプスブルク家のカルロス1世が、スペイン王に即位した。カルロス1世は、のちに神聖ローマ帝国の皇帝も兼ね、宗教改革の際に弾圧政策を行ったカール5世である。

この結果、ハプスブルク家の領地は、オーストリアのほかに、スペインとその植民地、ネーデルラント、ナポリ、シチリア、サルディーニャと広がった。このうち、オーストリアは、１５２１年に弟のフェルディナント1世に受け継がれ、１５５６年にカルロス1世が退位すると、スペイン、ネーデルラントなどは、息子のフェリペ2世が受け継いだ。

スペインは、新大陸からの簒奪《さんだつ》と搾取《さくしゅ》で巨額の利益を得て、それを海軍力強化に投入し、「無敵艦隊」と呼ばれる強大な海軍を持つようになった。１５７１年には、レパント海戦でオスマン帝国を破り、イスラム勢力に握られていた地中海の制海権を奪還した。

１５８０年にポルトガルの王統が途切れると、フェリペ2世は、母后がポルトガルの王女だったことを理由に、王位継承権を主張。ポルトガルを併合した。スペインは、アジア、アメリカの植民地世界のほとんどを支配下に置き、「日の沈まぬ帝国」と呼ばれた。

16世紀後半のハプスブルク家の領土

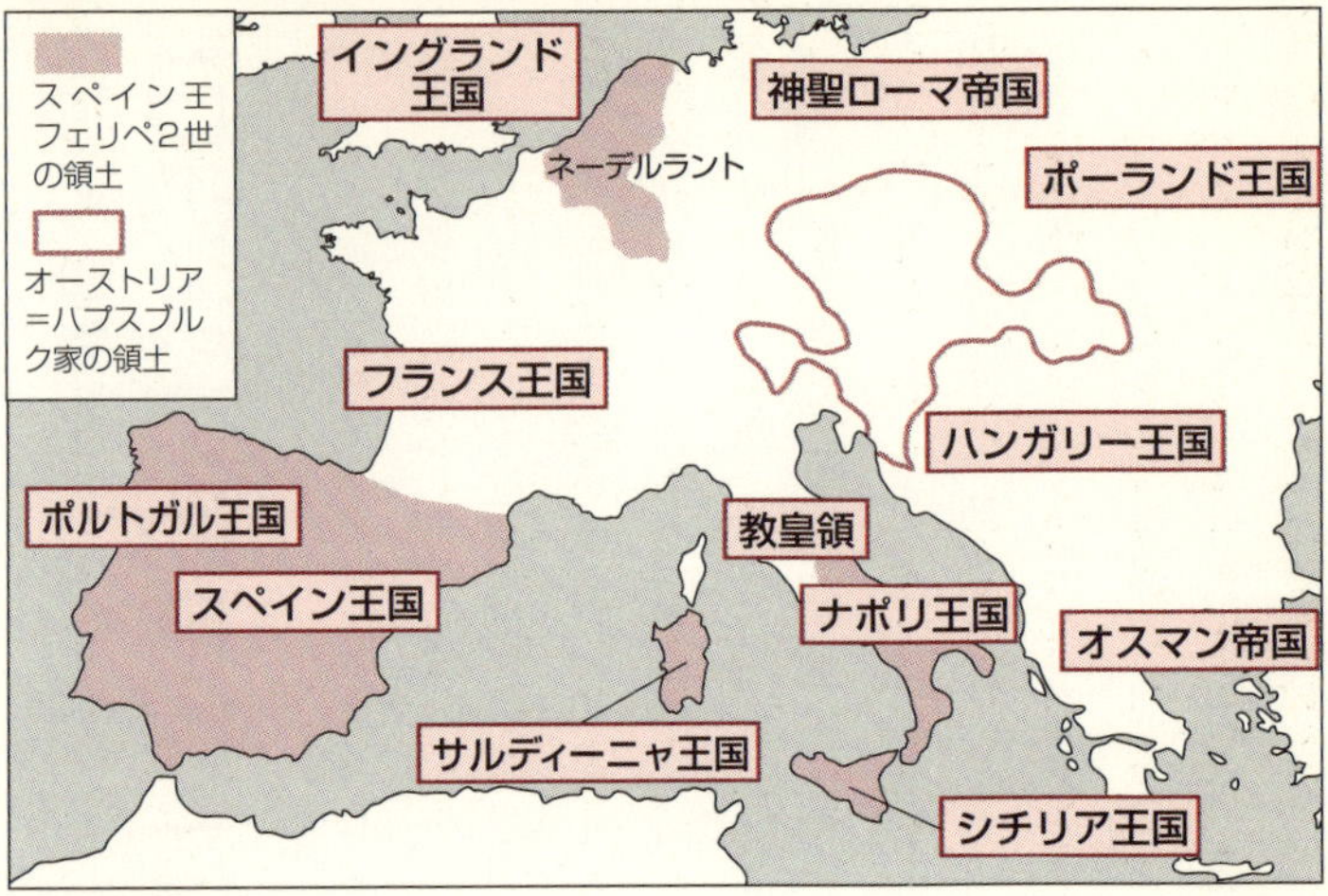

その一方で、１５６８年から、ネーデルラントで独立戦争が勃発していた。この戦争には、カトリックとプロテスタントの宗教戦争の側面もあった。１５８１年、カルヴァン派の北部7州は、ネーデルラント連邦共和国として独立宣言をする。この背後にイギリスの援助があったため、１５８８年、スペインは無敵艦隊を、イギリスに差し向けた。しかし、イギリス艦隊に迎撃され、敗れてしまうのである。このアルマダの海戦が、スペイン没落のはじまりとなる。１５９８年にフェリペ２世が亡くなったときには、国家財政は破綻状態で、１６０９年にはネーデルラントの独立も認めることとなった。

まとめ

世界各地に広範な領地を持つスペインは、日の沈まぬ帝国と呼ばれた

ユグノー戦争、三十年戦争

新教と旧教、その対立の構図

フランスでは、カトリックとプロテスタントの対立が、戦争に発展した。フランスのカルヴァン派はユグノーと呼ばれ、10万人とも30万人ともいわれる信徒数になっていた。１５６２年頃からカトリックとユグノーの対立が激化し、ユグノー戦争と呼ばれる内乱状態に陥った。１５７２年には、サン・バルテルミの祝日に、３０００人のユグノー教徒が虐殺されるという事件も起こっている。

ドイツのプロテスタント派の諸侯、イギリス、オランダがプロテスタント側に、ローマ教皇とスペイン王がカトリック側につき、国際紛争にまで発展し、戦争は長期化した。

１５９８年、フランスにブルボン朝を建てたアンリ4世はユグノー教徒だったが、王位に就くとカトリックに改宗し、ナントの勅令を発した。カトリックを保護しつつ、プロテスタントの権利も認めるという内容で、両者が共存していく道が開けたのである。

ユグノー戦争に続き、ドイツでも宗教戦争が始まった。ドイツでは、１５５５年に、諸侯と自由都市単位の信仰の自由は認められたが、個人の信仰の自由や、カルヴァン派の信仰は認められず、不満がくすぶっていた。

そんなとき、熱心なカトリック教徒である神聖ローマ帝国皇帝フェルディナント2世が、

フランスとドイツの宗教戦争

三十年戦争（1618～1648）		
神聖ローマ帝国 ＋ スペイン	VS	新教徒 ＋ デンマーク ＋ スウェーデン ＋ フランス …ほか

↓

ウェストファリア条約により、カルヴァン派の権利が認められる。また、オランダ、スイスの独立が認められた

ユグノー戦争（1562～1598）		
カトリック諸侯 ＋ スペイン	VS	ユグノー諸侯 ＋ イギリス

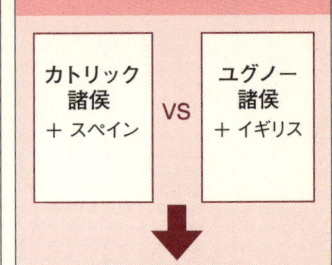

↓

フランス王アンリ４世がナントの勅令を発し、ユグノーの信仰の自由などの権利を認める。

ボヘミア王を兼ねることになる。皇帝がボヘミアのプロテスタントを弾圧したため、プロテスタントの諸侯や民衆の反乱が起こり、三十年戦争が始まる。スペインは皇帝を支持、デンマークはプロテスタントを助けるためドイツに侵攻し、スウェーデン、フランス、イギリス、オランダがそれを支援。１６１８年から１６４８年まで断続的に戦いは続き、皇帝、つまり神聖ローマ帝国の敗北で終わった。

終戦にあたって締結されたウェストファリア条約により、カルヴァン派の信仰と、ドイツ諸侯、都市の自治権も認められた。スイス、オランダの帝国からの独立も承認され、フランスとスウェーデンの領土も拡大した。

まとめ

カトリックとプロテスタントの対立が激化。フランスやドイツで戦争に発展

ピューリタン革命、名誉革命

イギリスで起きた2つの市民革命

イギリスの議会制民主主義の歴史は、１２１５年、ジョン王時代のマグナ・カルタ（大憲章）制定にはじまる。１３４３年には、聖職者と貴族からなる上院と、州の騎士と都市代表からなる下院とに分かれる議会の形ができ、いまも続く二院制の原型ができた。

１５５８年に即位したエリザベス1世は、国王直属の枢密院《すうみついん》を中心に政治を行い、議会無視の傾向を強めた。エリザベス1世が亡くなると、スコットランド王ジェームズ1世がイングランド王も兼任。ジェームズ1世は王権神授説を唱え、専制政治を断行したが、強権政治に、議会と国王との対立は激化した。

新興の商工業者や豊かな農民、貴族の一部には、プロテスタントのピューリタリズムの信仰が広がり、ピューリタン（清教徒《せいきょうと》）は議会の大半を占めるようになる。しかし、ジェームズ1世はピューリタン弾圧をすすめる。

１６２５年、ジェームズ1世の後を継いだチャールズ1世は、父にならって清教徒への弾圧を続けた。議会は反発し、１６２８年に「権利の請願」を王に認めさせ、議会の同意なく課税することや、不当逮捕を禁じた。国王と議会の対立は、いったんおさまるが、スコットランドの内乱鎮圧に必要な戦費調達に関する立場の違いから、内乱へと発展する。

議会での実権を握ったのは、ピューリタンのクロムウェルだった。クロムウェル率いる軍は、１６４５年に王党軍を破る。１６４９年にチャールズ１世は処刑され、共和政が樹立。ピューリタン革命である。だが、清教徒の質素で禁欲的な生活を国民にも強制したため、清教徒以外の国民に不満が鬱積する。その結果、議会では穏健派が力をつけていく。

１６６０年、議会穏健派はフランスに亡命していた国王一族を呼び戻し、チャールズ２世が王位に就いた。王政復古である。だが、チャールズ２世はカトリックに改宗し、後を継いだ弟のジェームズ２世もカトリック側に立ち、絶対王政を目指した。プロテスタントの多い議会は強く反発し、対立が深まる。

１６８８年、議会は国王を廃位に追い込み、オランダ総督に嫁いでいた王の娘メアリを国王にした。新王夫妻がイギリスに上陸すると、ジェームズ２世は、抵抗せずフランスに亡命した。こうして、一滴の血も流さずに政権交代が行われた。これを名誉革命という。新王は「権利の章典」を発布し、議会中心の立憲君主制が確立された。

１７１４年にアン女王が亡くなると、ドイツからジョージ１世をイギリス国王に迎える。しかし、新王はイギリスに関心も示さず、閣議も欠席した。そのため、大臣の一人が内閣総理大臣となり、代理で実務を担った。これを「責任内閣制（議院内閣制）」といい、イギリス国王の「君臨すれども統治せず」という原則の始まりとなった。

まとめ

清教徒革命や名誉革命を経て、議会中心の立憲君主制、責任内閣制が確立

イギリス革命の流れ

―1603―		
ジェームズ1世	1603	ステュアート朝成立 （スコットランドと同君連合） 王権神授説を唱え専制政治を行う
	1621	議会による「大抗議」
―1625―		
チャールズ1世	1628	「権利の請願」を王に認めさせる
	1629	議会の解散
	1641	「大諫奏」（国王に対する抗議書）を提出
	1642	内乱始まる
		ピューリタン革命（～1649）
	1643	クロムウェルが鉄騎隊を組織
	1646	国王降伏
	1649	国王処刑
―1649―		
共和政	1649	共和政を宣言
	1651	ホッブズ『リヴァイアサン』執筆
	1653	クロムウェル、護国卿に就任
	1658	クロムウェル死去
―1660―		
チャールズ2世	1660	亡命先のフランスより帰国（王政復古） カトリック化をはかる 議会の復活
―1685―		
ジェームズ2世	1688	オラニエ公ウィリアムと妻メアリを国王として招く ジェームズ2世、フランスに亡命
		名誉革命
―1688―		
―1689―		
ウィリアム3世（～1702） メアリ2世（～1694）	1689	**「権利の章典」発布　立憲君主制の確立** ロック『市民政府二論』執筆
―1702―		
アン	1707	大ブリテン王国成立
―1714―		
ジョージ1世	1721	責任内閣制が始まる **「君臨すれども統治せず」の原則**

フランス絶対王政

栄華を極めたブルボン王朝の時代

フランス絶対王政の基礎を築いたのは、ブルボン王朝初代のアンリ4世とされる。

アンリ4世は、ナントの勅令を発して、ユグノー戦争を終結させ、対立していたスペインとも和解した。パリの再開発にも着手し、セーヌ川のポンヌフ橋や、パレ・ロワイヤル、ルーブル宮殿の大ギャラリーの建造などを行った。だが、１６１０年に暗殺された。

その後を継いだルイ13世の時代には、宰相リシュリューが実権を握った。リシュリューはドイツ三十年戦争に加わり、ハプスブルク家を苦しめた。

１６４３年に即位したルイ14世は、まだ4歳と幼く、宰相マザランが実権を握った。ドイツ三十年戦争をフランスの有利になるように終わらせ、国内の秩序安定に努め、財政面でも国庫の建て直しをはかった。

１６６１年に宰相が死ぬと、ルイ14世の親政が始まった。コルベールを財務総監に起用し、重商主義政策を推進した。フランスの東インド会社が再興され、ヴェルサイユ宮殿が建てられ、絶対王政は全盛期を迎える。栄華を極めたルイ14世は、太陽王と呼ばれた。

だが、フランス絶対王政は、徐々に崩壊へと向かう。１６８５年にナントの勅令を廃止したことで、国内の新教徒十万人が亡命。彼

ルイ14世が関わった主な戦争

戦争				結果
ファルツ継承戦争（1688〜97）	フランス	VS	ドイツ +イギリス +オランダ +スペイン +スウェーデン	ウィリアム3世をイギリス王として認める
南ネーデルラント継承戦争（1667〜68）	フランス	VS	スペイン +イギリス +オランダ +スウェーデン	領土拡大
スペイン継承戦争（1701〜13）	フランス +スペイン	VS	オーストリア +イギリス +オランダ +プロイセン	衰勢のきっかけとなる
オランダ侵略戦争（1672〜78）	フランス +イギリス（→オランダ側へ） +スウェーデン	VS	オランダ +イギリス +スペイン +ドイツ諸侯	領土拡大

らは裕福な商工業者が多かったので、フランスの経済は大打撃を受ける。また、領土を広げるための侵略戦争の戦費と、ヴェルサイユ宮殿の建設費などで財政は逼迫していった。

ルイ14世が１７１５年に亡くなると、曾孫のルイ15世が国王になった。積極政策を継承したが、国家財政はますます苦しくなる。七年戦争ではアメリカ大陸の権益を失い、これがフランスの衰退につながっていく。

１７７０年、敵対してきたハプスブルク家との和議のために、同家の王女マリー・アントワネットとルイ15世の孫で王位継承者のルイ16世が結婚。それを見届けたルイ15世は天然痘で崩御し、ルイ16世が即位する。

まとめ

ルイ14世時代に絶対王政は全盛期となるが、宮殿の建設費などで財政は逼迫

ハプスブルク家の系譜

ヨーロッパに君臨することができた理由

ハプスブルク家は、各国の王家や公家との政略結婚を進め、その結果、スペイン国王と神聖ローマ帝国皇帝となったカール5世（スペインではカルロス1世）の時代には、スペイン、ネーデルラント（オランダ）、ナポリも手にし、ヨーロッパの大領主となった。

１５２１年、ハプスブルク家はスペイン系とオーストリア系に分かれた。スペイン系はカール5世が、その弟のフェルディナント１世がオーストリアを継いだ。１５２６年、ボヘミアとハンガリーの王の座が空位になると、フェルディナント1世が継承し、ハプスブルク家は、東欧にまで勢力を伸ばした。

１５３１年、カール5世が神聖ローマ帝国の皇帝の座にあったが、フェルディナント１世はドイツ国王になり、１５５６年に兄のカール5世が退位すると、皇帝になった。

この兄弟の間では、フェルディナントの次は、カールの息子が帝位を継承し、以後、二つの系統が交互に帝位を継いでいくと取り決めてあった。しかし、フェルディナントはこれを反故にし、次の皇帝には息子のマクシミリアン2世を即位させた。以後、フェルディナント系のオーストリア・ハプスブルク家が、神聖ローマ皇帝の帝位を世襲していった。

１７４０年、神聖ローマ帝国皇帝カール６

ハプスブルク家の系図

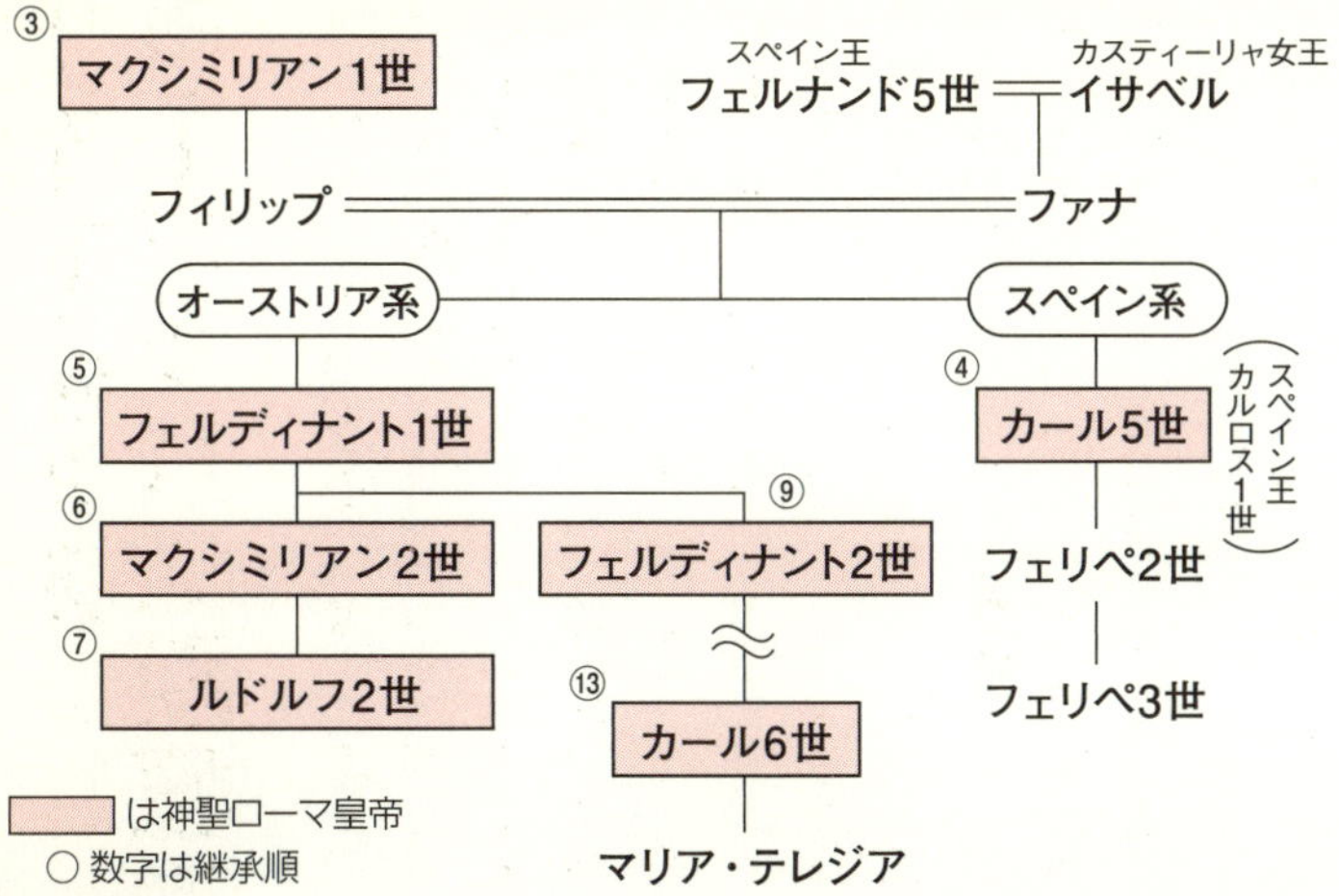

世が亡くなった。彼には男子継承者がなく、長女のマリア・テレジアが後を継ぐことになった。だが、継承者は男性でなければならないとして、ザクセン公とバイエルン公が継承権を主張。これにスペインとフランスが味方した。さらに、プロイセンが、シュレジエン地方の領有を認めて侵攻してきた。こうして起きたのが、オーストリア継承戦争である。

1748年に終戦にあたって結ばれた条約により、マリア・テレジアの夫のフランツ1世が皇帝になることと、プロイセンがシュレジエン地方を領有することが決まった。帝位には就かなかったが、実質的な皇帝はマリア・テレジアで、彼女は「女帝」と呼ばれた。

まとめ

ハプスブルク家は神聖ローマ帝国の帝位を世襲し、ドイツや東欧も勢力下に

アメリカ独立戦争

本国イギリスから独立を勝ち取った経緯

北米大陸に最初に植民したのは、１６２０年、メイフラワー号で、現在のマサチューセッツ州コッド岬にたどり着いたピューリタンたちだった。１７３２年には、北米大陸東部に13の植民地が成立。一方、フランスは、カナダ、五大湖、ミシシッピー川流域に植民地を開いた。

１７５６年に始まった、オーストリアとプロイセンの「七年戦争」では、イギリスはプロイセンを、フランスはオーストリアを支援。その構図がアメリカ大陸にも持ち込まれた。戦いはイギリスが勝利し、フランスは北米での植民地を失った。勝ったものの、膨大な戦費で国庫が厳しくなったイギリスは、税制面で優遇していたアメリカの植民地に、本国なみの課税をすることにした。

１７６５年に印紙条例が発布されると、植民地の人々は、「代表なくして課税なし」をスローガンに、議会に代表を送っていないのに課税されることに反対する運動を起こした。

印紙条例を撤廃したイギリスは、１７７３年に茶条例を発布。東インド会社の紅茶を、植民地で独占的に販売するという法律である。ヨーロッパから紅茶を輸入販売していた業者は、これに激怒。東インド会社の船が港に着くと、積荷の紅茶を海に捨て、本国との通商

アメリカ独立戦争

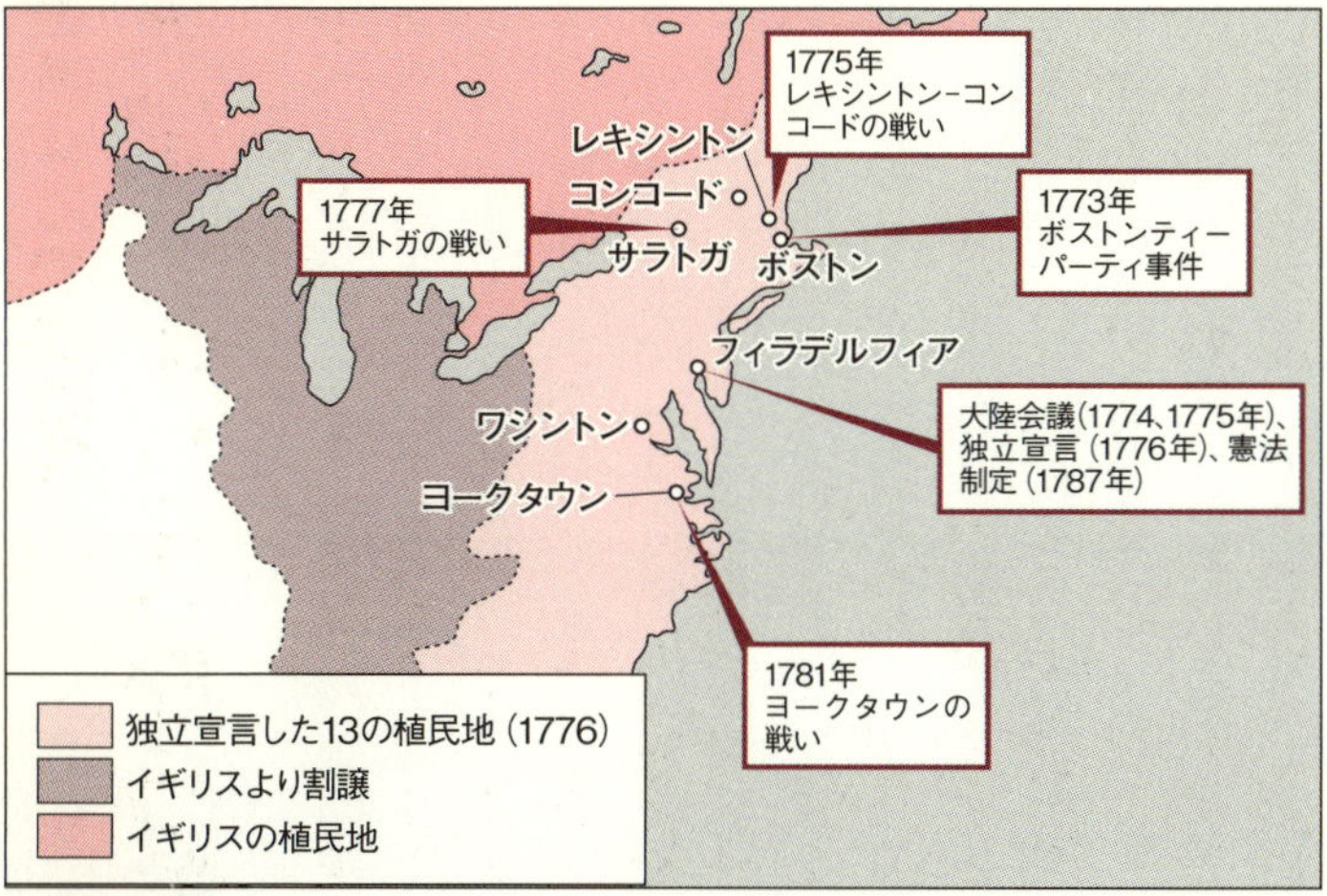

を拒絶するなど、対立を激化させた。

１７７５年、レキシントンで本国軍と植民地軍とが武力衝突し、独立戦争が勃発する。１７７６年７月４日には、フィラデルフィアで「独立宣言」が発表された。イギリスの啓《けい》蒙《もう》思想家ロックの唱える「自由と平等」「社会契約説」「圧政への抵抗権」が盛り込まれ、これがフランス革命に影響を与えた。

フランス、スペイン、オランダも、植民地側を支援して参戦。１７８１年には植民地側が決定的な勝利をおさめた。１７８３年に、イギリスは13州の独立を認め、新国家では、１７８７年に憲法制定、１７８９年にはワシントンが初代大統領に選出された。

まとめ

本国イギリスの植民地政策に反発したアメリカは激戦を制し独立を勝ち取る

フランス革命、ナポレオンの登場

絶対王政の終焉と市民革命の思わぬ進展

１７８９年5月、１６０年ぶりに三部会を招集したことがフランス革命のきっかけとなる。議会は空転するが、第三身分の議員らは自らを「国民議会」と名乗り、憲法が制定されるまでは解散しないことを誓った。これを「テニスコートの誓い」という。

国王ルイ16世は、国民議会を武力で解散させようとしたが、パリ市民がこれに憤激。７月14日、政治犯収監で圧政の象徴となっていたバスティーユ監獄を、武装した市民が襲撃し、フランス革命が始まる。

フランス各地でも農民の叛乱が起こった。民衆の蜂起を後ろ盾に、国民議会は「人権宣言」を採択し、封建的身分制の廃止を求めた。国王はこれを認めず、議会が求める改革にも抵抗したが、ヴェルサイユ宮殿が民衆に包囲されると、「人権宣言」を認めた。

１７９１年、立憲君主政を定めた憲法が発布されたが、国王一家が亡命を企てたため事態が変わる。王権は停止され、１７９２年、共和政が宣言された。１７９３年1月には、投票によりルイ16世は死刑宣告を受け、斬首された。王妃アントワネットも処刑された。

フランス国王の処刑は、ヨーロッパの他の国の国王たちに衝撃を与えた。革命思想の波及を恐れ、対仏大同盟が結成される。

ナポレオンの進軍と支配下地域

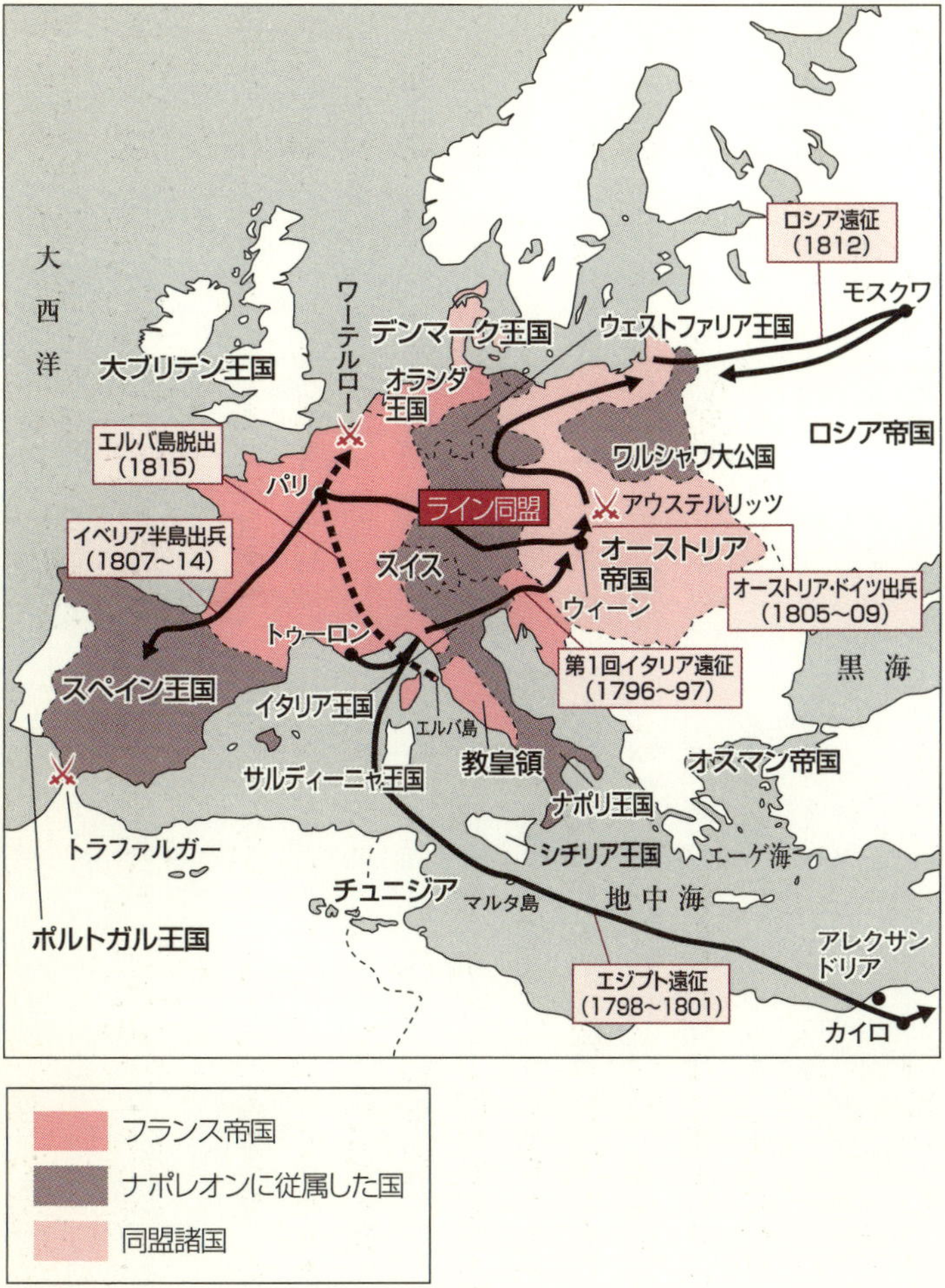
大西洋
大ブリテン王国
デンマーク王国
ワーテルロー
オランダ王国
ウェストファリア王国
ロシア遠征
(1812)
モスクワ
ロシア帝国
エルバ島脱出
(1815)
ワルシャワ大公国
パリ
ライン同盟
アウステルリッツ
イベリア半島出兵
(1807～14)
スイス
オーストリア帝国
ウィーン
オーストリア・ドイツ出兵
(1805～09)
トゥーロン
第1回イタリア遠征
(1796～97)
黒海
スペイン王国
イタリア王国
エルバ島
教皇領
オスマン帝国
サルディーニャ王国
ナポリ王国
トラファルガー
シチリア王国
エーゲ海
チュニジア
マルタ島
地中海
ポルトガル王国
アレクサンドリア
エジプト遠征
(1798～1801)
カイロ
フランス帝国
ナポレオンに従属した国
同盟諸国

革命の中心人物は、急進改革派のロベスピエールだった。王政が倒れると、彼の独裁が始まった。この「恐怖政治」では、2年間で３万５０００人以上が死刑になったという。１７９４年7月、ロベスピエールは反対派の襲撃を受けて処刑され、急進改革派は一掃される。１７９５年には、憲法が作り直され、総裁政府が成立。フランス革命は終息した。

こうして誕生した新たなフランスは、史上初の国民国家とされる。しかし、総裁政府が発足したものの、政情は不安定だった。さらに、対仏大同盟に対抗するためには、軍部に依存せざるをえなかった。その軍で誕生した英雄が、ナポレオン・ボナパルトである。

１７９８年に第2回対仏大同盟が結成されると、ナポレオンは遠征先のエジプトから帰国し、翌年クーデターを起こす。１８００年には北イタリアに侵攻。6月にはオーストリア軍を破り、対仏大同盟は崩壊する。独裁の道を突き進み、１８０４年には国民投票で皇帝になり、ナポレオン1世と称した。

１８０５年には、再び戦争状態に突入し、オーストリア軍を破ってウィーンを占領。続く「アウステルリッツの戦い」では、ロシアとオーストリアの連合軍に圧勝した。

その後も対仏大同盟の結成は繰り返されるが、最盛期には、7つの王国、30の公国がナポレオンの支配下となった。しかし、１８１２年のロシア遠征失敗で形勢が逆転、１８１４年3月にはパリが陥落。退位したナポレオンは追放され、ナポレオン帝国は崩壊した。

まとめ

民衆が蜂起し王政を倒したフランス革命で、史上初の国民国家が誕生

産業革命の衝撃

「世界の工場」と呼ばれたイギリスの発展

産業革命とは、機械の発明や改良による生産方式の変化と、それによって起きた経済的・社会的変化のことをいう。

機械の発達で、モノは、「工場」で生産されるようになった。それに伴い、工場で働く労働者が誕生。農業でも生産性が高まり、大量生産のために土地の囲い込み（エンクロージャー）が行われた。多くの農民が土地を失い、工場の働き手となった。

一方、工場を持つのは、かなり資金のある人に限られた。家族でやっていたような零細手工業者は没落し、工場制手工業が発達するとともに、産業資本家が生まれた。資本主義社会の到来である。モノを大量に作り、一度に大量に運ぶことが可能となり、イギリスは「世界の工場」となった。農業から工業に、労働人口が移動することで、労働者が暮らす都市が発展していくことにもなった。

こうして、現代の社会と、基本的には同じ産業構造・社会構造が、この時代にイギリスで生まれた。その背景には、それまでの植民地経営などで富が蓄えられていたこと、植民地が市場となったこと、石炭・鉱石などの資源に恵まれていたことなどがある。

新発明・新技術は紡績の分野で起きた。先駆的だったのが、１７３３年のジョン・ケイ

産業革命の展開

背景

広大な海外市場を持ち、「資本」と「労働力」を確保していた。また、マニュファクチュア（工場制手工業）が普及していた。

↓

綿工業の発展

ハーグリーブスのジェニー紡績機（１７６４）
アークライトの水力紡績機（１７６９）
クロンプトンのミュール紡績機（１７７９）
カートライトの力織機（１７８５）

↓

動力革命

ワットによる蒸気機関の改良（１７６５～６９）

↓

交通・運輸機関の発達

トレビシックによる蒸気機関車の発明（１８０４）
スティーヴンソンが蒸気機関車を実用化（１８１４）
鉄道開通（１８３０）

↓

イギリスが「世界の工場」へ

による「飛び杼《ひ》」の発明である。縦糸のあいだに横糸を巻いた「杼」を往復させる機械で、能率が二倍になった。これをきっかけに、アークライトの水力紡績機（１７６９年）などが考案された。これらを「技術革命」という。

一方、すでに実用化されていた蒸気機関は、１７６９年にジェイムズ・ワットが改良し、熱効率が二倍以上になった。これを「動力革命」という。１８１４年にはスティーヴンソンにより蒸気機関車が実用化され、１８３０年にリヴァプールとマンチェスター間に鉄道が開通する。「交通革命」である。

新しい技術は各国に広がり、ヨーロッパやアメリカで工業化が進んでいくのである。

まとめ

発明・改良により技術・動力・交通分野が発達。産業や社会構造が変化した

パックス・ブリタニカの時代

“世界”を支配したイギリス帝国

産業革命に成功し、いち早く工業国となったイギリスの黄金時代は、「パックス・ブリタニカ」（イギリスの平和）をもたらした。1801年にはアイルランドを併合し、大ブリテンおよびアイルランド連合王国となり、こんにちの「イギリス」が誕生。国内では、農村部から都市部へ人口が大移動した。

ヴィクトリア女王が即位した1837年頃からは、選挙権を求めるチャーチスト運動が展開された。選挙権は徐々に拡大されるが、21歳以上の男子全員が選挙権を得るのは、1918年のことだった。議会制民主主義も発展し、二大政党が選挙で政権を競い合う構図が生まれ、政権交代も行われた。

経済面では、1870年代から植民地を拡大し、アイルランドとインドという直轄の植民地のほか、自治植民地を持つ大帝国となっていた。原材料を植民地から得て、それを国内の工場で加工し、製品化したものを植民地で売るという、帝国主義政策が成功していた。

1875年にはスエズ運河を買収し、エジプトに進出。1877年にはインドに帝国を建国し、ヴィクトリア女王が皇帝となった。

まとめ

産業革命によりいち早く工業国となったイギリスは植民地を拡大し大帝国に

ウィーン体制の崩壊

自由への欲望が爆発した2つの革命

1814年9月、ナポレオンの失脚を見届けると、ヨーロッパ各国の代表はウィーンに集まり、今後について話し合った。この会議は「ウィーン会議」と呼ばれるが、各国が自国の利益を主張して譲らず、何カ月も続いた。

ウィーン会議に激震が走るのは、ナポレオンがエルバ島を脱出しパリに戻ったとの知らせだった。慌てた各国は妥協し、ヨーロッパをフランス革命前の絶対主義時代の体制に戻すことが確認された。これを正統主義という。

領土問題や、革命の再発を防ぐための同盟についての取り決めもなされた。これをウィーン体制というが、時代の流れは、民主主義、自由主義へと向かっていた。

1830年のフランスでは、ブルボン王朝が復活し、シャルル10世が国王の座にあった。自由主義勢力の増加に危機感を抱いた国王は「七月勅令」を出した。議会解散、選挙資格の制限、言論・出版の統制といった反動的なものだったため、抵抗運動が強まり、ついにシャルル10世はイギリスに亡命してしまった。これを「七月革命」という。

七月革命は周辺各国に影響を与えた。ベルギーはオランダから独立し、ドイツでも各地で叛乱が起きた。ポーランドではロシアからの独立を求め、市民がワルシャワで蜂起した

七月革命

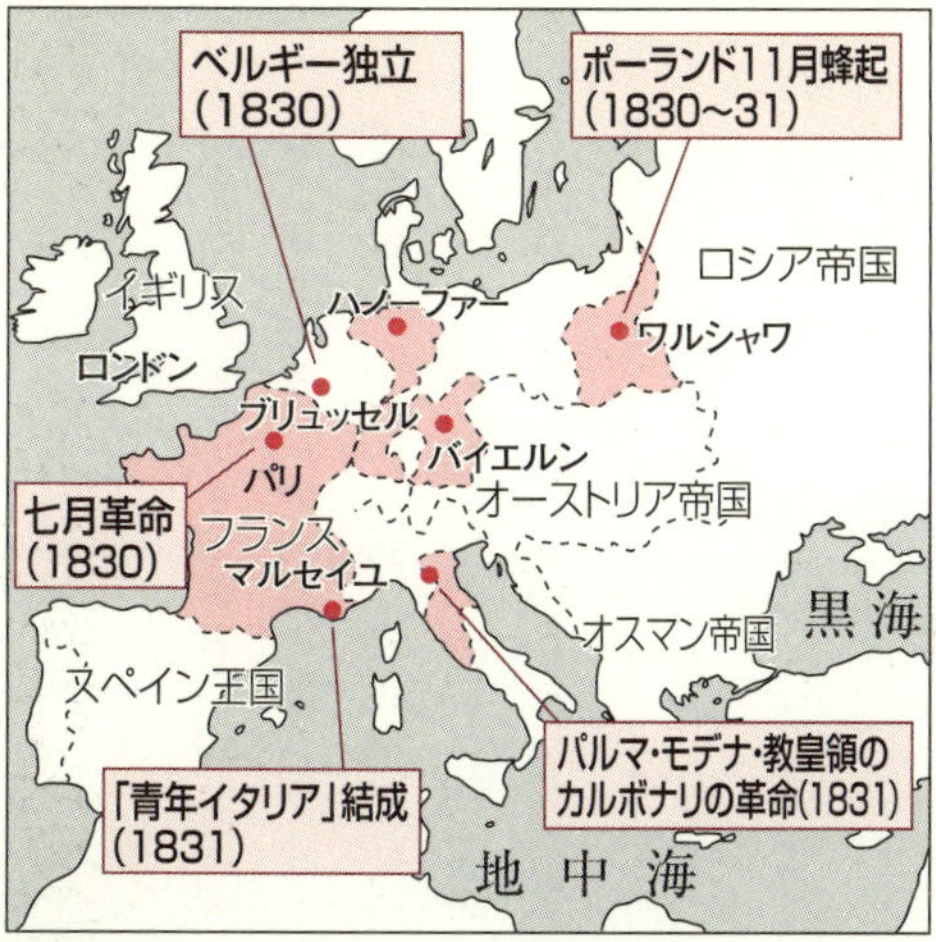
ベルギー独立
(1830)
ポーランド11月蜂起
(1830~31)
ロシア帝国
イギリス
ハノーファー
ワルシャワ
ロンドン
ブリュッセル
バイエルン
パリ
オーストリア帝国
七月革命
(1830)
フランス
マルセイユ
黒 海
オスマン帝国
スペイン王国
パルマ・モデナ・教皇領の
カルボナリの革命(1831)
「青年イタリア」結成
(1831)
地 中 海

二月革命

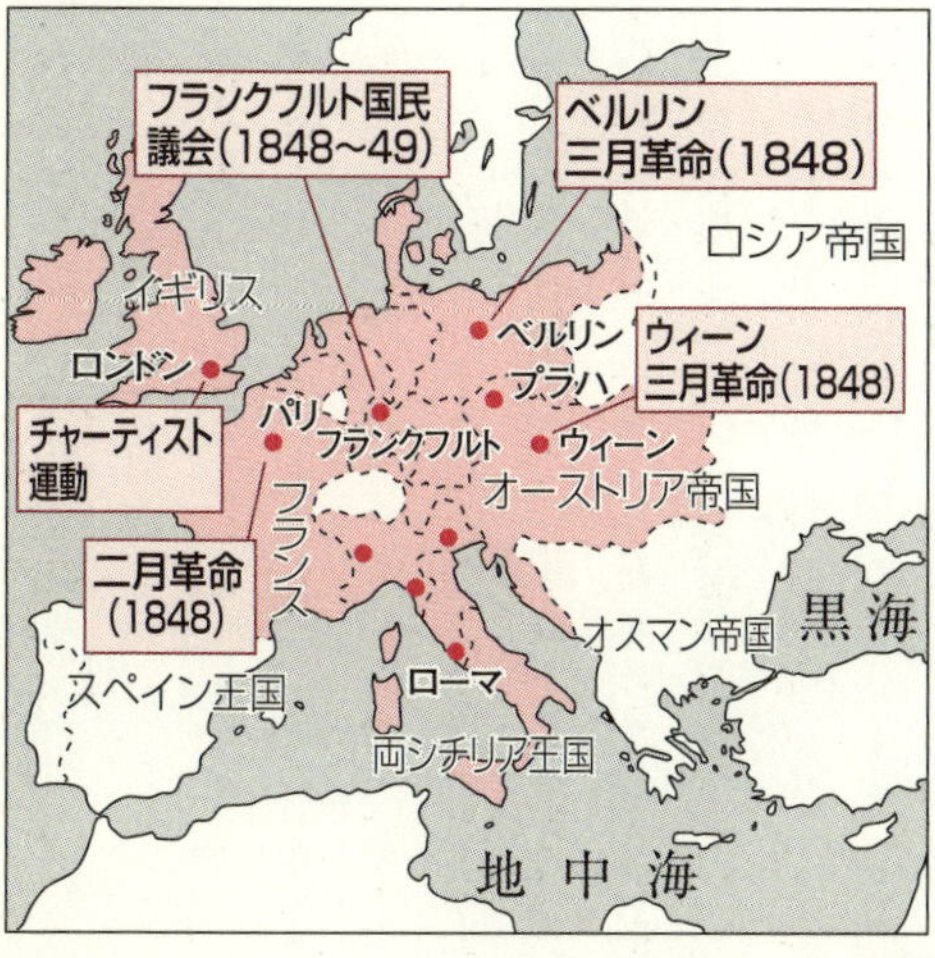
フランクフルト国民
議会(1848~49)
ベルリン
三月革命(1848)
ロシア帝国
イギリス
ベルリン
ウィーン
三月革命(1848)
ロンドン
プラハ
パリ
チャーティスト
運動
フランクフルト
ウィーン
オーストリア帝国
二月革命
(1848)
フランス
黒 海
オスマン帝国
ローマ
スペイン王国
両シチリア王国
地 中 海

革命に関係する地域

が、失敗に終わった。ハンガリーでは独立運動が起き、イタリアでも革命運動が起きたが、それらはオーストリア軍に鎮圧された。

七月革命の体制のもとで、フランスの産業革命は進行した。資本家と労働者との貧富の格差が広がり、労働者の不満はたまっていく。

1848年2月、市民、労働者は選挙法の改正を求め、「改革宴会」という合法的な集会を開いた。これを政府が弾圧したため、怒った市民たちが蜂起し、市街戦となった。これを「二月革命」という。

国王ルイ・フィリップは亡命し、労働者代表も参加する臨時政府が樹立された。この政府は、産業資本家と社会主義者が同居する政権で、最初から政府内での対立が激しかった。

ともあれ、新政府のもとで、普通選挙法ができ、21歳以上の男子全てに選挙権が与えられた。選挙の結果、社会主義勢力は大敗し、穏健な共和主義者による政府が誕生した。

新憲法が制定され、大統領にはルイ・ナポレオンが就任した。ナポレオンの甥にあたる人物である。その後、ルイ・ナポレオンは、1851年にクーデターを起こし、翌年皇帝になった。これを第二帝政という。

七月革命のときと同様に、二月革命もまた各地に影響を与えた。オーストリアでは三月革命が起こり、ウィーン体制が崩壊する。

プロイセンでは、ベルリン暴動が起こったが、これは鎮圧された。イタリアやハンガリーでは民族運動が激化した。ポーランドの独立運動も、再び盛り上がっていた。

まとめ

フランス革命以前を維持するウィーン体制は、七月革命と二月革命で崩壊へ

クリミア戦争

バルカン半島をめぐる各国の思惑

ロシア皇帝は、ウィーン体制の確立後、専制政治を推進。農奴制の強化、ポーランド独立運動の弾圧などが行われた。一方、ロシアの悲願は不凍港の獲得であった。冬の間、船舶が使えず貿易面でも、軍事面でも不利だった。そのため南下し地中海を目指していた。

ロシアが目指すバルカン半島では、オスマン帝国の力が弱くなっており、スラヴ系民族が独立運動を起こしていた。１８５３年、ロシアは、オスマン帝国内のギリシャ正教徒の保護という名目で出兵し、オスマン帝国との戦争を始める。クリミア半島が戦場となった、クリミア戦争である。

イギリスとフランスは、アジアへの交易ルートをロシアに奪われるのを恐れ、オスマン帝国と同盟を結び、参戦した。当時の地中海を支配していたサルディーニャはイタリア半島統一を目指しており、英仏両国の支持を得たかったので、オスマン帝国側についた。

ロシア軍にはクリミア半島の正確な地図もなく、武器・弾薬でも英仏軍が圧倒的にまさっていた。５万人のロシア兵がたてこもった要塞は、英仏オスマン軍５万６０００人に包囲され、一年にわたる攻防戦の末、陥落。ロシア軍は敗北した。パリで和平交渉がもたれ、黒海の中立化、オスマン帝国の領土の保全で

クリミア戦争時のバルカン半島

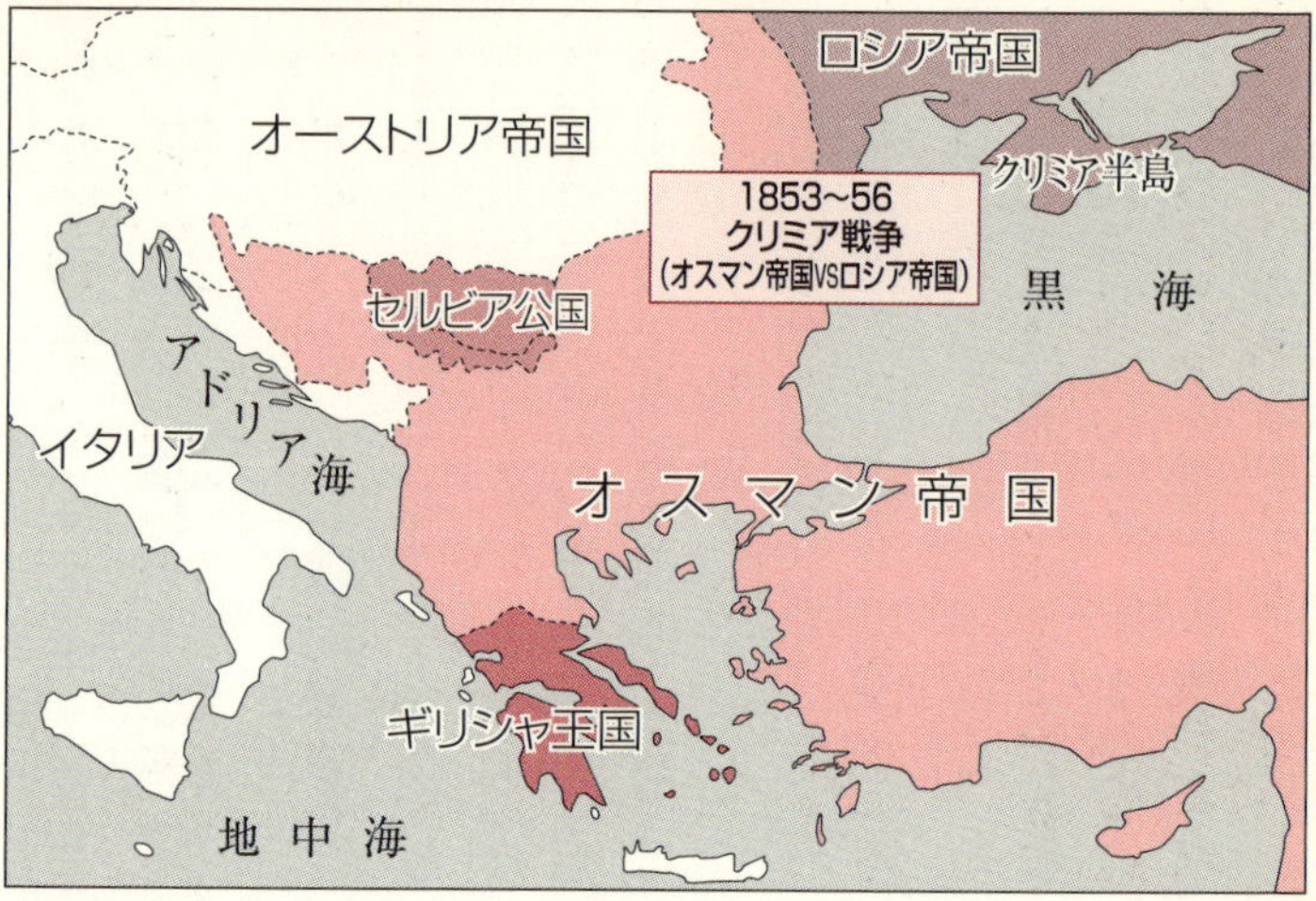

合意し、１８５６年に終戦となった。

敗戦により、ロシアの南下政策は失敗に終わり、ロシアの後進性も世界に知られることとなった。父ニコライ１世の後を継いだアレクサンドル２世は、農奴制を廃止し、農奴を解放した。地方議会（ゼムストヴォ）も創設されたが、議員のほとんどが貴族だったので、民衆の代表とはいえなかった。

ロシアでも知識人を中心に、社会主義思想が受け入れられていた。社会主義運動としてナロードニキ運動が１８７０年代に起きたが、農民層の支持が得られず挫折し、より過激なテロリズムに走るようになる。これが、ロシア革命へとつながっていくのである。

まとめ

ロシアはクリミア半島に出兵するがオスマン帝国に味方する英仏に阻まれた

アメリカ南北戦争

国を二分する壮絶な戦いに至った理由

独立を果たしたアメリカ合衆国は、最初は東部の13州しかなかった。だが、19世紀に入ると、領土を西へと拡張していく。

１８０３年、フランスからルイジアナを、１８１９年にはスペインからフロリダをそれぞれ買収した。さらに、１８４５年にテキサスをメキシコから併合する。１８４８年には、カリフォルニア、ネバダ、アリゾナを、メキシコから奪った。

こうしてアメリカは広大な領土を持つ国になっていったわけだが、そのおかげで、もとからいた先住民（ネイティブ・アメリカン）は、虐殺されたり、土地をだまし取られたりと、悲惨な目にあった。１００万人はいたとされる先住民は、１８９０年代にはその４分の１になっていたという。

北部では産業革命が早くから進んでいたので、イギリス製品を締め出す保護主義政策をとりたがっていた。一方、農業が主要産業である南部は、綿花の需要がイギリスで伸びていたため、自由貿易を主張した。

さらに、北部は黒人奴隷に反対していたが、南部は奴隷という安価な労働力を前提とした産業構造だったので、奴隷制存続を求めた。

こうした背景のもとで、１８６１年に北部出身のリンカーンが大統領に就任した。だが、

南北戦争期の諸州

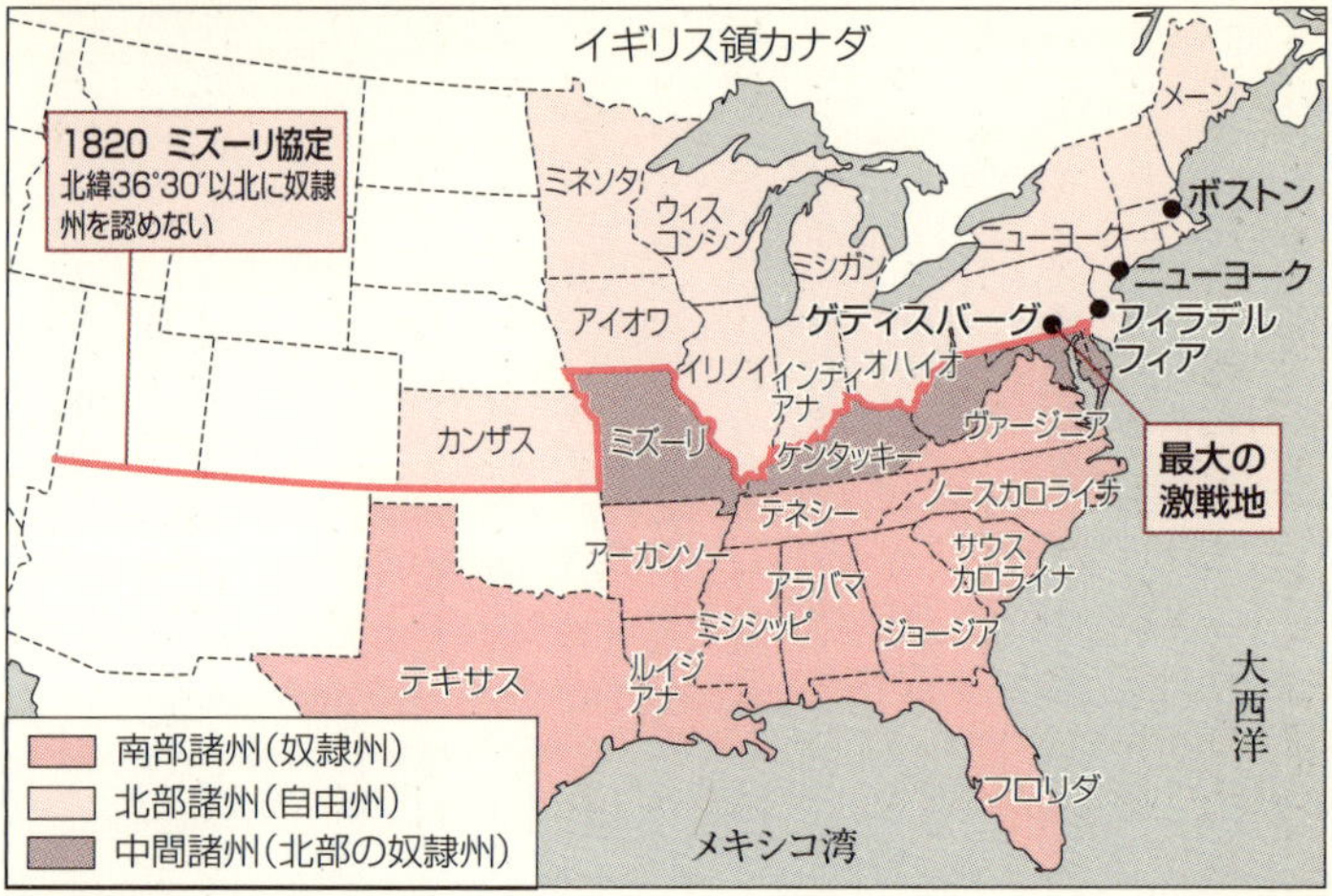

南部の11の州はこれを無効として、デイビスを大統領とするアメリカ連邦を結成した。この時点で、アメリカには二人の大統領がいたのである。

１８６１年、南北間でついに戦闘が始まる。「南北戦争」である。北部のリンカーンは奴隷解放宣言を出し、支持を集めた。最初は南軍が優勢だった戦況も、グラント将軍が最高司令官になると、北軍が一気に反撃に出た。

１８６３年、リンカーンは、激戦地のゲティスバーグで、「人民の、人民による、人民のための政府」という有名な演説をした。

１８６５年、南北戦争は北軍の勝利で終わるが、その直後、リンカーンは暗殺される。

まとめ

産業構造の違いや奴隷制度存続から南部と北部の戦争に発展。北軍が勝利

イタリア、ドイツの統一

小国が統一国家となった「きっかけ」

かつてローマ帝国という巨大帝国の中心地だったイタリア半島には、小さな国がいくつも群立し、イタリアの統一とイタリア人による国家の樹立を求める気運が高まっていた。

１８４９年、ヴィットーリオ・エマヌエーレ２世がサルディーニャの国王になると、情勢は大きく動き出す。国王は国内の近代化を進め、フランスの支援をとりつけ、１８５９年、オーストリアに宣戦し勝利した。

１８６０年、青年イタリア党のガリバルディが、シチリアとナポリを征服し、サルディーニャ国王に献上。残るは、ローマ教皇領とオーストリア支配下のヴェネツィアである。

１８６１年、ヴィットーリオ・エマヌエーレ２世は、イタリア王国の建国を宣言し、その初代国王となった。１８６６年にヴェネツィアを併合、１８７０年にはローマ教皇領も占領し、イタリア統一は完成した。

だが、ローマ教皇は認めず、イタリアと断絶。イタリアとローマ教皇との和解は、ムッソリーニ政権まで待つことになる。

ドイツでは、１８６１年、プロイセン国王にヴィルヘルム１世が即位。国王はのちに「鉄血宰相」と呼ばれるビスマルクを首相に任命した。このビスマルクのもとで、ドイツは統一される。

イタリアとドイツの統一への道のり

イタリア	
1820	カルボナリの革命（〜1821）
1831	マッツィーニが「青年イタリア」結成
1849	ローマ共和国樹立
1849	サルディーニャ王ヴィットーリオ・エマヌエーレ2世が即位
1859	イタリア統一戦争
1860	ガリバルディが両シチリア王国を滅ぼす
1860	中部イタリアを併合する
1861	イタリア王国が成立

ドイツ	
1806	神聖ローマ帝国が消滅
1815	ドイツ連邦成立
1834	ドイツ関税同盟発足
1848	三月革命
1848	フランクフルト国民議会
1850	プロイセン欽定憲法の施行
1861	プロイセン王にヴィルヘルム1世が即位
1862	ビスマルクが首相就任
1867	北ドイツ連邦が成立
1871	ドイツ帝国が成立

１８６４年に、オーストリアと同盟してデンマークと戦い、シュレスヴィヒとホルシュタインを獲得。１８６６年には、この二州をめぐって、オーストリアとの戦争に勝利した。これによって、ドイツ連邦は、プロイセン中心の北ドイツ連邦と、オーストリア＝ハンガリー帝国に分裂した。

こうしたプロイセンの動きにフランスは脅威を感じていた。１８７０年、普仏戦争が勃発。プロイセン軍が優勢でフランスは敗北、アルザス、ロレーヌの二州を失った。この勝利によって、プロイセンのヴィルヘルム１世は、ドイツ帝国の成立を宣言し、皇帝となった。１８７１年のことである。

まとめ

小国が乱立していたイタリア、ドイツは19世紀後半に統一を果たす

7

日本と中国Ⅲ

日本では、織田信長、豊臣秀吉によって天下統一が進み、徳川家康が江戸幕府を開き泰平の世を迎える。約250年の間政権交代のなかった日本を揺るがしたのは、ペリーの黒船来航。鎖国から開国への動きから倒幕運動が盛んになり、明治維新を迎える。近代国家としての改革が次々と進められた日本は、日清、日露戦争で勝利をおさめる。中国では、明を倒した清が300年ほど続くが、イギリスとのアヘン戦争や日清戦争で衰退していく。

戦国の覇者・織田信長

群雄割拠の時代を駆け抜けた英雄の肖像

１５４３年、種子島に漂着したポルトガル人は、火縄銃をもたらした。世は戦国時代。すぐに鉄砲は全国に伝わっていった。一方、キリスト教も１５４９年に日本に伝わった。

織田信長《おだのぶなが》は、１５３４年に戦国大名の子として生まれ、１５５１年に家督を継ぎ、尾張《おわり》地方を平定、近隣の今川氏に打撃を与え、美《み》濃《の》の斎藤氏を滅ぼした。信長は天下統一を目指し、将軍家の血を引く足利義昭《よしあき》を立てて入京。義昭を十五代将軍に据え、後見人となった。ところが、足利義昭が信長を出し抜こうとしたため、１５７３年には義昭を追放、室町幕府はここに滅びた。

その前後から、信長の天下統一への道は加速していた。浅井、浅倉連合軍を破り、１５７１年には比叡山《ひえいざん》を焼き討ちし、１５７５年には武田氏を討ち、一向一揆《いっこういっき》も平定した。一方、楽市楽座の政策で経済を活性化させ、安土に巨大な城と城下町を築いた。

だが、１５８２年、天下統一目前で、家臣の明智光秀《あけちみつひで》に、宿泊していた京都の本能寺を襲撃される。本能寺は炎上し、信長は自害したとされるが、遺骨は見つかっていない。

まとめ

天下統一を志す織田信長は足利義昭を立て入京するが、明智光秀に倒される

1560年当時の織田信長の支配地域

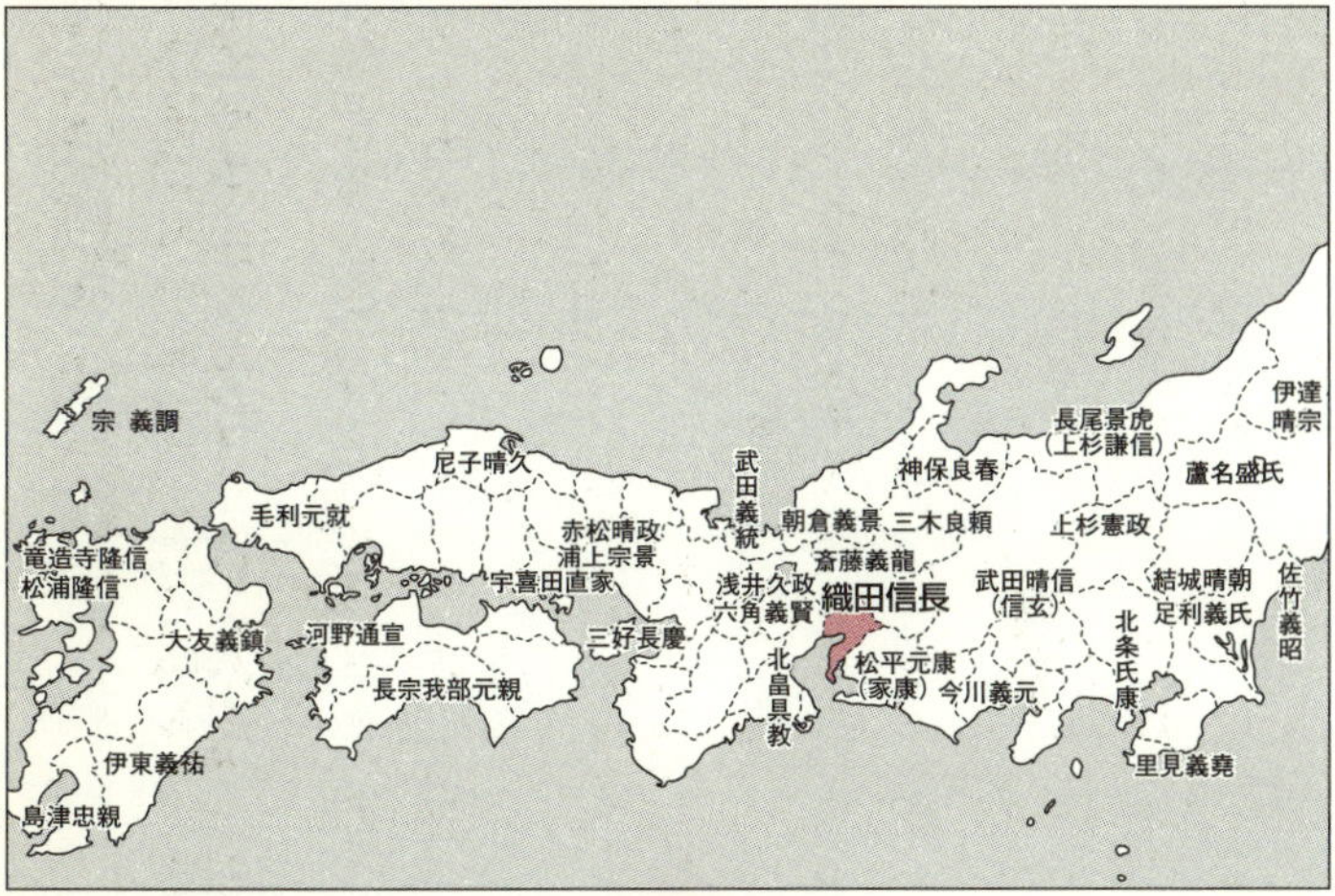

1582年当時の織田信長の支配地域

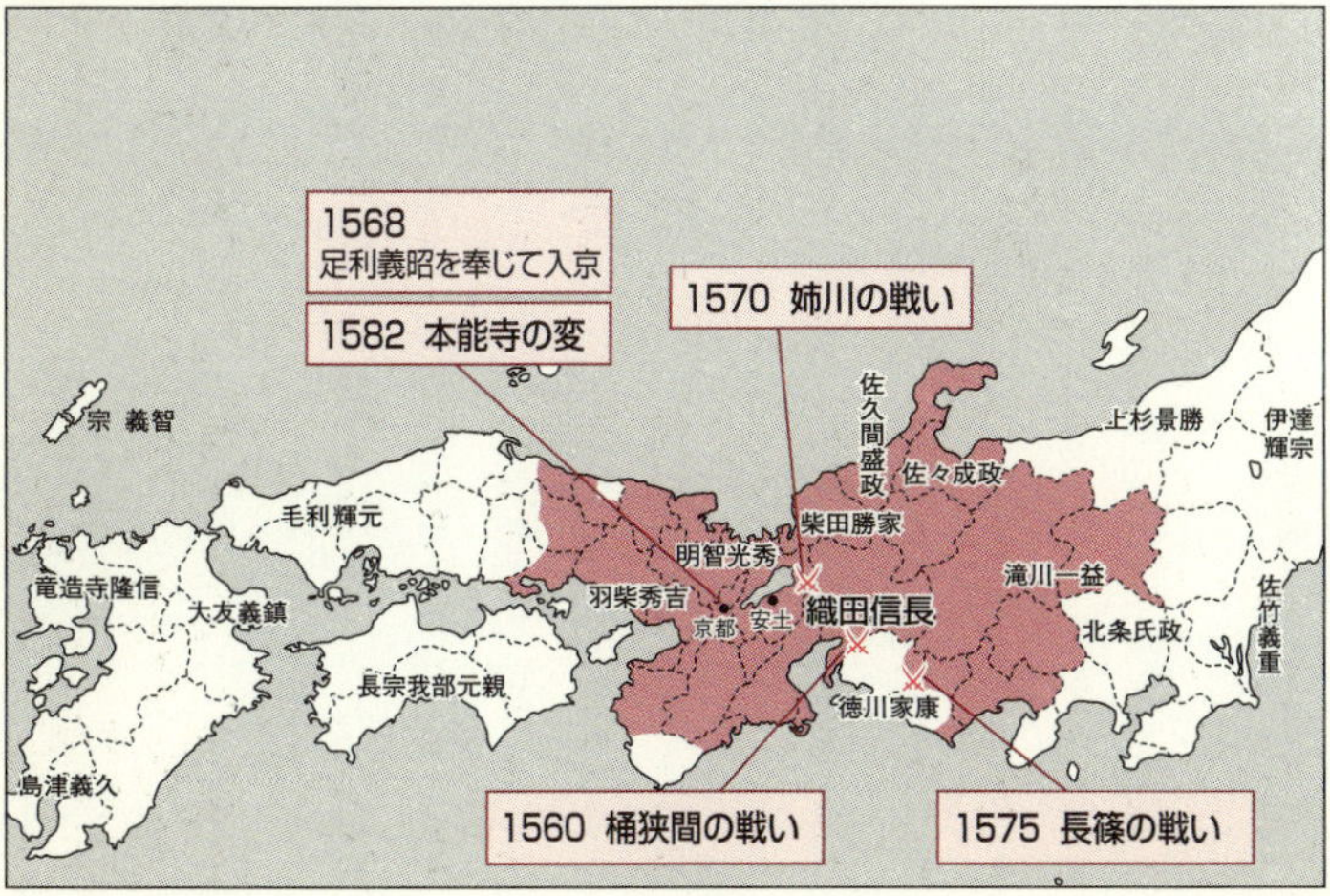

天下を掴んだ男・豊臣秀吉

乱世に終止符をうち、全国統一へ

信長を討った明智光秀だったが、そのわずか11日後には、遠征先の中国から予想を超える速さで取って返した豊臣秀吉《とよとみひでよし》との戦いに敗れ、いわゆる「三日天下」に終わった。

主君・信長の仇を討ったことで、信長家臣団のなかでの秀吉の発言力は強まった。１５８３年、賤《しず》ヶ岳の戦いで、柴田勝家を破ると、織田家臣団のなかに敵はいなくなり、１５８４年の小牧・長久手の戦いでは、徳川家康とも和睦した。１５８５年には、紀伊と四国、１５８７年には九州と、信長時代には達成できなかった地域の平定も成し遂げた。

政策面では、織田信長を踏襲し、楽市楽座の奨励や、朱印船貿易を行った。また、検地や刀狩を実施し、税制を確立した。

秀吉は、最初は征夷大将軍の地位を狙っていたが、源氏しかなれないと知って断念し、１５８５年には関白の位にのぼり、翌年には太政大臣になるとともに、豊臣の姓を賜った。

１５９０年、まだ秀吉の支配下になかった北条氏と伊達《だて》氏をついに降伏させ、信長の死から８年で、秀吉による全国統一が完成した。

１５９２年、国内に敵がいなくなった秀吉は朝鮮へ出兵した。だが、明が朝鮮を支援したこともあって苦戦し、いったん停戦した。

１５９７年の二度目の出兵では、最初から苦

豊臣秀吉の全国統一

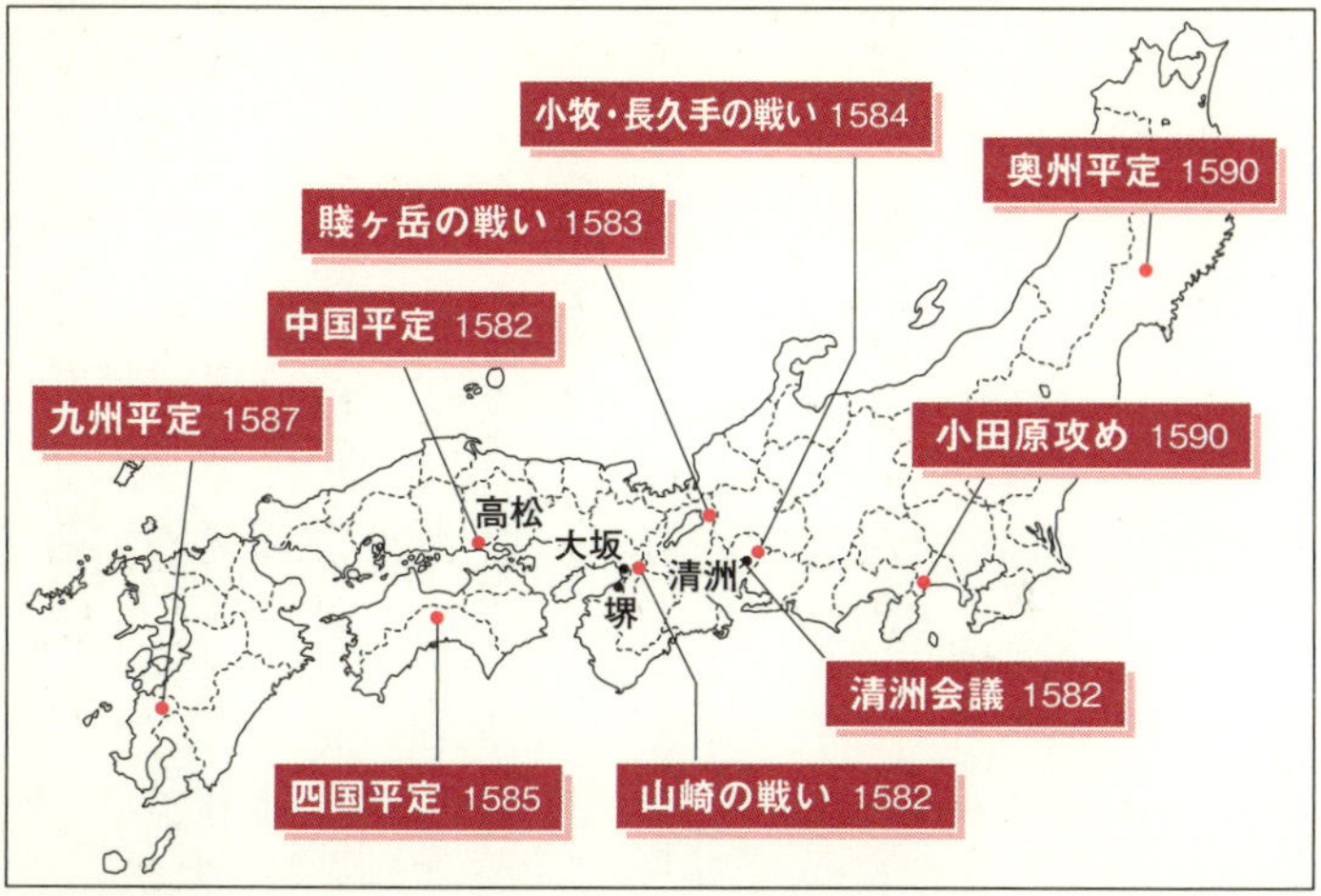

戦をしいられ、兵站でも苦労した。これを文《ぶん》禄《ろく》・慶長《けいちょう》の役という。そんななか、1598年に秀吉が亡くなったので、兵は撤退した。

秀吉には晩年にようやく生まれた秀頼《ひでより》という後継者がいたが、まだ幼少だった。秀吉亡き後は、実務を司る石田三成《いしだみつなり》ほかの五奉行と、顧問格の五大老が政権を担うことになったが、五大老の筆頭である徳川家康は、虎視眈々《こしたんたん》と天下を狙っていた。

大名の間での支持を着実にとりつけ、一大勢力になった家康は、三成を挙兵させるようにしむけ、1600年、天下分け目の関ヶ原の戦いに臨み、勝利をおさめる。これにより、天下は実質的に家康のものとなった。

まとめ

明智光秀を討った豊臣秀吉は権力を握り全国を統一。検地や刀狩などを実施

最後の勝者・徳川家康

江戸３００年の礎をいかに築いたか

１６００年の関ヶ原の戦いに勝利した徳川家康は、実質的に天下を掌握した。源氏を称していたので、１６０３年に朝廷から征夷大将軍に任じられ、江戸の地に幕府を開いた。ここに、２６０年続く江戸時代が幕を開ける。

しかし、家康は2年で家督を秀忠《ひでただ》に譲った。これにより、将軍の座は徳川家の世襲となることを示したのである。だが実際は、大御所《おおごしょ》と呼ばれた家康が、政治の実権を握り続けた。

家康としては、大坂の豊臣秀吉の遺子、秀頼が気がかりだった。いずれ徳川幕府を脅かす存在になるに違いないと考えていた。そこで、１６１４年7月、豊臣家が建立した寺院の鐘に言いがかりをつけるなどして追い込み、大坂城を明け渡すよう迫った。この事件をきっかけに、大坂冬の陣、夏の陣が起こり、１６１５年、ついに家康は豊臣家を滅ぼした。

こうして、戦乱の時代は終わり、平和な時代が始まる。家康は徳川政権の座を安泰にするため、大名を統制するための武家諸法度《ぶけしょはっと》や、朝廷に向けた禁中並《きんちゅうならびに》公家所法度《くげしょはっと》などを制定。大名の配置換えなども行い、幕藩体制の確立に努めた。

まとめ

関ヶ原の戦いを制し江戸幕府を開いた徳川家康は、幕藩体制の確立に努めた

文明の誕生
ギリシャ・ローマ
日本と中国Ⅰ
ヨーロッパとイスラム
日本と中国Ⅱ
ヨーロッパの展開
日本と中国Ⅲ
激動する世界

関ヶ原の戦い開戦時の対立図

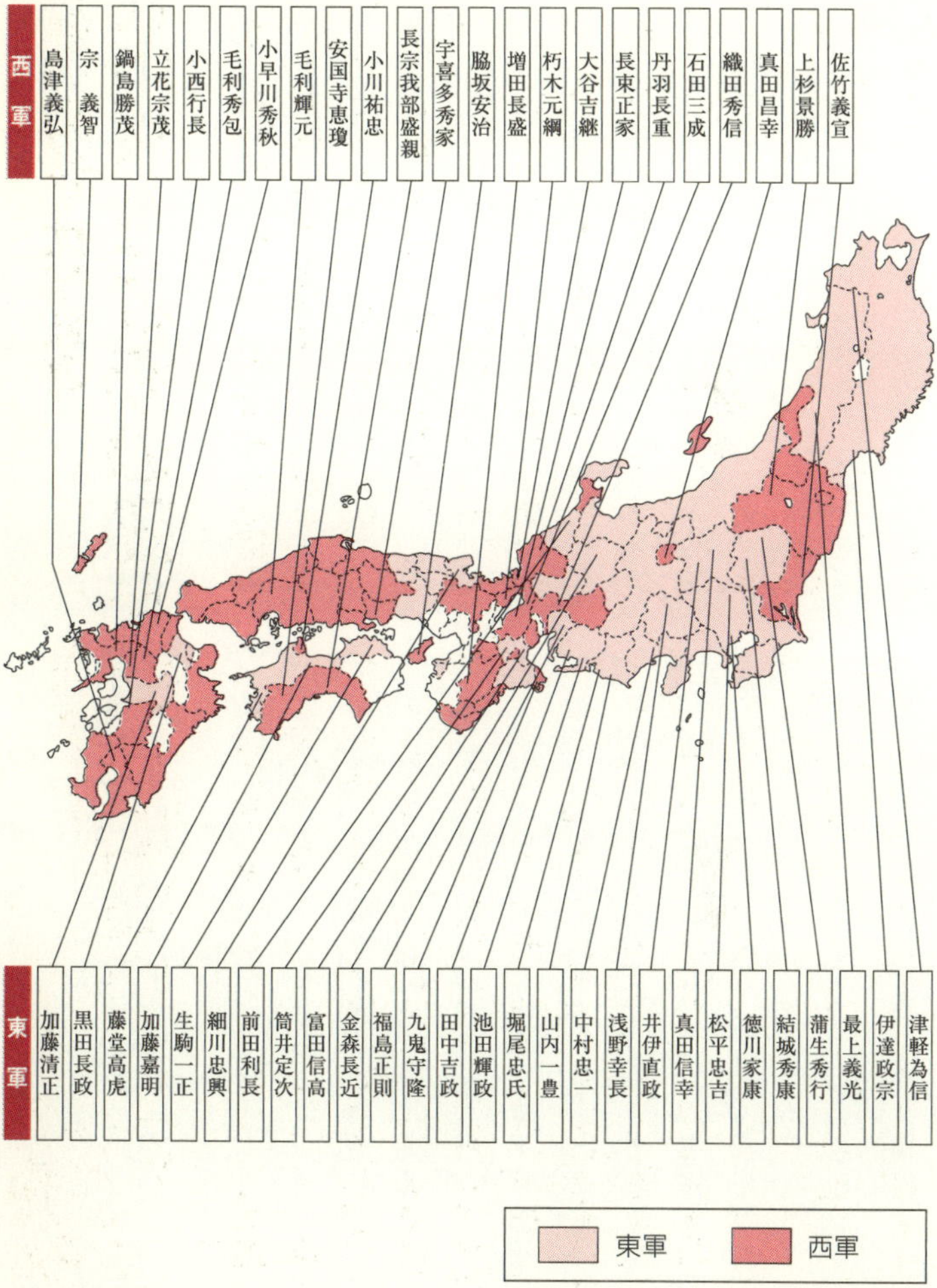

江戸時代

そもそもどういう時代だったのか

１６０３年から１８６７年まで続く江戸時代、将軍の座は徳川家一族のなかで世襲され、政権交代は一度もなかった。

１６１４年、１６１５年の大坂冬の陣・夏の陣、１６３７年～１６３８年に天草《あまくさ》四郎のもとでキリシタンが蜂起した島原の乱と、江戸初期には大きな戦乱があった。

その後の大きな事件としては、江戸幕府ができて１００年近くたった、１７０１年から翌年にかけての忠臣蔵《ちゅうしんぐら》の事件が挙げられる。

江戸城松の廊下で赤穂《あこう》城主、浅野《あさの》内匠頭《たくみのかみ》長《なが》矩《のり》が、吉良《きら》上野介《こうずけのすけ》に斬りかかり、ケガを負わせた。喧嘩両成敗のはずが、浅野だけ切腹となり、お家断絶。これを不服に思う浅野の家臣が、家老の大石内蔵助《くらのすけ》をリーダーに、翌年の暮に吉良を討った事件である。謎の多いこの事件は当初から人々の関心を集め、芝居になったことでますます有名になった。

政治上の事件では、１７１６年に八代将軍となった吉宗《よしむね》の時代の享保《きょうほう》の改革がある。

当時、幕府の財政は破綻しかけていた。そこで、吉宗は、支出を減らす倹約令を出した。収入の増加のために、参勤交代を緩和させる代わりに大名に米を上納させるなど、いろいろな政策を立てたが、あまり成功しなかった。

テレビドラマでおなじみの大岡越前守《おおおかえちぜんのかみ》が、江

徳川家の系図

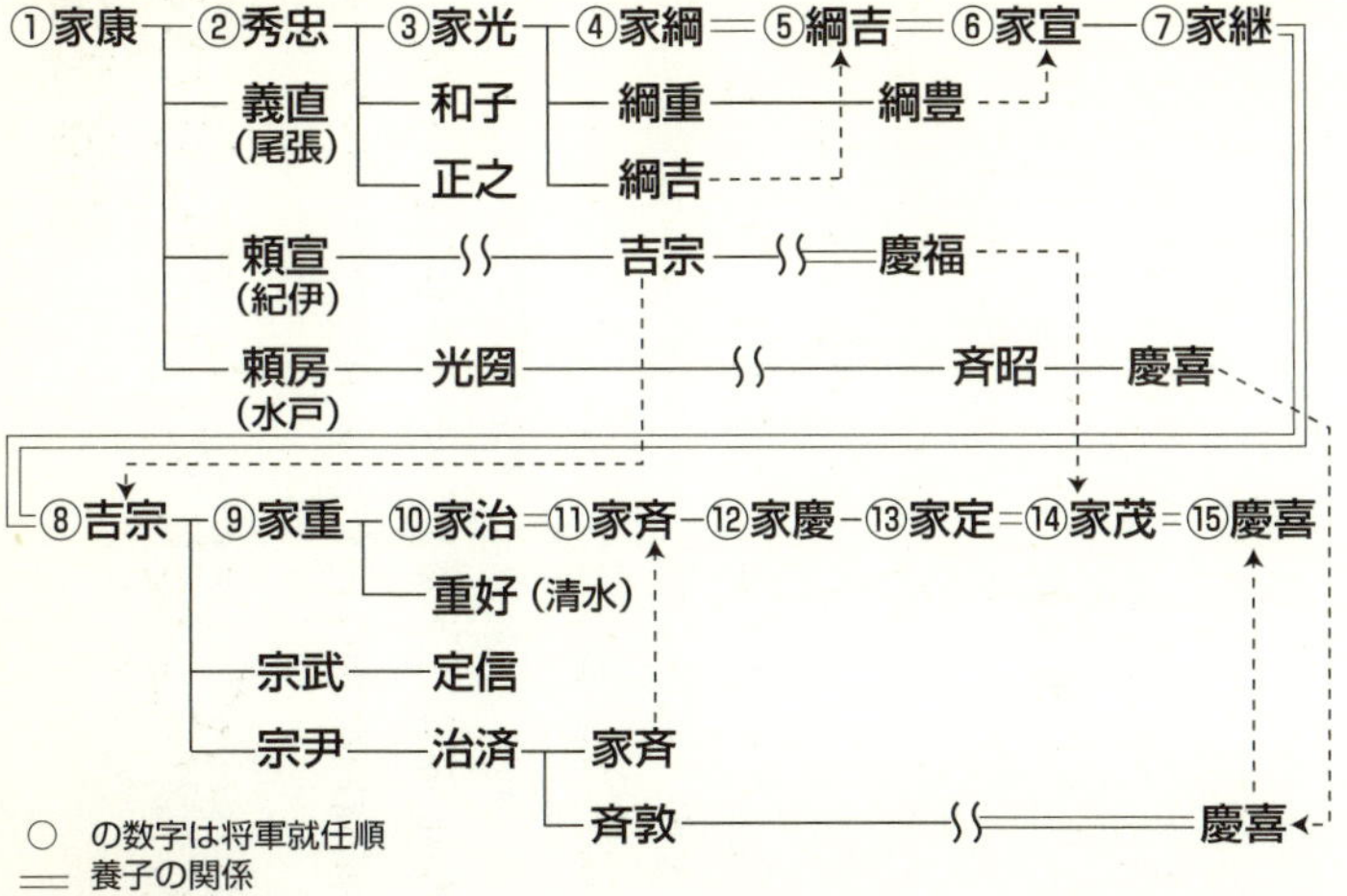

戸町奉行として活躍したのもこの時代である。

その後、1760年からの十代将軍徳川家《いえ》治《はる》の時代には、老中の田沼意次《たぬまおきつぐ》が商業資本導入などの改革を行った。

1787年からの十一代将軍徳川家斉《いえなり》の時代には、田沼時代を否定する、松平定信《さだのぶ》による寛政《かんせい》の改革が行われた。だが、あまりに厳しい倹約令は庶民の反感を買い、改革は挫折してしまう。

1841年からの天保《てんぽう》の改革を主導したのは、老中の水野忠邦《ただくに》。商品経済の秩序を確立し、幕府の権威を回復させようとしたが、基本的には寛政の改革を踏襲したもので、これも上手くはいかなかった。

まとめ

将軍の座は徳川家が世襲し安定政権が続く。三度の財政改革は不発に終わる

清の激動

明を滅亡に導いた満州族

金の滅亡後、力を盛り返してきた女真族では、ひとつの部族の長だったヌルハチが頭角をあらわし、各部族を次々に支配下に入れていった。１６１６年、女真族は弱体化していた明からの独立を宣言し、後金を建国した。その勢いで朝鮮に攻め入り、明の領土にまで侵攻し、遼河以東を制覇した。

１６３６年、ヌルハチの後を継いでいたホンタイジは国号を清《しん》とし、「女真」ではなく「満州」と名乗るようになった。

明末期に起きた叛乱による混乱に乗じ、清は中国を乗っ取り、１６４４年に明は滅亡。清は、すぐに中国全土を支配した。満州族が当時の中国で占める人口の割合はわずか２％だったため、行政機構は明時代を継承した。

四代皇帝の康熙帝《こうきてい》は、西欧文化の吸収に関心を寄せる開明的な君主だった。台湾やチベットを勢力下に置くなど、領土も拡張し、清は全盛期を迎えた。

清は三百年ほど続き繁栄した。西欧とも交流し、中国の絹や陶磁器、茶がイギリスに高く売れた。その一方、イギリスは中国に売るものがなく、いまでいう貿易赤字となった。

これを解消するため、イギリスが中国に売ったのがアヘンだった。中国が貿易で稼いだ銀はイギリスに逆流。アヘン中毒者がまたた

清と周辺諸国

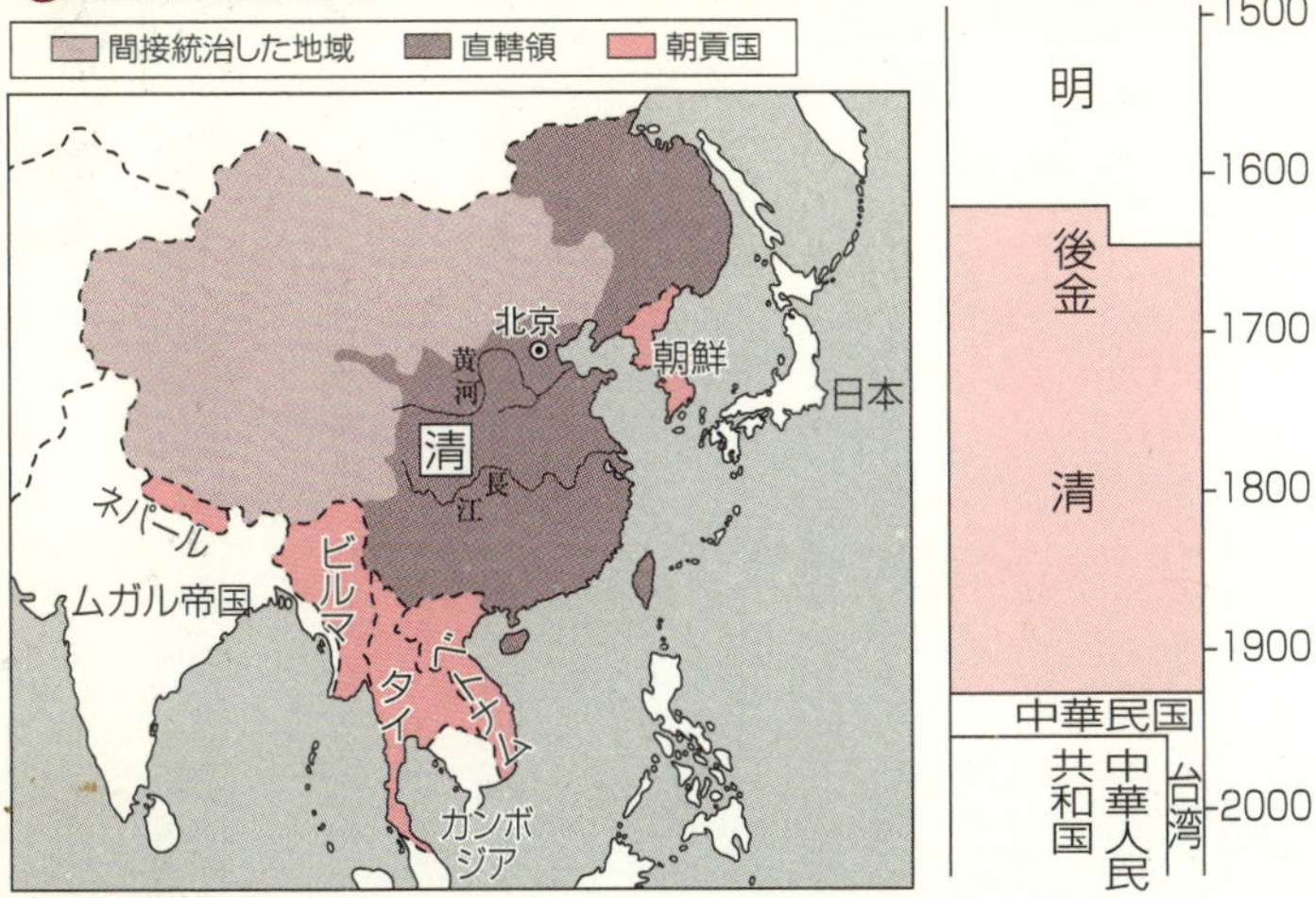

くまに増え、社会不安にまで発展した。

清政府はアヘンの輸入を禁じたが、これにイギリス議会が激怒する。1840年、イギリス海軍は清に向かい、アヘン戦争を開始。圧倒的な強さで大勝した。1842年、清は南京《なんきん》条約を結び、香港はイギリスに割譲され、巨額の賠償金も払うことになった。

賠償金支払いのため、清政府は増税せざるをえなくなり、庶民の暮らしを直撃した。そこに起きるのが「太平天国の乱」である。清政府が鎮圧に手間取っている間に、イギリスとフランス軍が出兵、アロー戦争となった。これにも清は大敗し、天津《てんしん》条約という、さらに屈辱的な条約を結ぶことになった。

まとめ

満州族が築いた清は300年ほど続くが、アヘン戦争でイギリスに敗れる

動乱の幕末

ペリー来航から戊辰戦争まで

２５０年続いた平和な時代に終わりを告げたのは、１８５３年、アメリカ艦隊の来航だった。それ以前にも、１７９２年にはロシアが通商を求めるなど、日本近海にヨーロッパの船が頻繁に姿を見せるようになっていたが、幕府は鎖国政策を続けていた。

隣国の清がイギリスとのアヘン戦争に敗れたことは、一部の知識階層に衝撃を与えていたが、いよいよ幕府としても外国を無視できなくなったのが、ペリー率いる艦隊の来航だった。アメリカの軍事力の前に、鎖国政策は転換され、１８５４年、日米和親条約が結ばれた。この条約締結までの過程で、幕府の政府としての能力が乏しいことが露呈した。国論は、開国か攘夷かで二分された。

その後の数年間に、幕府は、アメリカをはじめ、オランダ、ロシア、イギリス、フランスと通商条約を結ぶが、関税自主権のない、日本側にとって不利なものだった。これらの改正が、のちに明治政府が直面する初期の最大の課題となる。

幕府への不満は、朝廷内部でも高まっていた。大老の井伊直弼《いいなおすけ》が朝廷の許可もないまま、アメリカと条約を結んだからである。これによって、開国反対の攘夷《じょうい》派は、朝廷を重視するという考えの尊皇《そんのう》思想と結びつき、尊王攘

戊辰戦争の展開

五稜郭の戦い
乙部
箱館
福山（松前）
奥羽越
列藩同盟の成立
青森
秋田
盛岡
会津戦争
長岡城の戦い
米沢
仙台
鳥羽・伏見の戦い
会津
白河
高崎
甲府
京都
大坂
江戸
駿府
上野戦争
江戸城無血開城
新政府軍の進路
榎本武揚退路

夷運動に発展、倒幕が現実の政治課題になりつつあった。

そんな危機的状況を受け、井伊直弼は倒幕を阻止するための大弾圧政策に出た。「安政の大獄」である。

1860年、井伊直弼が、江戸城桜田門の外で暗殺された。尊王攘夷運動は一気に爆発し、幕末動乱の時代となるのであった。

それぞれ倒幕を目指す薩摩《さつま》藩と長州藩は、最初反発していたが、坂本龍馬の仲介もあり薩長同盟が成立。情勢は一気に動いていく。

1867年10月、江戸幕府最後の十五代将軍となった徳川慶喜《よしのぶ》は、土佐藩から提案された大政奉還《たいせいほうかん》を決断した。倒幕の先手を打ったのである。これは、土佐藩の坂本龍馬が考えたものがベースとなっていた。

当初、慶喜としては、天皇の下に徳川を含めた各大名による合議の政治体制を作るつもりだった。しかし、薩摩の大久保利通《おおくぼとしみち》や公家の岩倉具視《いわくらともみ》らは、幕府を武力で倒し、徳川の力を完全に奪いとろうと考えていた。

1868年、薩摩と長州を中心にした討幕軍と幕府軍との戦いが始まった。鳥羽・伏見の戦いを経て、いよいよ江戸が戦場となった。だが、激戦が予想された江戸での戦いは、勝海舟と西郷隆盛の会談で回避され、江戸城は無血開城された。その後も、幕府軍は懸命に戦ったが、上野の彰義隊《しょうぎたい》の戦い、会津《あいづ》戦争を経て、函館の五稜郭《ごりょうかく》の戦いで降伏した。

こうして新政府が全国を平定し、日本は近代国家への道を歩み出すのである。

まとめ

ペリー来航で開国した日本は、尊皇攘夷運動の高まりから倒幕へと向かう

明治時代
近代国家として出発した日本

全国を平定した明治新政府は、中央集権国家の樹立を目指し、廃藩《はいはん》置県《ちけん》、学制の整備、地租改正、徴兵令といった政策を次々と打ち出していった。日本は近代国家として生まれ変わったのである。

明治新政府の中心は、薩摩と長州の出身者だったが、その薩摩を代表する西郷隆盛《さいごうたかもり》は、１８７３年にすべての官職を辞してしまう。悪化していた日朝関係の修復のため、西郷は朝鮮に行こうとしたが大久保利通らは反対。政府内で意見が対立したため、政府を去ったのだった。「明治六年の政変」である。

明治新政府は、大久保の主導のもと、かつての武士の特権を次々と廃した。これに不満を持つ武士たちは叛乱を起こし、その最後の大きな叛乱が、西郷隆盛による西南戦争だった。１８７７年、鹿児島に帰っていた西郷は、周囲の士族たちをおさえきれず挙兵する。戦闘は九州各地を転々とし、鹿児島の城山が陥落して終わり、西郷は自刃した。

その翌年、大久保は暗殺され、同年、長州のリーダーだった木戸《きど》孝允《たかよし》も病死。「維新の三傑」と呼ばれた三人は相次いで亡くなった。

「明治六年の政変」で政府の役職を辞した人物の中には板垣退助《いたがきたいすけ》もいた。官僚が政治を行う体制を批判するようになり、国会の開設を

明治から大正時代にかけての流れ

1868（明治1）	戊辰戦争（～1869）／明治改元
1869（明治2）	版籍奉還
1871（明治4）	廃藩置県／日清修好条規
1873（明治6）	征韓論が敗れる／地租改正
1874（明治7）	佐賀の乱／台湾出兵
1875（明治8）	樺太・千島交換条約
1876（明治9）	日朝修好条規
1877（明治10）	西南戦争
1881（明治14）	明治14年の政変／国会開設の勅諭
1885（明治18）	天津条約／内閣制度発足
1887（明治20）	保安条例公布
1889（明治22）	大日本帝国憲法発布
1891（明治24）	大津事件
1894（明治27）	日清戦争（～1895）
1895（明治28）	下関条約／三国干渉
1900（明治33）	北清事変
1902（明治35）	第一回日英同盟
1904（明治37）	日露戦争（～1905）

求めた。自由民権運動の始まりである。

政府のなかで、大隈《おおくま》重信《しげのぶ》は国会の早期開設を主張した。しかし伊藤博文らは反対。大隈は明治14年の政変で失脚し、罷免された。政府への批判が高まると、明治23年に国会を開設すると伊藤らは約束した。

１８８２年、伊藤博文は、立憲君主制を視察するため、プロイセン（いまのドイツ）に向かった。その憲法を学び、天皇主権の国家体制の憲法制定を準備した。１８８５年、内閣制度が発足し、初代総理大臣には伊藤博文が就任した。そして、１８８９年、ようやく大日本帝国憲法が公布された。その翌年には、最初の帝国議会が召集された。

まとめ

明治政府は廃藩置県などを実施。憲法を制定し議会を開く近代国家となる

日清戦争、日露戦争

明治日本が戦った2つの戦争

朝鮮半島をめぐり、日本は清と対立していた。さらに、ロシアも南下して朝鮮半島に触手を伸ばそうとしていた。

1894年3月、朝鮮の民族派の東学党が決起し、内乱状態になった。6月、日本と清が鎮圧のために出兵。日本は清に、一緒に朝鮮改革を進めようと提案するが拒否され、清に対し開戦を決断。日清戦争の勃発である。

戦争は約8カ月で、日本の勝利に終わった。下関で講和会議が開かれ、日本は、台湾、澎湖《しょうこ》列島、遼東《りょうとう》半島と多額の賠償金を得た。

ところが、日本を警戒したロシアが、ドイツ、フランスと手を組み、遼東半島の返還を求めてきた。これを「三国干渉」という。日本はこれに屈服し、返還することになった。これがのちの日露戦争への伏線となる。

日清戦争により清の弱体化が露呈し、ヨーロッパ列強各国は、中国各地に租借地《そしゃくち》を設け、実質的に中国を分割し、支配していった。ロシアも日本に返還させた遼東半島を租借地とし、南下政策に必要な港を手に入れた。

1900年、外国の侵略的行為に反発した中国の義和団が、叛乱を起こした。日本を含む列強が出兵し、清は各国に宣戦布告したが、列強連合軍に敗れ、開戦前よりひどい条件の議定書を結ぶはめになる。

日露戦争時点の国際関係

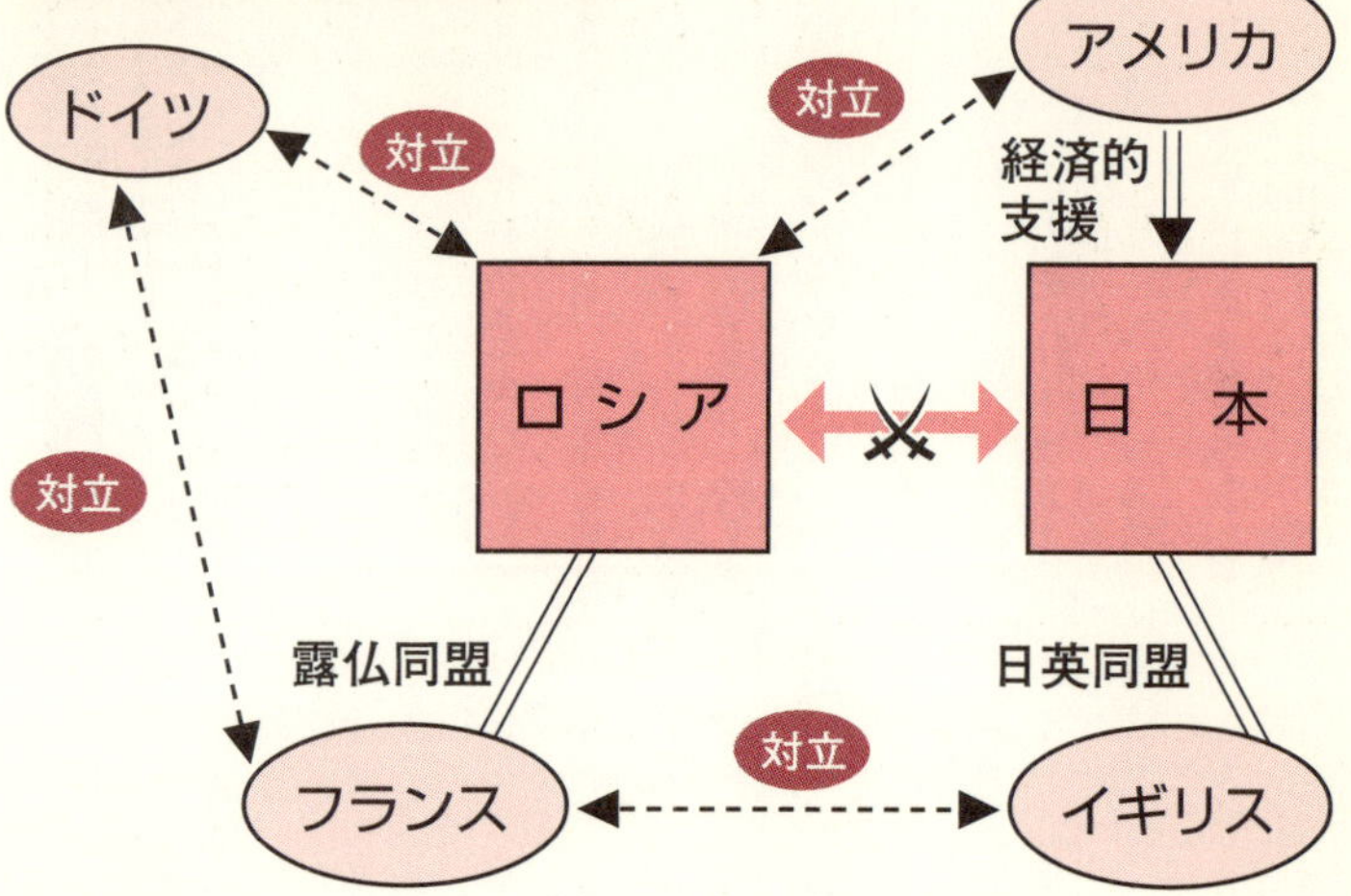

この義和団事件を契機に、ロシアは中国東北部の満州を実質的に支配していく。いずれロシアとの戦争が避けられないと考えた日本は、イギリスと同盟を結び、それに備えた。

１９０４年、満州をめぐる日露の交渉は決裂し、２月、ついに宣戦布告となった。乃木《のぎ》希典《まれすけ》が指揮した旅順攻略は難航し、多大な犠牲を出したが勝利を得た。一方、東郷平八郎率いる連合艦隊とロシアのバルチック艦隊との海戦は、日本の圧勝で終わった。

日本は戦闘では勝利したのだが、アメリカが仲介に入って締結したポーツマス条約は、日本にあまり有利とはいえない内容だったため、国内では講和反対のムードが高まった。

まとめ

日清、日露戦争に勝利したが、各国の介入で日本有利の条約締結ではなかった

●日本史・世界史年表Ⅲ

ヨーロッパ・アメリカ

1492 コロンブスアメリカ到達
1517 ルターが95箇条の論題発表
1521 コルテスがメキシコ征服
1524 ドイツ農民戦争
1533 ピサロがペルー征服
1534 イギリス国教会成立
1562 ユグノー戦争（～1598）
1571 レパントの海戦
1598 ナントの勅令
1603 スチュアート朝（英）
1618 ドイツ30年戦争（～1648）
1620 メイフラワー号アメリカ到着
1643 ルイ14世即位（仏）
1648 ウェストファリア条約
1649 共和政となる（英）
1660 王政復古（英）
1688 名誉革命（英）
1689 権利の章典
1700 北方戦争（～1721）
1701 スペイン継承戦争（～1713）
1740 オーストリア継承戦争（～1748）
1756 七年戦争（～1763）

アジア・中東・アフリカ

1526 ムガル帝国成立
1600 東インド会社（英）
1602 東インド会社（オランダ）
1616 後金成立
1631 李自成の乱（～1645）
1636 後金が国号を清とする
1644 明滅亡

日本

1543 鉄砲の伝来
1553 川中島の戦い（以後5回）
1555 厳島の戦い
1560 桶狭間の戦い
1568 織田信長が足利義昭を奉じ入京
1570 姉川の戦い
1571 織田信長による比叡山焼討ち
1572 三方ヶ原の戦い
1573 室町幕府の滅亡
1575 長篠の戦い
1582 本能寺の変／山崎の戦い
1583 賤ヶ岳の戦い
1587 バテレン追放令
1590 小田原征伐
1592 文禄の役
1597 慶長の役
1600 関ヶ原の戦い
1603 江戸幕府成立
1614 大坂冬の陣
1615 大坂夏の陣
1633 鎖国令
1637 島原の乱

1773	ボストン茶会事件(米)
1775	アメリカ独立戦争
1776	アメリカ独立宣言
1783	パリ条約
1789	フランス革命
1789	ワシントンが米初代大統領に
1804	ナポレオンが皇帝として即位(仏)
1805	トラファルガーの海戦
1805	アウステルリッツの戦い
1806	神聖ローマ帝国滅亡
1812	アメリカ＝イギリス戦争
1812	ナポレオンのロシア遠征
1814	ナポレオン退位／ウィーン会議
1815	ワーテルローの戦い
1830	七月革命(仏)
1845	テキサス併合(米)
1846	アメリカ＝メキシコ戦争
1848	二月革命(仏)
1853	クリミア戦争(～1856)
1861	南北戦争(～1865)
1866	プロイセン＝オーストリア戦争
1870	プロイセン＝フランス戦争
1871	ドイツ帝国成立
1878	ベルリン会議
1898	アメリカ＝スペイン戦争

1796	白蓮教徒の乱(～1804)
1816	ジャワ、オランダ領に
1819	シンガポール、英領に
1840	アヘン戦争(～1842)
1851	太平天国の乱(～1864)
1856	アロー戦争(～1860)
1857	セポイの反乱
1858	アイグン条約／天津条約
1858	ムガル帝国滅亡
1860	北京条約
1877	英領インド帝国成立
1884	清仏戦争(～1885)
1885	天津条約
1898	フィリピンが米領に
1900	義和団事件

1651	由井正雪の乱
1701	赤穂事件
1825	異国船打払令
1837	大塩平八郎の乱
1853	ペリー浦賀へ来航
1860	桜田門外の変
1863	薩英戦争
1864	禁門の変
1866	薩長同盟
1867	大政奉還
1868	戊辰戦争
1877	西南戦争
1889	大日本帝国憲法発布
1894	日清戦争
1895	日清講和条約／三国干渉
1900	北清事変
1902	日英同盟
1904	日露戦争

8

激動する世界

20 世紀初頭、第一次世界大戦が勃発。近代兵器の登場で戦争は激化、世界中を巻き込む戦いとなる。そのさなか、ロシアでは革命が起き社会主義政権が誕生した。1929 年、アメリカに端を発する世界恐慌は各国に波及し、回復が立ち遅れたドイツと日本では軍部が台頭し、第二次世界大戦を引き起こすことになる。戦後のアメリカとソ連を中心とする冷戦状態は 1980 年代に終結したが、パレスチナ問題をかかえる中東など、地域紛争は今も続く。

第一次世界大戦

各国を巻き込んだ最初の世界大戦

20世紀初頭、バルカン半島は、「世界の火薬庫」と呼ばれ、一触即発の状態だった。ヨーロッパでは、ドイツ、オーストリア、イタリアが、１８８２年に「三国同盟」を結成。フランス、イギリス、ロシアは「三国協商」を結んで対抗し、二大勢力となっていた。

１９１２年～１９１３年の第一次バルカン戦争では、オスマン帝国とバルカン同盟が、１９１３年の第二次バルカン戦争では、バルカン諸国とブルガリアが戦った。その背後には、他のヨーロッパ諸国の支援もあった。

１９１４年、オーストリアの皇太子が、セルビア人学生に狙撃されるという事件が起こる。オーストリアはセルビアに宣戦布告した。オーストリアに味方し、「同盟国」となったのがドイツで、トルコとブルガリアもこれに加わった。一方、セルビアには、ロシア、イギリス、フランスの三国協商の国々が味方し、さらにアメリカも加わり、合計27カ国がこちらに参戦、「連合国」となった。

科学技術が発展していたドイツは、毒ガスの開発、戦車や潜水艦を用いるなど近代兵器を駆使して戦い、当初は同盟国側が優勢だった。しかし、１９１７年４月にアメリカが連合国に加わると、劣勢に転じる。

１９１７年11月、ロシア革命が起きると、

第一次世界大戦の構図

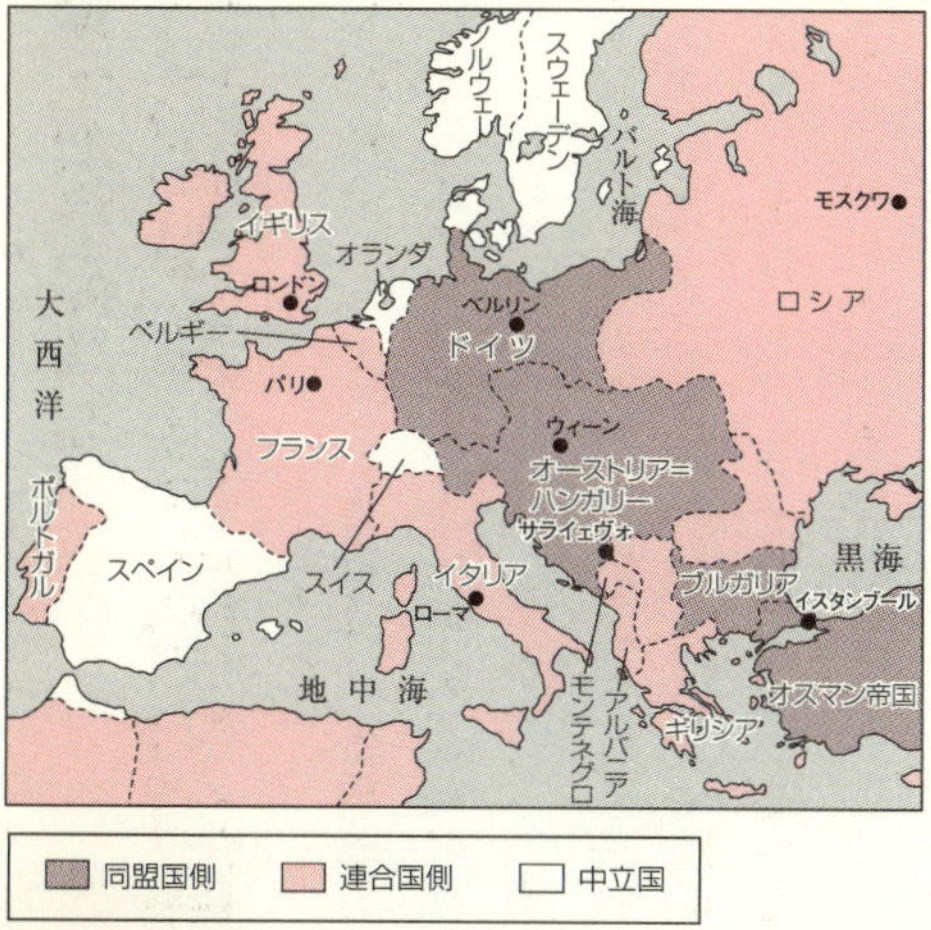

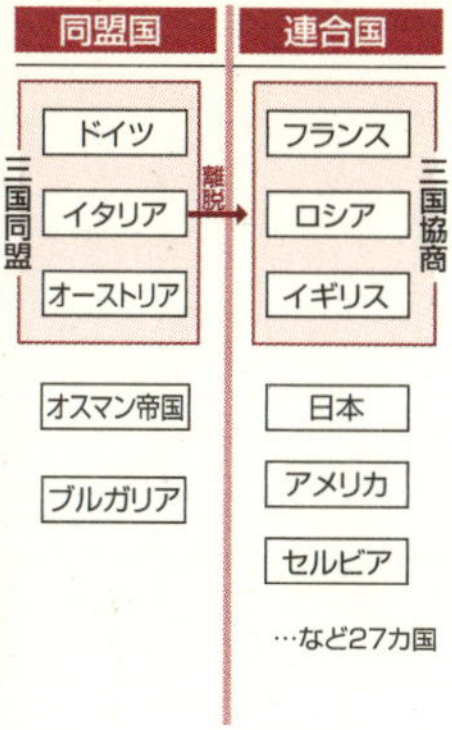

新政府は国内の安定優先のために、ドイツと単独講和を結び、戦線から離脱。１９１８年11月、帝政反対と即時講和を求める声が高まっていたドイツで革命が起き、帝政が倒されてしまう。新政府は各国と休戦協定を結び、第一次世界大戦はドイツの敗北で終わった。

パリ講和会議の結果、ドイツはすべての植民地を失い、アルザス・ロレーヌをフランスに返還、多額の賠償金を戦勝国に払うことになった。国際連盟の設立も決まった。

第一次世界大戦では、日本はイギリスの求めに応じ連合国側に参戦。中国のドイツの租借地に侵攻した。これをきっかけに、日本の中国大陸侵略が本格的になっていくのである。

まとめ

ドイツなどの「同盟国」と英仏などの「連合国」の戦争に世界各国が参戦

ロシア革命

世界が揺れた初の社会主義革命

ロシアでは、長く続いた農奴制で農民は貧しく、19世紀末からの工業化で生まれた都市労働者たちも貧しかった。そのなかから労働運動が芽生え、社会主義運動に発展した。

１９０５年、第一次ロシア革命が起きた。戦艦ポチョムキンでの水兵の叛乱、鉄道員組合のストなどで帝国政府は打撃を受け、言論の自由と集会の自由を認め、国会の創設を約束せざるをえなかった。

だが、農民や労働者の貧困は少しも改善されなかった。そんな状況でロシアは第一次世界大戦に参戦したが、国力がもたなかった。

１９１７年３月、各地で労働者が集会を開き、皇帝を退位に追い込み、３００年続いたロマノフ王朝に終止符が打たれた。ケレンスキーを首班とする臨時政府ができるが、大戦を継続したため、国民の支持を失う。そこに、亡命していたレーニンが帰ってきた。

11月、レーニン率いるボリシェヴィキ（多数派、という意味）は、ペトログラードで蜂起し、臨時政府を倒し、世界初の社会主義政権を樹立。だが、憲法制定会議の選挙では、社会革命党が第一党となってしまった。レーニンは武力で議会を解散し、ボリシェヴィキの一党独裁体制を確立、それとともに、ボリシェヴィキは共産党と改称した。首都はペト

ロシア革命の流れ

日露戦争（1904～05）	
血の日曜日事件（1905）	窮状を訴えて行進中の労働者に対して軍が発砲。千人の死傷者を出す。
ソヴィエトの結成（1905）	労働者による自治組織「ソヴィエト」が蜂起。（第一次ロシア革命）
ストルイピンが首相就任（1906）	反動政治によって社会不安増大
第一次世界大戦（1914～18）	参戦するものの十一月革命で戦線離脱
三月（二月）革命（1917）	大規模なストライキが全国で起こり、皇帝ニコライ2世が退位。ロマノフ王朝が滅びる
十一月（十月）革命（1917）	レーニン、トロツキーらを中心に、臨時政府を倒し、ソヴィエト政権樹立

ログラードからモスクワへ移った。

新政府には課題が山積していた。まず、1918年に単独でドイツと講和した。一方、革命の波及を危惧するイギリス、フランス、アメリカ、日本は、ロシアの反革命派を支援した。反革命軍と戦うため、レーニンは赤軍を組織し、反撃に出るとともに、反革命派を弾圧し、次々と逮捕、投獄した。

1922年にはソビエト社会主義共和国連邦が結成された。

レーニンは革命から7年後の1924年に54歳で亡くなった。その後継者となったスターリンは、工業化を推進する一方、政敵を粛清し、独裁体制を築いた。

まとめ

ロシア革命ではロマノフ王朝が倒れ、レーニンは初の社会主義政権を樹立

大正時代

大正デモクラシー、米騒動…転機の時代

大正時代（１９１２〜１９２６年）は、「大正デモクラシー」という言葉に代表されるように、日本に民主主義が根付きはじめ、文化も発展した時代だった。その一方、産業の発展により、貧富の格差が生まれたことで、劣悪な労働条件に苦しむ労働者が多くなった。また、ロシア革命の影響を受けて、社会主義運動も始まった。

政治体制としては、明治以来の藩閥支配体制が揺らぎ、政党が強くなった。その指導者となったのが、尾崎行雄《おざきゆきお》・犬養毅《いぬかいつよし》らだった。

１９１８年に米騒動が起き、各地で米問屋の打ちこわしなどの暴動が起こる。寺内内閣は、軍隊を出動させて騒動を鎮圧させたが、退陣に追い込まれる。代わって総理大臣になったのが原敬《はらたかし》で、史上初の「平民宰相」となった。それまで爵位を持つ者が任命されていたが、衆議院議員が総理大臣になったのである。だが、原は暗殺されてしまった。

１９２３年に起きた関東大震災では、多くの人命と財産が失われた。

１９２５年には、普通選挙法が成立するが、その一方、治安維持法も制定された。

まとめ

民主主義が根付きかけ社会主義運動の始まりや史上初の「平民宰相」も誕生

世界恐慌

世界をどんな事態に陥れたか

第一次世界大戦により、日本は好景気にわき、経済発展を遂げた。しかし、欧米各国の生産力が回復すると、日本の輸出は激減し、「戦後恐慌」と呼ばれる事態になった。

そこに、１９２３年の関東大震災による景気の悪化があり、１９２７年、銀行への取り付け騒ぎで、「金融恐慌」となった。

田中義一《ぎいち》内閣の高橋是清《これきよ》蔵相は、モラトリアム（支払い停止令）を発して、この急場をしのいだ。田中内閣は、社会主義勢力に対する弾圧を強めたことでも知られ、１９２８年の３・15事件、翌年の４・16事件で、共産党系の活動家を大量に検挙した。また、治安維持法が改正され最高刑が死刑になった。

１９２９年10月24日には、ニューヨークのウォール街で株価が大暴落。「世界恐慌」が起きた。それは日本にも波及し、翌年には、金解禁を契機として「昭和恐慌」となり、未曾有の不景気が国民を襲った。

欧米各国は植民地があったので、どうにかしのいで立ち直ったが、植民地を持たない日本とドイツは、なかなか立ち直れず、ドイツではナチスの台頭を招き、日本では軍の独走・暴走をもたらす背景となった。

１９１８年に共和国となったドイツでは、翌年、世界で最も民主的な憲法といわれたワ

世界恐慌後の各国の動き

アメリカ

農業調整法、全国産業復興法など一連のニューディール政策によって、不況回復を計る。

ブロック経済体制

イギリス

スターリング＝ブロックを結成。

フランス

フラン＝ブロックを結成。

日　本

社会不安が広がるなか、大陸で支配権の拡大を計り、満州国を建国。

ドイツ

恐慌の打撃によって社会が混乱。ナチ党が政権を握る。ラインラントへ進駐。

イタリア

ムッソリーニ主導のもと、エチオピアへ侵攻。

イマール憲法が制定された。自由な世の中の到来で、映画など新しい芸術も栄えた。

一方、第一次世界大戦の敗北による巨額の賠償金の支払いで、超インフレが国民を襲った。そこに世界恐慌が重なり、失業者が増え、国民の不満は爆発寸前となっていた。

そうした国民の不満を受け、１９３２年の選挙で圧勝したのが、ヒトラーを党首とする国民社会主義ドイツ労働者党（ナチス）だった。ヒトラーは翌年、首相に就任し、失業を減らすなどの実績を残した。

社会主義国のソ連を牽制する意味で、他の欧米各国は、ナチスを黙認した。政権獲得から4年で、ドイツは経済成長を遂げた。

まとめ

日本とドイツは恐慌からの景気回復が遅れ、ナチスや軍部が力を持つ結果に

第二次世界大戦

「破滅」へとつきすすんだ日本

日本では軍部が独走を始め、１９３１年に満州事変を起こし、満州帝国を建国。国際連盟がこれを認めないと、日本は国際連盟を脱退し、世界から孤立した。味方は、ドイツとイタリアという全体主義国家だけだった。

一方、中国は孫文《そんぶん》の死後、国民党政府は共産党排除を決定。共産党は反政府の立場をとり、江西省に臨時政府を樹立する。中国は、南京の国民党政府と毛沢東《もうたくとう》の臨時政府という、二つの政府がある状態となった。しかし、１９３５年には、日本の侵略に対抗するため、国民党と共産党の間で和解が呼びかけられた。

１９３７年７月、盧溝橋《ろこうきょう》事件をきっかけに日中戦争に突入した。

ヨーロッパでも戦争が始まった。ドイツの国内が安定すると、ヒトラーは世界征服の野望に燃え、１９３９年にポーランドに侵攻。これに反発する英仏両国がドイツに宣戦布告し、第二次世界大戦が勃発する。翌年には、ドイツの同盟国イタリアも参戦、フランスは降伏し、パリはドイツが占領した。日本はドイツ、イタリアと三国同盟を結んだ。

１９４１年６月、ドイツはソ連との間に不可侵条約を結んでいたにもかかわらず、ソ連に侵攻、独ソ戦が始まった。同年12月には、ドイツ、イタリアがアメリカに宣戦、日本も

第二次世界大戦の各国の関係

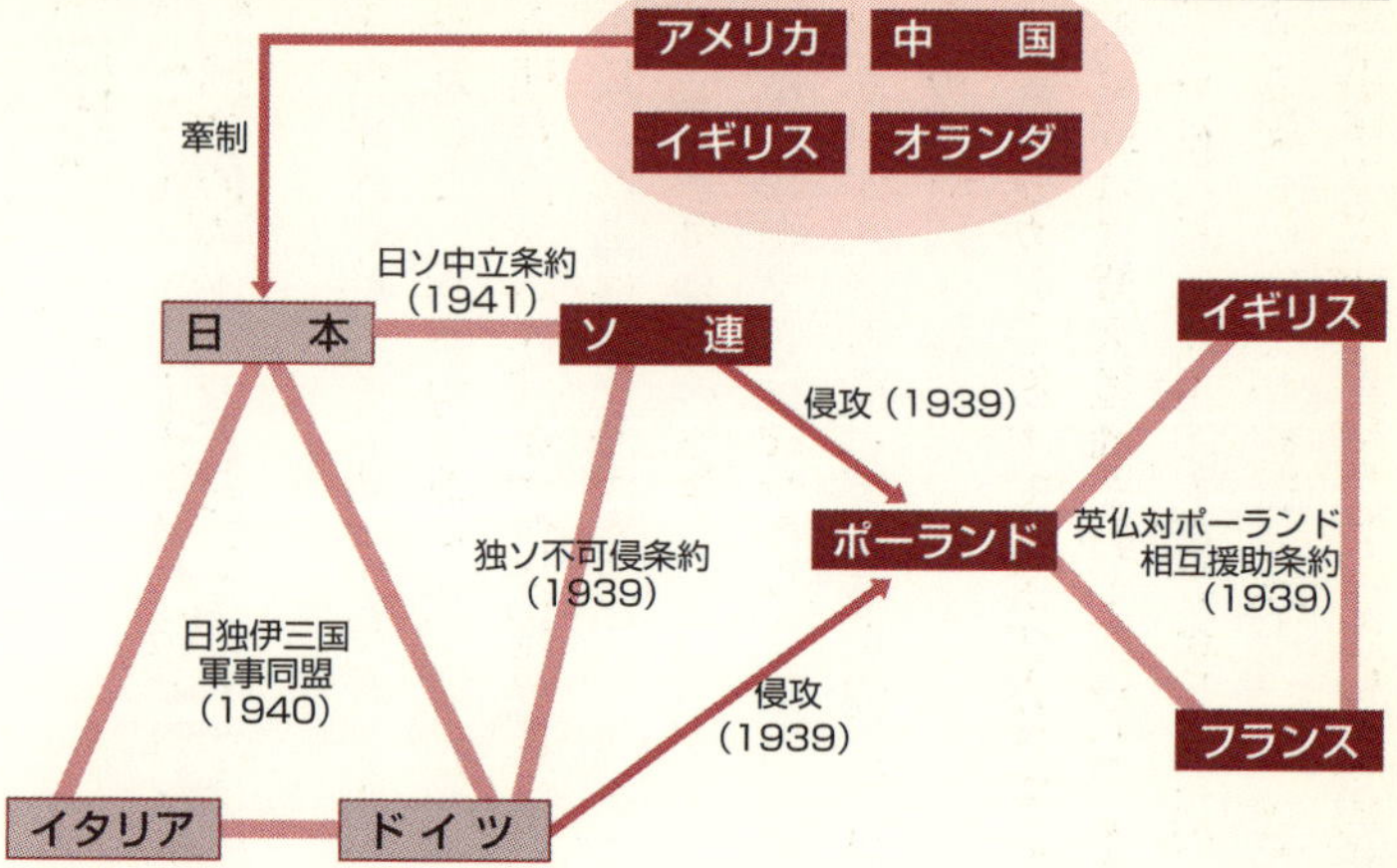

真珠湾攻撃でアメリカとの戦争を始めた。

戦況は、最初はドイツ軍が優勢だったが、１９４３年から米英を中心とする連合国軍が優勢となり、１９４４年のノルマンディー上陸作戦でドイツの敗北は決定的となる。１９４５年４月、ヒトラーは自殺し、ドイツは連合国に降伏した。

日本もしだいに劣勢になり、１９４２年６月にミッドウェー海戦で大敗。アメリカは南方の島々を攻略し、日本本土への空襲も始まった。１９４５年３月には東京大空襲、４月にはアメリカ軍の沖縄上陸、８月には広島と長崎への原爆投下があり、昭和天皇はポツダム宣言受諾と無条件降伏の決断を下した。

まとめ

中国大陸、ヨーロッパ、太平洋へと戦線は拡大。日本の無条件降伏で終結

現代世界

冷戦後の世界の「枠組み」はどうなったか

第二次世界大戦後の１９４５年10月、国際連合が発足した。戦勝国である米、英、仏、ソ、中の五カ国が安全保障理事会常任理事国となり、国際政治の主導権を握った。

敗戦国ドイツは東西に分裂した。東ドイツ地域にある西ベルリンを囲むようにコンクリートの壁が築かれ、この「ベルリンの壁」は東西冷戦の象徴とされた。

日本はアメリカの占領下で民主化されていった。天皇制は象徴天皇制として継続し、主権在民、平和主義、基本的人権の尊重を三つの柱とする新しい憲法が施行された。とくに「戦争の放棄」と「非武装」は、当時の国民の思いを反映するものでもあった。１９５１年、日本は主権を回復した。

中国では、国民党と共産党が一時的に和解したものの、すぐに内戦となった。共産党は１９４９年１月に北京を制圧、９月に中華人民共和国の建国を宣言した。国民党は台湾に逃れ、中華民国として存続した。朝鮮では、米ソが北緯38度線で分断し、それぞれを占領。南部は大韓民国として独立、北部は朝鮮民主主義人民共和国として独立した。

また、アジアやアフリカでは、植民地となっていた国々が独立を果たしていった。

中東地域は、現在も解決していないパレス

冷戦のはじまりと終結

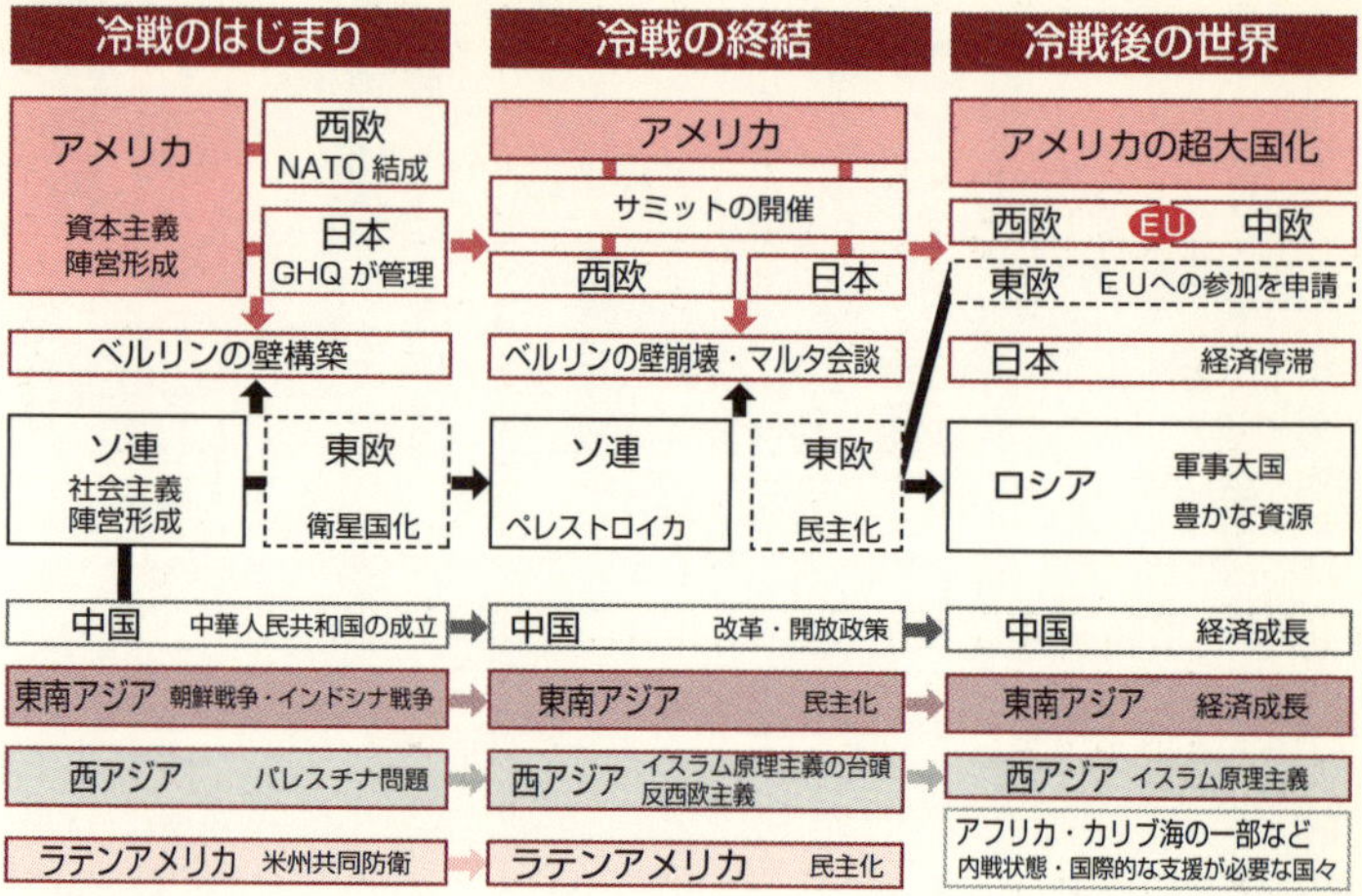

チナ問題や、イスラム国家同士の対立など、複雑な情勢で緊張状態が続いている。

東欧諸国は、ソ連の影響下で社会主義政権が樹立され、事実上ソ連の支配下にあった。１９８５年に始まったソ連の改革に伴い、東欧各国でも共産党体制が崩壊し、自由化・民主化が進んだ。１９８９年、ベルリンの壁が崩壊し、翌年、東西ドイツは統一した。

ヨーロッパでは、１９９３年に、欧州連合（ＥＵ）が発足し、経済、政治、軍事などの統合を目指している。通貨はすでにユーロに統一され、現在27の国が加盟。これは、かつてのローマ帝国の領土とほぼ同じで、歴史の中で、分離、独立、統合が繰り返されている。

まとめ

東西冷戦の象徴・ベルリンの壁は1989年崩壊。新たな枠組みの時代となる

日本史・世界史年表Ⅳ

ヨーロッパ・アメリカ・ソ連（ロシア）

１９１４	第一次世界大戦（～１９１８）
１９１７	ロシア革命
１９１９	ベルサイユ条約
１９２０	国際連盟成立
１９２１	ワシントン会議
１９２２	ソヴィエト連邦樹立
１９２５	ロカルノ条約
１９２８	ケロッグ・ブリアン協定
１９２９	世界恐慌
１９３３	ナチス政権樹立（独）
１９３９	第二次世界大戦（～１９４５）
１９４１	大西洋憲章
１９４４	連合国軍がノルマンディー上陸
１９４５	ヤルタ会談／ポツダム宣言
１９４５	第二次大戦終結／国際連合成立
１９５９	キューバ革命
１９６３	部分的核実験停止条約
１９６７	ＥＣ発足
１９７０	核拡散防止条約
１９８９	マルタ会談
１９９０	東西ドイツ統一
１９９１	湾岸戦争
１９９３	ＥＵ成立
１９９９	ＥＵがユーロ導入
２００１	ニューヨーク同時多発テロ

アジア・中東・アフリカ

１９１１	辛亥革命
１９１２	中華民国建国
１９１５	フセイン＝マクマホン協定
１９３２	上海事変
１９３６	西安事件
１９４６	アジア諸国の独立がすすむ
１９４８	第一次中東戦争
１９４９	中華人民共和国建国
１９５０	朝鮮戦争
１９５５	バンドン会議
１９５６	第二次中東戦争
１９６０	アフリカ諸国の独立がすすむ
１９６２	中印国境紛争
１９６５	ベトナム戦争の激化
１９６６	文化大革命
１９６７	第三次中東戦争
１９６９	中ソ国境紛争
１９７３	第四次中東戦争／石油危機
１９７５	ベトナム統一
１９７９	イラン革命
１９８０	イラン・イラク戦争
１９８９	天安門事件
１９９０	イラクがクウェートに侵攻
１９９１	湾岸戦争
１９９７	香港返還
２００１	中国がＷＴＯに加盟
２００３	イラク戦争

日本

１９１０	大逆事件／韓国併合
１９１４	第一次世界大戦に参戦
１９１５	二十一ヵ条の要求
１９１８	シベリア出兵
１９２３	関東大震災
１９２５	治安維持法／普通選挙法
１９２７	第1回山東出兵
１９２８	第2回山東出兵／張作霖爆殺事件
１９３１	柳条湖事件／満州事変
１９３２	五・一五事件
１９３３	国際連盟より脱退
１９３６	二・二六事件
１９３７	蘆溝橋事件／日中戦争
１９３８	国家総動員法
１９３９	ノモンハン事件
１９４０	日独伊三国軍事同盟
１９４１	太平洋戦争（～１９４５）
１９４５	ポツダム宣言受諾
１９４７	日本国憲法施行
１９５１	サンフランシスコ講和会議
１９５１	日米安全保障条約
１９５６	国際連合加盟
１９７２	沖縄返還
１９７３	オイルショック
１９９２	ＰＫＯ協力法成立
１９９５	阪神淡路大震災

◆参考文献

『世界歴史事典』平凡社／『角川世界史辞典』角川書店／『世界の歴史』中央公論社／『ビジュアルワイド図説世界史』東京書籍／『世界史図録ヒストリカ』山川出版社／『山川世界史総合図録』山川出版社／『山川日本史総合図録』山川出版社／『世界史年表』岩波書店／『世界史年表・地図』吉川弘文館／『詳説日本史研究』山川出版社／『角川日本史辞典』角川書店／『最新日本史図表』第一学習社／『最新世界史図説タペストリー』帝国書院

本書は２００８年１月に小社より刊行された『完全図解版 この一冊で日本史と世界史が面白いほどわかる！』（歴史の謎研究会編）に加筆・修正の上、再編集したものです。

監修者紹介

瀧音能之

1953年生まれ。現在、駒澤大学教授。日本古代史、特に『風土記』を基本史料とした地域史の研究を進めている。『「流れ」がどんどん頭に入る一気読み！日本史』『図説　出雲の神々と古代日本の謎』『神々と古代史の謎を解く古事記と日本書紀』（いずれも小社刊）『古代出雲の社会と交流』（おうふう）ほか著書多数。

2つの流《なが》れが1つになる！日本史《にほんし》と世界史《せかいし》

2010年1月5日　第1刷

監修者　瀧《たき》音《おと》能《よし》之《ゆき》

発行者　小澤源太郎

責任編集　株式会社プライム涌光

電話　編集部　03(3203)2850

発行所　株式会社青春出版社

東京都新宿区若松町12番1号 〒162-0056
振替番号　00190-7-98602
電話　営業部　03(3207)1916

印刷・中央精版印刷　製本・ナショナル製本

万一、落丁、乱丁がありました節は、お取りかえします。

ISBN978-4-413-10951-2 C0020